融媒体·体育新闻传播系列丛书

冬奥体育解说
Dong'ao Tiyu Jieshuo

李亚虹 吴志超 ◎ 著

中国传媒大学出版社
·北京·

目 录

第一章 奥林匹克运动发展简史 ／1
  第一节　奥运起源与发展　／1
  第二节　奥运体育解说的原则　／4
  第三节　奥运体育解说的构成要素　／7

第二章 冬奥体育解说的基本情况 ／11
  第一节　冬奥会发展历史　／11
  第二节　冬奥体育解说的概念与特点　／14
  第三节　冬奥体育解说的功能　／17
  第四节　冬奥体育解说的发展前景　／19

第三章 冬奥体育解说员的职业素养 ／23
  第一节　冬奥体育解说员的四大角色　／23
  第二节　冬奥体育解说员的岗位要求　／25
  第三节　冬奥体育解说员的基本素养　／27

第四章 冬奥体育解说的基本方法 ／31
  第一节　冬奥体育解说的前期准备　／31
  第二节　冬奥体育解说过程中的内容表述　／37
  第三节　冬奥体育解说的赛后总结　／42

第五章　特色性冬奥体育解说分析　/ 46

　　第一节　新媒体时代下的冬奥体育解说　/ 46

　　第二节　冬奥体育解说中的"她力量"　/ 51

　　第三节　人工智能在冬奥体育解说中的运用　/ 57

第六章　冬奥雪上运动项目解说　/ 59

　　第一节　高山滑雪解说　/ 60

　　第二节　越野滑雪解说　/ 74

　　第三节　自由式滑雪解说　/ 89

　　第四节　跳台滑雪解说　/ 107

　　第五节　单板滑雪解说　/ 116

　　第六节　冬季两项解说　/ 129

　　第七节　北欧两项解说　/ 138

　　第八节　雪车解说　/ 149

　　第九节　钢架雪车解说　/ 159

　　第十节　雪橇解说　/ 166

第七章　冬奥冰上运动项目解说　/ 174

　　第一节　冰球解说　/ 174

　　第二节　冰壶解说　/ 184

　　第三节　速度滑冰解说　/ 193

　　第四节　短道速滑解说　/ 207

　　第五节　花样滑冰解说　/ 218

参考文献　/ 235

后　记　/ 238

第一章 奥林匹克运动发展简史

在第 32 届奥林匹克运动会上,中国体育代表团获得了 38 枚金牌、32 枚银牌和 18 枚铜牌的优异成绩。中央广播电视总台对这一国际体育赛事进行了现场直播,高菡、牛银昊、席睿等新生代主持人与解说嘉宾积极配合,为国内观众提供了丰盛的体育大餐。体育解说作为奥运赛事一项必不可少的内容,是连接奥运比赛与受众的桥梁,是受众获得现场画面以外信息的重要来源,其重要性不言而喻。本章将从梳理奥运起源与发展入手,继而分析奥运体育解说的原则与构成要素。只有厘清了上述基本问题,才能更好地理解冬奥体育解说的基本情况。

第一节 奥运起源与发展

作为世界上影响力最大的体育盛会,奥林匹克运动会起源于两千多年前的古希腊,因举办地在奥林匹亚而得名。奥林匹克运动会不仅让奥林匹克精神得到广泛传播,还对人类文明产生了深远影响。

一、古代奥林匹克运动会溯源

奥林匹克运动的历史可追溯到公元前 776 年。而在此以前,古奥运会可能已经存在了几个世纪。从公元前 776 年起,到公元 394 年止,古奥运会经历了 1,170 年,共举行了 293 届。古代奥林匹克运动会的竞技比赛项目主要是田径,后来逐渐增加了摔跤、五项全能、拳击、赛马、角斗、战车赛、武装赛跑等,比赛项目最多时达 23 项。大多数比赛项目为现代运动项目的雏形,比赛规则简单,任意性很大。古代奥林匹克运动按其起源与盛衰,大致分为三个阶段。

（一）第一阶段

第一阶段是公元前776年至公元前388年，古代奥运会兴起。公元前776年，伯罗奔尼撒的统治者伊菲图斯努力使宗教与体育竞技合为一体。他不仅革新宗教仪式，还组织大规模的体育竞技活动，并决定每4年举行一次，时间定在闰年的夏至之后。公元前776年的古代奥林匹克运动会正式载入史册，成为第一届古代奥运会。当时仅有一个比赛项目——距离为192.27米的场地跑。

（二）第二阶段

第二阶段是公元前388年至公元前146年，古代奥运会开始衰落。由于斯巴达和雅典长期的伯罗奔尼撒战争（公元前431年至公元前404年），希腊国力大减，马其顿统治者依然积极支持体育竞赛活动，并且马其顿逐渐吞并了希腊。马其顿君王菲利普还亲自参加了赛马比赛。在他之后继位的亚历山大大帝虽不喜爱体育活动，但仍积极支持古奥运会，为其增添设施。不过，这一时期古奥运会已经开始衰落，职业运动员的出现也使其从一项全民运动开始变为小部分精英参与的运动。

（三）第三阶段

第三阶段是公元前146年至公元394年，古奥运会由衰落走向毁灭。罗马帝国统治希腊后，起初虽仍举行运动会，但奥林匹亚已不是唯一竞赛地了。这一时期，职业运动员开始大量出现，奥运会成了职业选手的比赛，许多希腊人对之失去了兴趣。公元2世纪后，基督教统治了包括希腊在内的整个欧洲，倡导禁欲主义，主张灵肉分开，反对体育运动，使欧洲处于一个黑暗时代。奥运会也随之更趋衰落，直至名存实亡。公元393年罗马皇帝狄奥多西一世宣布基督教为国教，认为古奥运会有违基督教教旨，是异教徒活动，翌年宣布废止古奥运会。公元895年，拜占庭人与歌德人在阿尔菲斯河发生激战，使奥林匹亚各项设施被毁灭。公元426年狄奥多西二世烧毁了奥林匹亚建筑物的残余部分。公元511、522年发生的两次强烈地震，使奥林匹亚遭到了彻底毁灭。顺延了1,000余年的古奥运会不复存在，繁荣的奥林匹亚变成了一片废墟。

二、现代奥林匹克运动会发展

在经过了1,000多年的沉睡之后，法国贵族皮埃尔·德·顾拜旦于1883年第一次提出举办类似古代奥林匹克运动会的比赛,它不是简单地继承,而是把过去只限于希腊人参加的运动会扩大到世界范围去。1894年6月23日,顾拜旦与12个国家的79名代表成立了国际奥委会,这成为现代奥林匹克运动诞生的标志。1896年4月6日—15日在希腊雅典举办的夏季奥林匹克运动会是第一届现代奥运会。如今,现代奥林匹克运动已走过了一个多世纪历程,纵观其发展历程,大致可分为四个时期。

（一）现代奥林匹克运动的初创期

从1894年到1914年第一次世界大战爆发前,正值全球政治经济关系发生急剧变化时期,各种民族主义和排外心理妨碍了正常的国际交往。现代运动项目仅在少数欧洲国家有所开展,世界范围的体育竞赛活动很少举行。奥林匹克运动尚处于一种摸索阶段。奥运会也还未形成一定的举办模式,表现出的问题如项目设置稳定性差、场地设施简陋、财政困难、会期不固定、裁判员判罚不公,以及参赛资格缺乏明确规定等。

这一时期存在的主要问题是国际奥委会、国际单项体育组织和国家奥委会等都只是松散的机构。国际奥委会尚未认识到奥运会是国际奥委会委托给某个城市承办的,放弃了领导权和监督权,以致奥运会一切事宜均由东道主随意安排。当时奥运会仍不允许女性参加,不但使奥运会的广泛性存在重大缺陷,也使女子体育发展受到阻碍。

（二）现代奥林匹克运动的形成期

因第一次世界大战而中断的奥林匹克运动会于1920年重新进行。国际奥委会在实践中意识到奥运会规范化的重要性,整个奥运会的基本框架、运行机制在这一时期基本形成。与此同时,先进的技术也开始被应用到比赛中去,如电子计时器、终点摄影仪、自动打印机、闭路电视转播系统等。自1928年起,女子田径项目被纳入正式比赛,这一重要变化对奥林匹克运动的普及水平和号召力提高起到了推动作用。此外,还有一大重要发展是设立了冬季奥运会,它使奥林匹克运动的覆盖面大大拓展。

（三）现代奥林匹克运动的发展时期

第二次世界大战结束后,世界政治格局形成了东西方两大政治集团对峙的局面,这对奥林匹克运动的发展产生了重大影响。而战后各国经济振兴和科技发展,又促进了奥林匹克运动的发展。

由于苏联及新兴独立国家的参加,这一时期每届奥运会参赛国家和人数以及竞赛项目都在增加;与此同时,顾拜旦关于在各大洲轮流举办奥运会的设想得以实现;奥运会比赛场地及各种配套设施较此前有很大的发展,奥运会规模向大型化方向发展。值得一提的是,这一时期的奥林匹克组织已不单纯是一个体育机构,它与国家、社会各部门的关系日益密切。政治对奥运会的影响也更趋明显、复杂,各种势力集团都想通过这个舞台来达到自己的目的。

(四)现代奥林匹克运动的改革时期

进入20世纪80年代,在国际奥委会前主席萨马兰奇的领导下,国际奥委会针对奥林匹克运动所面临的兴奋剂问题、奥运会承办国财政负担过重等各种问题进行了大规模的改革。人们对奥林匹克运动的要求不只限于四年一度的奥运会,奥林匹克运动已进入文化教育、科学技术等更加广阔的领域。国际奥委会的一系列行动,如举办奥林匹克艺术节、建立博物馆、举办"奥林匹克日"纪念活动、定期召开奥林匹克科技大会等,都起到很好的宣传作用。

奥林匹克运动从初期的探索到自身模式的基本形成,从第二次世界大战后的发展与停滞,又经过20世纪80年代以来的改革,终于进入了一个生机勃勃的发展阶段。

总的来说,奥林匹克运动是人类社会的一个罕见的创举,它将体育运动的多种功能发挥得淋漓尽致,影响力远远超出了体育的范畴,在当代世界的政治、经济、哲学、文化、艺术和新闻媒介等诸多方面产生了一系列不容忽视的影响。奥林匹克运动不仅构成了现代社会所特有的体育文化景观,以其特有的文化魅力愉悦人们的身心,而且以其强烈的人文精神催人奋进,生生不息。

第二节 奥运体育解说的原则

从1984年许海峰获得中国奥运史上第一枚金牌到2022年北京冬奥会的举办,国人对奥运会的关注度在逐渐提高,人们的体育素养也在不断提高。尽管如此,普通观众要想欣赏到精彩的奥运赛事,仍离不开专业解说员的讲解。

在奥运会各项赛事中,解说员不仅要用扎实专业的体育知识帮助观众看懂比赛场上的各种变化,还要用自己的情绪感染观众。可以说,体育解说在奥运会赛事的传播中仍具有不可低估的价值。从参与1982年以来历届奥运会解说工作的宋世雄,到以孙正平、韩乔生为代表的中年解说员,再到2021年出现在东京奥运会解说席上的高菡、牛银昊等新鲜面孔,我国的奥运体育解说员经历了三代人的接力,尽管他们的解说风格各不相同,但都遵循以下基本原则。

一、以业务素养为基础

奥运体育解说的本质是新闻传播活动,解说员作为传播主体不能在解说中"自说自话",而是要立足于自身的业务素养,以精准的语言表达让观众听得懂、看得明白,从而获得良好的体验。以赛艇项目为例,对于不熟悉赛艇项目的受众来说,赛艇项目的比赛画面是比较单调的,这就需要解说员从专业的角度向受众介绍比赛规则、分析运动员的技术动作,从而引导受众感受这个项目的"美"。

奥运体育解说员的业务素养首先体现在解说员要有丰富的知识储备。解说员不仅要对所解说的项目有足够的了解,还要对场外信息掌握到位。解说员只有主动成为一个"数据库",才能游刃有余地完成解说工作。如果只依赖于手中的文稿,甚至是与比赛无关的花边消息来填充时间,这样的解说只会造成观众的流失。

奥运体育解说员的业务素养还体现在扎实的语言功底上。解说员要注意情绪与节奏、注重吐字发音的语言技巧。在东京奥运会上,体育解说界泰斗宋世雄再度解说了中国女排的比赛。即使已经是80多岁的高龄,宋世雄依旧口齿清晰、语言紧凑,自带一种激情,再一次通过解说向广大观众阐述了女排精神。

体育解说作为有声语言艺术的实践形式之一,自然对语言质量有较高的要求。一个说话含糊不清或因声音缺乏控制力频繁破音的解说员,即使解说的文本内容再生动,也会严重影响观众的观赛体验。

二、以镜头语言为纲

镜头语言的本质就是用镜头展示比赛中的情景变化。它是动态的,具有向受众传达信息的功能。奥运体育解说员要以镜头为纲,不能对画面"视而不见",而是要将解说词、解说节奏和画面"对位"。以央视主持人刘星宇在东京奥运会赛艇女子四人双桨决赛的解说为例,在比赛的前半程镜头切入全景时,刘星宇的解说节奏相对平缓,"从上方俯瞰,此刻似乎少了一些在比赛当中的这种竞争感,少了一些压迫感,而多了一些一棹逍遥天地中的这种潇洒。中国队的这条艇,这四位姑娘划得非常地轻盈"。在比赛进入冲刺阶段,镜头较多地呈现近景画面时,刘星宇会主动引导观众去注意技术动作等方面的细节:"当近距离观看的时候,我们可以看到一号位的整个桨叶入水的距离丢得非常远。此时,崔晓桐的领桨仍然领得非常稳定,节奏感太好了!"除声画对位外,以镜头语言为纲还需要解说员注意留白,解说员并非要喋喋不休,有时需要与观众一起静静欣赏镜头语言。例如花样滑冰、艺术体操、花样游泳等比赛,解说员无须在运动员伴着音乐完成动作时说太多的话,这会给观众欣赏比赛造成干扰。

三、真实流露个人情感

以情感为突破点解说奥运赛事,更容易引发受众的共鸣。在东京奥运会乒乓球男单半决赛赛场上,中国选手马龙 4 比 3 战胜奥恰洛夫,高菡说:"马龙并不是孤军奋战,整个中国队都站在他的身后","你永远不要去低估一颗冠军的心"。之后的男单决赛马龙成功卫冕,高菡说:"最后,所有的掌声和荣耀,都要带给老将、我们的队长马龙,马龙告诉我们,漂亮的离场并不只是在巅峰时期退役,也有绝地求生,也有从零开始。他是最好的奥林匹克的象征。一个时代的开启,它不会轻易地落下帷幕……"高菡真情流露的解说,让观看赛事的观众变得更加情绪饱满。也如高菡自己所说:"大家会觉得特别走心,是因为当时我自己的情绪也非常受触动,尤其是马龙对阵奥恰洛夫那一场,赢下来很艰难。那一刻我是被打动了,眼泪真的一下子就出来了。"[①]不难看出,一个优秀的奥运体育解说员,在专业地描述和评论比赛的同时,真实流露个人情感会增加解说的感染力。当然,真实流露个人情感不代表解说员可以不加克制地大喊大叫,不能为了情绪而制造情绪,失去控制的亢奋并不能带动观众的情绪。

四、适度把握个人倾向

奥运体育解说中的倾向性通常表现为解说员在描述、评论比赛的过程中,对参赛运动员(队)所持的情感偏向。早在 20 世纪 50 年代,体育解说员的倾向性问题就受到人们的高度关注。半个多世纪以来的体育解说案例表明,绝对的公平、公正是不存在的,解说员在赛事直播解说过程中,所发表的观点或多或少地带有个人倾向性。在奥运体育解说中出现的解说员个人倾向的过度化现象,集中表现为情绪的倾向性和内容的倾向性两种。过度的个人倾向不仅会引发争议,还会引起受众的不适。例如,在伦敦奥运会男子体操团体决赛转播中,"日本是目前唯一配和中国队争金牌的""日本队摔了高兴的不仅仅是中国,英国也挺高兴的"等解说员的争议性话语,被观众批评

---

① 原来神仙解说是这么来的![EB/OL].(2021-08-11)[2023-03-01]. https://mp.weixin.qq.com/s/d2TJuHibAWrWbEbEFqqguA.

为"唯金牌主义"。奥运体育解说员要适度把握个人倾向,但对于"何为适度",众说纷纭。张德胜在论文《体育解说评论的五大基本原则》中对于"适度"的解释具有参考价值,即"解说员在表扬或批评的时候,都要留有余地。最好能把握这样的度:你的解说能让主队的受众感到振奋,但也不会让客队的受众特别厌烦"。① 由此可见,在有本国选手参加的奥运赛事的解说中,解说员表现出适当的倾向性,观众是能够理解和接受的。对于比赛中来自其他国家或地区的选手,解说员保持中立是十分必要的,如果感情过多地偏向某一方,可能会使受众产生不适感。

第三节 奥运体育解说的构成要素

在2021年东京奥运会,杨倩夺得中国代表队首金后,央视解说员说:"除却君身三重雪,天下谁人配白衣。"孙一文"一剑封喉"对手,夺得中国代表队第三金之后,央视解说员说:"一剑光寒定九州。"高水平的解说不仅能给受众提供实时资讯和精彩评价,还能给受众以艺术享受。奥运体育解说的本质是新闻传播活动。传受主体、传播内容、传播形式与传播效果是构成奥运体育解说的要素。

一、传播主体——解说员与解说顾问

在目前奥运赛事的转播中,"解说员+解说顾问"的模式较为普遍。相较于一个解说员"单打独斗",这种模式有效分担了解说员的压力,解说员与解说顾问的默契配合也会给观众带来良好的视听体验。因而,解说员与解说顾问共同构成了奥运体育解说的传播主体。

在通常情况下,解说员多由体育节目主持人担任,在赛事转播过程中,其主要承担对比赛现场的描述、介绍、讲解等职责。虽然解说员具备优秀的语言表达能力,但是其对专项体育赛事的认知不及职业运动员或教练员等专业人士。为确保解说信息的完整、准确,邀请解说顾问与解说员共同完成解说成为常态。

解说顾问一般由运动员、教练员,或者是拥有丰富经验的裁判员来担任。在一些专业性比较强的体育项目上,比如体操、跳水等,解说顾问往往担负着极为重要的释疑解惑的专业性任务。

---

① 张德胜,李峰,姜晓红.体育解说评论的五大基本原则[J].武汉体育学院学报,2016(11):12-19.

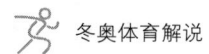

随着传播主体之间默契度的增加,二者在解说内容、观点表达上相互补充,优化了受众的观看体验。这方面的例子不胜枚举,无论是北京奥运会期间,浙江电视台的主持人金宝成搭档体操名将马燕红,还是伦敦奥运会期间,央视主持人韩乔生搭档游泳名将周雅菲,他们的精彩解说都获得了观众的好评。

二、传播客体——电视观众与网络视频用户

奥运体育解说的传播客体是在奥运赛事转播过程中,作为初始传播对象的一方,具体是指电视观众和网络视频用户。由解说员与解说嘉宾构成的传播主体、由电视观众与网络视频用户构成的传播客体,二者共同构成了一个对立统一的整体。传播主体要满足传播客体的心理期待,而传播客体的认可和反馈又是检验传播主体解说效果的重要标准。

在传统媒体时代,奥运体育解说的传播客体主要由电视观众构成,而电视观众获取奥运资讯与赛事信息的途径有限,与解说员、解说顾问有着巨大的信息差。但在新媒体时代,这种信息差已经被基本消除,受众能通过互联网获取赛事信息,且观赛的渠道也更加多元。电视观众与网络视频用户不再满足于传播主体照本宣科的体育解说方式,解说员与解说顾问需要重视观众的意见表达,在解说中加强与客体的互动。不难看出,奥运体育解说的传播客体正在从被动的接受者转变为解说过程中的参与者与传播者。

三、传播内容

体育信息是奥运体育解说过程中的传播内容,更是其传播内核,传播主体的职责就是让传播客体获取体育信息,沉浸在比赛之中,看得明白,看得尽兴。奥运体育解说过程中的体育信息主要由实用性信息与思想性信息构成。

实用性信息是解说员与解说顾问所提供的背景信息介绍和对体育赛事的解说。赛前对比赛项目的规则、比赛场地、参与者等总体情况的介绍,在比赛中对赛况的描述、对运动员技术动作的解读等属于实用性信息。

思想性信息主要是对体育赛事的评论,例如对运动员竞技水平的评论,对裁判员判罚尺度与水平的评论,对教练员排兵布阵与战术打法的评论,对赛场设施、赛场气氛等影响运动员发挥的潜在因素的评论以及赛后对比赛的总结性评论。评论是体现传播主体解说水平与风格特色的重要因素,令观众称道的解说员无一不在评论上有出彩

的表现。在奥运体育解说的过程中,评论的内容要尽可能达到逻辑性、客观性与全面性的统一,做到理性又不失激情。这需要传播主体在评论时具备即兴表达的能力,做到清晰明确、层次分明。此外,传播主体还要秉持公正的立场,尽可能全面、客观、平衡地进行评论,尽量避免主观臆断、孤立片面地评论比赛。

四、传播形式——直播

从奥运体育解说的实际情况来看,只有传播主体还不足以完成解说的全过程,还必须有传播介质作为载体,即"传播形式"的存在。目前,奥运体育解说以直播的形式呈现,具体又可分为电视直播与网络直播。

（一）电视直播

1936 年柏林奥运会首次实现了电视转播,这也是世界上最早的体育比赛实况转播。电视视听兼备、声画并茂的特点适应了人的生理特征,自然受到了人们的普遍欢迎。伴随着电视的普及与科技的进步,电视在奥运赛事传播中的地位迅速崛起,电视直播逐渐成为奥运体育赛事最主要的传播方式。通过电视直播,奥运赛场的画面跃然于观众面前,让观众可以听其声、观其形,提升了获取奥运比赛相关信息的体验。电视直播属于告知型传播,通常更适合于展示、告知观众,而不适合分析、解释。电视直播的这个特点也凸显了体育解说的重要作用,在电视直播逐渐成为奥运赛事传播的主要形式的同时,也有越来越多的解说员出现在观众面前,通过解说提升了奥运赛事的观赏性。

（二）网络直播

继电视直播之后,随着互联网与新兴媒介的迅猛发展,网络直播也成为当下奥运体育赛事传播的主要方式。如今,转播奥运会已不再是央视的特权,爱奇艺、优酷、腾讯等网络视频平台购买奥运会转播权也已不再是新鲜事,年轻受众群体通常会选择通过网络直播收看奥运赛事。网络视频平台在转播奥运赛事时,同样会邀请主持人、运动员等相关人员担任解说工作,更好地满足用户的收视需求。

与电视直播解说单向度的传播模式相比,网络直播解说的双向互动性更强,解说员能及时回应网友的疑问,优化网络用户的观赛体验,从而吸引更多网友观看比赛。与此同时,网络平台的解说员相较于电视端的解说员所受约束较小,有更大的发挥空间,更容易形成具有自身特色的解说风格,带给网络用户别具一格的观赛体验。

五、传播效果

在传播学研究领域,传播效果这个概念具有多重含义。一方面,传播效果是指带有说服动机的传播行为在受众身上引起的心理、态度和行为的变化。另一方面,传播效果是指传播活动对受众和社会所产生的一切影响和结果的综合。

奥运体育解说的传播效果可以理解为解说这一行为发生后给他人和周围社会所带来的一切影响和后果。从实际情况来看,奥运体育解说通常有两方面的传播效果。一是对奥运赛事的呈现。赛事报道虽然不是奥运体育解说的唯一内容,却是奥运体育解说的出发点。解说员通过解说,将奥运相关信息呈现于大众面前,调动大众的情绪,引导大众欣赏精彩的奥运赛事。二是促进社会对奥林匹克精神的探寻。奥运体育解说以体育活动的画面和解说员、解说嘉宾的语言为载体,以奥林匹克精神为标准对奥运赛场上的某些信息进行加工组合,引导观赛者感受奥林匹克运动所承载的人文精神和体育文化,从中获得精神的鼓舞。在奥林匹克新格言"更快、更高、更强——更团结"的精神日益受到经济、政治因素所侵害的今天,奥运体育解说的这一传播效果更应该得到重视和体现。

第二章　冬奥体育解说的基本情况

2022年2月4日,北京冬奥会开幕。从成功申办到顺利举办,中国做出的承诺一一兑现,这届冬奥会成为国际奥委会主席巴赫口中的"奇迹"。北京冬奥会的"中国奇迹",体现在赛事举办的方方面面。作为冬奥会体育赛事转播重要组成部分的体育解说,无疑是其中不可或缺的一环。随着大众参与冰雪运动的热情不断提高,冬奥体育解说成为人们越来越感兴趣的话题。冬奥会经历了怎样的发展历程?如何界定冬奥体育解说?冬奥体育解说有何特点?只有了解了基础知识,我们才能从整体上对冬奥体育解说有较为系统的认识。

第一节　冬奥会发展历史

冬奥会是冬季奥林匹克运动会的简称,它是由国际奥林匹克委员会主办的世界性冬季项目运动会。第1届冬奥会自1924年开始举办,截至2022年冬奥会共举办了24届,每4年一届。

一、冬奥会发展历程

冰雪运动的历史由来已久。据考证,我国新疆阿勒泰地区是迄今为止发现的人类最早的滑雪起源地,距今有一万多年的历史。早在1733年,生活在北欧的挪威人成立了第一支滑雪队,从此拉开了滑雪运动的序幕。虽然冰雪运动早就受到一些国家人们的喜爱,但是直到1908年,冰雪运动才进入奥林匹克大家庭。1908年在英国伦敦举办的第4届夏季奥运会和1920年在比利时安特卫普举办的第7届夏季奥运会,花样滑冰和冰球被列为比赛项目。但长达半年的时间差,大大限制了冬季体育项目与夏季体育项目出现在同一届奥运会上。1924年,国际奥委会在法国的夏蒙尼举办了当时被称为"冬季运动周"的运动会,进行纯粹的冬季项目比赛,比赛设置了滑冰、滑雪、冰球、雪车4个大项和16个小项。1925年,国际奥委会布拉格会议又将其更名为"第一届冬季奥运会",并决定每4年举行一次,与夏季奥运会在同年和同一国家举行。从1928年起,冬季奥运会与夏季奥运会开始在不同国家举办,但保留每4年与夏季奥运会在同年举行的惯例。1986年国际奥委会决定,从1994年起冬奥会与夏奥会彻底"分离",改为以2年为间隔交叉举行。

从1924年法国夏蒙尼冬奥会到1956年意大利科尔蒂纳丹佩佐冬奥会,前7届冬奥会一直延续了滑冰、滑雪、冰球、雪车4个大项的设置格局,1936年举行的德国加米施-帕滕基兴冬奥会上,高山滑雪第一次成为奥运会比赛项目。1960年,在第8届冬奥会上,作为首届冬奥会表演项目的军事滑雪射击成为正式比赛项目,并更名为冬季两项,同时进入该届冬奥会的项目还有女子速滑比赛。1964年,在奥地利因斯布鲁克冬奥会上,雪橇项目成为奥林匹克大家庭里的新成员,这样就形成了6个大项10个分项的新格局,之后的近30年冬奥会一直维持着这样的项目设置格局。

进入20世纪90年代,在1992年法国阿尔贝维尔冬奥会上,短道速滑和自由式滑雪首次成为正式比赛项目。在1998年日本长野冬奥会上,曾作为首届冬奥会表演项目的冰上溜石比赛成为正式比赛项目,不过,此时它早已更名为冰壶,该项目也是目前冬奥会7个大项中最晚确立的一个。在长野冬奥会上,单板滑雪的高山大回转和U型场地技巧成为正式比赛项目,单板滑雪从此成为滑雪项目的一个分项。在2002年盐湖城冬奥会上,曾两次出现在冬奥赛场的钢架雪车项目终于正式回归并固定下来。自此,冬奥会7个大项15个分项的新格局正式确立。

进入21世纪,冬奥会大项和分项得以固定,但小项仍然在不断发生变化:2014年索契冬奥会国际奥委会增加了12个小项,使竞赛项目达到了98项。2018年平昌冬奥会的小项增至102项,首次突破100项大关。2022年北京冬奥会新增了7个小项,分别为女子单人雪车、短道速滑混合团体接力、跳台滑雪混合团体、自由式滑雪男子大跳台、自由式滑雪女子大跳台、自由式滑雪空中技巧混合团体、单板滑雪障碍追逐混合团体,总共进行了109个小项的比赛,金牌总数增至109枚。

二、中国冬奥历史

1979年,中国奥委会在国际奥委会的合法席位得到恢复,中国代表队1980年首次出席冬季奥运会。第13届冬奥会在美国普莱西德湖举行,中国共派出28名运动员,参加滑冰、滑雪、现代冬季两项的18个单项比赛。

1988年,第15届冬奥会在加拿大卡尔加里举行,中国派出一行20人的代表团,参加速滑、花样滑冰、越野滑雪3项比赛的竞争。其中,李琰在该届冬奥会女子短跑速滑表演赛①中获1,000米金牌和500米、1,500米铜牌。

1992年,在法国阿尔贝维尔举行的第16届冬奥会是最后一次与夏季奥运会同年举行的冬季奥运会。中国选手在这届比赛中获得三枚银牌,实现了奖牌"零的突破"。值得一提的是,叶乔波在比赛中带伤上阵,顽强拼搏,夺得短道速滑500米和1,000米两项的银牌,她挂着冰刀去、坐着轮椅凯旋,成为当年的体坛神话。

2002年,在美国盐湖城举行的第19届冬奥会共设有78项比赛。在短道速滑女子500米决赛中,杨扬击败了保加利亚的叶夫根尼亚·拉达诺娃和队友王春露,夺得了冠军,为中国摘得冬奥会首枚金牌。此后,杨扬又与队友一起获得了短道速滑女子3,000米接力的银牌,并在女子1,000米比赛中再夺金牌。而申雪/赵宏博也在欧美选手垄断的花样滑冰双人滑项目中奋力拼下了一枚铜牌。本届比赛中国队共获得2金2银4铜的好成绩,排在奖牌榜的第13位。

2006年,第20届冬奥会在意大利都灵举行,中国代表团共获得2金4银5铜,尽管金牌数与上届持平,但11枚奖牌已经创造了历史。在短道速滑女子500米决赛中,王濛以44秒345的成绩摘得本届冬奥会的中国首金。在自由式滑雪男子空中技巧决赛中,韩晓鹏夺得金牌,这是中国选手在冬奥会获得的第一枚雪上项目金牌。

2010年,第21届冬奥会在加拿大温哥华举行,中国队发挥出色,收获5金2银4铜共11枚奖牌。其中王濛斩获短道速滑女子500米、女子接力1,000米和女子接力3,000米3枚金牌,成为中国首位在单届冬奥会获得3枚金牌的选手,中国队也由此包揽了本届冬奥会短道速滑女子项目全部4枚金牌。在花样滑冰双人滑决赛中,中国组合申雪/赵宏博夺取冠军,拿到中国花滑历史上首枚冬奥金牌。

2014年,第22届冬奥会在俄罗斯索契举行,中国代表团赢得3金4银2铜。在女子1,000米速滑决赛中,张虹夺金,中国速滑34年等待终于迎来突破。李坚柔勇夺女子500米短道速滑桂冠。周洋蝉联女子1,500米短道速滑金牌。本届冬奥会中国队有8个90后奖牌获得者,显示了中国冰雪运动蓬勃的力量。

2015年7月31日,国际奥委会主席巴赫在国际奥委会第128次全会上庄严宣告,

---

① 表演赛旨在宣传体育运动,扩大影响,交流经验,侧重于技术与战术演示。该比赛奖牌不计入奥运会奖牌总成绩。

2022年冬奥会举办权花落北京。

2018年,第23届冬奥会在韩国平昌举行,中国体育代表团获得1金6银2铜。在本届冬奥会上,男选手取得了一定的突破。武大靖在短道速滑男子500米决赛中摘金,由武大靖、韩天宇、许宏志、陈德全组成的中国队在短道速滑男子5,000米接力中获得银牌,贾宗洋在自由式滑雪男子空中技巧决赛中获银牌。新秀高亭宇在速度滑冰男子500米角逐中获得铜牌,这是中国男选手首次登上冬奥会速度滑冰领奖台。

2022年,中国举办第24届冬奥会,这是中国历史上第一次举办冬季奥运会,北京、张家口同为主办城市,也是继北京奥运会、南京青奥会后,中国第三次举办的奥运赛事。在北京冬奥会上,中国体育代表团获得9金4银2铜,奖牌总数为15枚,无论是金牌数还是奖牌总数,都创造了历史最佳战绩。谷爱凌和苏翊鸣一战成名,徐梦桃、齐广璞、隋文静/韩聪成功摘金。除了金牌,中国体育代表团在很多项目上取得突破,赵嘉文成为首位参加冬奥会北欧两项的运动员,闫文港为中国拿到钢架雪车项目第一枚奖牌。此外,花滑团体赛、冰舞、越野滑雪等项目也刷新最好成绩。

中国冰雪运动在"南展西扩东进"的战略指引下,在北京冬奥会"一起向未来"的主题引导下,将会迎来更大发展。

第二节 冬奥体育解说的概念与特点

北京冬奥会给中国冰雪运动带来了史无前例的发展契机,冬奥体育解说人才的培养也受到了前所未有的重视。要想成为一名合格的冬奥体育解说员,首先要了解冬奥体育解说的概念与特点。

一、冬奥体育解说的概念

对于冬奥体育解说的概念进行界定,要从体育解说的概念入手。

1950年春,陈述与张之共同转播了苏联男篮的首次访华比赛,这不仅是新中国成立后的第一次体育广播,也开启了张之专业体育解说员的生涯。历经70多年的发展,我国的体育解说事业取得了长足进步,在体育赛事传播过程中扮演着十分重要的角色。

1989年出版的《广播电视简明词典》从广义与狭义的角度对"体育解说"的概念进行了界定。"广义上的体育解说就是对体育比赛的解释说明。既包括通过人际传播或者组织传播渠道进行的体育解说,也包括大众传播渠道进行的体育解说。"狭义的体育解说则指"体育比赛中,在现场报道比赛实况的播音活动","使观众或者听众如身临其境般获得有关比赛的详细情况"①。

从狭义的概念出发,按照媒介时代的发展,体育解说主要经历了广播体育解说、电视体育解说与网络体育解说三个发展阶段。广播体育解说,即解说员通过广播媒体,借助声音描述和评论赛场、赛况,受众可以通过收音机感受和想象比赛画面。伴随着电视的普及,电视体育解说逐渐兴起,至今仍然是体育解说的主要形式之一。相比于广播体育解说"只可闻其声"的特点,电视体育解说既有比赛实况画面又有解说员的介绍与评论,极大提升了受众的观赛体验。随着新媒体技术日新月异的发展,体育解说步入了网络体育解说阶段。与前两个阶段的体育解说相比,网络体育解说的互动性更强,受众依托网络平台,实时表达观看比赛时的感受,积极与体育解说员交流。这也给解说员提出了更高要求,既要对赛场实况进行介绍,也要了解受众的情绪和认知,营造良好的互动氛围。

冬奥体育解说作为体育解说众多类目中的一项,同样历经了从广播媒体到电视媒体再到网络媒体的发展阶段。参照《广播电视简明词典》中狭义的体育解说的定义与体育解说的发展阶段,本书将冬奥体育解说的概念进一步界定为:解说员以广播、电视、网络为媒体平台,以体育赛事受众为服务对象,对冬季奥运会赛事项目进行的口头即时描述、解释和评价,并通过与受众实时互动,使受众获得相关赛事信息,提升其观感与体验的过程。

二、我国冬奥体育解说的特点

1980年2月13日,第13届冬奥会在美国普莱西德湖举行,这是新中国第一次参加冬奥会。从夺得首枚奖牌到夺得首枚金牌,再到北京成为"双奥之城",中国的冰雪运动已走过了40多年的历程。在这40多年里,我国的冬奥体育解说界涌现出了一批又一批具有代表性的体育解说员。其中既有韩乔生、张斌、沙桐等资深解说员,又有洪钢、陈滢、邵圣懿等中生代力量,还有刘星宇、宋剑桥等新生代解说员。透过风格各异的解说员,我国冬奥体育解说除了强调营造现场感、给受众带来身临其境的感受外,在解说项目、解说阵容以及解说模式上还呈现出如下特点。

---

① 《广播电视简明辞典》编辑委员会.广播电视简明词典[M].北京:中国广播电视出版社,1989:115.

（一）以解说中国代表团优势项目为主,解说项目的覆盖面逐渐扩大

在历届冬奥会上,中国军团的争金重点大多在冰上项目,其中短道速滑、速度滑冰、花样滑冰等项目一直是中国的优势项目,也是众多中国观众关注并喜爱观看的冬奥项目。基于此,我国冬奥体育解说自然向传统优势项目倾斜,"冷落"了还处于发展阶段、相对比较落后的项目。以2014年索契冬奥会为例,央视网在转播冰球项目的过程中,仅有4场比赛安排了解说员。2018年平昌冬奥会冰球项目的解说场次有所增加,但与短道速滑等优势项目相比,依然处于劣势地位。

雪上项目的解说同样聚焦优势项目。虽然中国冬奥军团"冰强雪弱"的局面依旧未改变,但已在自由式滑雪空中技巧、单板滑雪女子U型场地技巧等多个雪上项目迎来突破,随之而来的是赛事解说次数的增加。随着冰雪运动乘北京冬奥会东风蓬勃发展,冬奥体育解说在抓好优势项目的同时,也在不断扩大解说项目的覆盖面。例如,在2018年平昌冬奥会上,我国冬奥军团首次参与了单板滑雪平行大回转、雪车、钢架雪车等项目的角逐,在实现参赛突破的同时,体育解说也覆盖了这些项目。

（二）解说员"跨界""跨项"现象突出,专业化冰雪运动解说员稀缺

以成功申办冬奥会为契机,我国冰雪运动获得了前所未有的发展机会,也取得了非常好的成绩。但从整体看,中国体育运动"夏强冬弱",中国冬季运动"冰强雪弱"的局面并未得到根本性扭转。在这种情况下,我国对于冬奥体育解说员的需求量一直以来都不大,目前冬奥体育解说员多是"跨界"而来,专业的冬奥体育解说员少之又少。例如,在2014年索契冬奥会冰壶项目解说中表现比较突出的姜毅,其之前解说的主项是飞镖比赛。

"跨项"现象还体现在冬奥体育解说员需要在冰上项目与雪上项目之间"轮班"。以陈滢为例,这位因解说花样滑冰"出圈"的解说员,在2018年平昌冬奥会上还多次"跨项"解说女子空中技巧赛、男子空中技巧赛、女子个人标准跳台赛等雪上项目。尽管解说员在上岗前会接受相应的专业培训,学习冰雪运动和冬奥项目的各类知识,解说专业的体育项目仍需要一个较长的学习过程,因而我国冬奥体育解说缺乏深度的声音不绝于耳。鉴于此,部分高校开始在培养冬奥体育解说人才上发力,然而,距离真正实现"专业的人解说专业的事"的目标仍有较长的路要走。

(三)以单人解说模式为主,部分项目采用"解说员+解说顾问"模式

目前,我国夏季奥运体育解说在多数项目上基本形成了"解说员+解说顾问"的主导模式。与之相比,我国冬奥体育解说仍以单人解说模式为主,通常仅在速度滑冰、短道速滑、花样滑冰等冰上项目与自由式滑雪U型场地技巧赛、单板滑雪坡面障碍赛、单板滑雪U型场地技巧赛等雪上项目的转播中邀请解说顾问,与解说员共同完成解说工作。究其原因,这依然与中国冬季项目发展的不普及、不均衡的问题有关。以索契冬奥会为例,新增的女子跳台滑雪、冬季两项混合接力等6个项目,中国大部分还没有开展,只有个别项目获得了参赛资格,实力也难以与欧洲冰雪强国相抗衡。我国冬季项目发展的不普及不均衡,也直接限制了在转播相关比赛时邀请运动员担任解说顾问的可能性。

目前冬奥体育解说顾问主要由退役运动员构成,例如叶乔波、庞清、佟健、刘秋宏等,他们多次以解说顾问的身份参与冬奥会相关赛事的解说工作。从数量来看,冰上项目的解说顾问远多于雪上项目,2018年平昌冬奥会雪上项目的解说顾问皆由黑龙江科技大学副教授张辉球担任,这与冰上项目多位高水平运动员加盟解说顾问队伍形成了鲜明对比。整体来看,我国冬奥体育解说工作通常由解说员一人承担,仅在部分项目上邀请解说顾问参与解说。

第三节 冬奥体育解说的功能

2014年索契冬奥会虽然已成为历史,但是陈滢和花滑名将陈露对花样滑冰项目的精彩解说至今让观众记忆犹新。尽管透过电视画面,观众可以清晰地掌握比赛动态,但由于冰雪运动本身的复杂性和观众知识储备之间存在偏差,仍需要体育解说来对电视画面进行适当的补充和说明,以便观众更好地欣赏比赛。综合来说,体育解说的功能主要体现在以下四个方面。

一、传播冬奥知识,为观众指点迷津

虽然我国目前掀起了冰雪运动热,越来越多的人主动体验冰雪运动的乐趣,但与传统运动项目相比,冰雪项目的普及性仍有待提高,赛事相关背景以及运动员的基本情况也不为大众所熟知。基于此现状,传播冬奥相关知识、帮助观众更好地了解冬奥

赛事、提升观看体验,自然成为冬奥体育解说的首要功能。从以往的解说实践来看,解说员传播的冬奥知识涵盖了赛事性质、参赛运动员基本情况、相关体育术语、赛事技术特点以及与比赛相关的国内外历史、地理、人文等背景知识。以平昌冬奥会单板滑雪女子 U 型场地技巧资格赛为例,解说员宋剑桥与解说顾问张辉球对单板滑雪做了系统介绍,既有单板滑雪的发端史和风靡史、U 型池的场地设施、旋转和跳跃动作、评分标准,又有我国参赛选手、亚洲单板滑雪"第一人"刘佳宇的个人情况。在解说过程中,两人还对同属单板滑雪的平行大回转赛和越野赛进行了简单介绍。宋剑桥与张辉球在解说中所提及的冬奥知识全面翔实,既可以让不熟悉单板滑雪的观众快速了解比赛,也可以辅助熟悉该项目的观众更加全面、细致地欣赏比赛。

二、提升审美体验,激发观众兴趣

冬奥体育解说的美学意义就在于它是使观众感受冰雪运动魅力的中介和催化剂,在加强观众对某项冰雪运动认识的同时,提升其对冰雪运动的审美感受力以及深入了解冰雪运动的兴趣。花样滑冰被誉为"冰上芭蕾",但该如何欣赏是困扰不少观众的难题。陈滢作为该项目的资深解说员,在向观众介绍花样滑冰项目欣赏标准以及参赛运动员的精神状态、艺术表现力的过程中,不断引用中国古典诗词。例如,她曾用"云想衣裳花想容"形容俄罗斯选手科尔亚达的流畅动作;用"幸得识卿桃花面,从此阡陌多暖春"来评价观众有幸在羽生结弦最美好的年纪遇见他;在金博洋仅差一名无缘奖牌的时候,她又用"以梦为马,不负韶华"给予鼓励;在评论已参加多届比赛的加拿大华裔运动员陈伟群时,她说道:"名将如美人,自古怕白头,曾经惊鸿的容颜,又怎敌岁月的侵蚀。"陈滢的解说不仅让观众感受到了花样滑冰的运动之美,而且让观众深刻地体会了汉语之美,激发了观众对古典诗词的热爱。陈滢也被网友誉为"央视最具诗意的解说员",不少观众因为她的解说关注花样滑冰项目。

三、振奋民族精神,弘扬体育精神

冬季奥运会集竞技性、观赏性于一身,许多运动项目有着健身、教育、娱乐等多种功能,经由运动健儿的精彩表现,又展现出与众不同、震撼人心的魅力。通过解说与画面,观众在感受冬奥体育魅力的同时,还会感受到体育精神,提振民族精神。在 2018 年平昌冬奥会短道速滑男子 500 米的决赛中,中国选手武大靖以 39 秒 584 的成绩打破世界纪录,为中国队获得此届冬奥会的唯一一枚金牌。在武大靖冲刺夺冠的那一刻,许多观看直播的观众流下了激动的泪水。这泪水,不仅仅是因为武大靖完美的表现,还有来自现场解说的触动。在武大靖夺冠后,解说员刘星宇动情地说道:"从李佳军那个时候,我们就一直在等待着男子短道的突破。2002年我们实现了女子短道的突破之后,男子一直是我们所牵挂的,也是我们所期待的。等了这么长的时间,而且是在这么大的压力之下,等到了奥运会还有3天闭幕的时候,等到了短道速滑的最后一个比赛日。武大靖用打破奥运纪录、打破世界纪录连续打破纪录的方式,用一场酣畅淋漓的大胜,在这个时刻为我们收获了本届奥运会的首金!也为我们创造了在冰上竞速男子项目中的一个突破!谢谢武大靖!"这段情真意切的解说将运动员的发挥与民族的荣誉感紧紧联系在一起,与自强不息、拼搏向上的体育精神联系在一起,感染了国内的观众。许多网友评论说,刘星宇把观众说哭了。

四、传播主流价值观,彰显人文关怀

　　解说员的语音、语调与内容在一定程度上建构起一个"舆论话语场",影响着观众对冬奥会的感知和印象。解说员正确的引导有助于传播主流价值观,彰显人文情怀。在2014年索契冬奥会花样滑冰双人滑比赛中,中国老将庞清/佟健憾居第4,未能在自己的"谢幕演出"中收获一枚奖牌。陈滢为庞清/佟健的表演奉献了一段感人肺腑的解说:"《我曾有个梦》这首曲子表达了这对牵手21年的老将对赛场的眷恋和不舍,他们希望能演绎最后一次完美的演出。苏联名著《钢铁是怎样炼成的》书中有这样一句名言'人的一生应当这样度过:回首往事,他不会因为虚度年华而悔恨,也不会因为碌碌无为而羞愧……'庞清和佟健用21年的青春实践对事业的追求。纵使没有金牌,他们也身披华彩,因为他们有个梦想,并为之奋斗不息。"这段充满人文关怀的解说,不仅让观众更加敬佩庞清/佟健,也在无形中激励着观众不断超越自我。

第四节　冬奥体育解说的发展前景

　　近些年,特别是随着2022年北京冬奥会的成功举办,在我国起步较晚的冰雪运动项目已有了明显的发展。未来,冬奥体育解说将在解说项目、解说内容以及解说形式上呈现出以下趋势。

一、从大包大揽到分工细化

尽管在解说索契冬奥会和平昌冬奥会的过程中,依然存在着解说员"跨界""跨项"的现象,但我国冬奥体育解说已在朝着分工细化的方向发展。一方面,这表现在现有的冬奥体育解说员多数都有其主攻的项目。例如,因"诗意解说"而出圈的陈滢连续几届奥运会均解说了花样滑冰项目;解说风格以慷慨激昂、富有激情和感染力而著称的刘星宇则主攻短道速滑项目;解说风格平实轻松、沉着稳重的洪钢主要担任冬奥会高山滑雪项目的解说。分工细化的趋势促使现有的冬奥体育解说员在某一类项目的解说上下足功夫,对项目相关术语、比赛进程、场外消息等掌握到位,提升解说的专业性与艺术性,力争成为解说某一类项目的佼佼者。

另一方面,专业化人才培养也为我国冬奥体育解说的分工细化提供了坚实保障。在北京冬奥会筹办的过程中,各大高校、媒体机构在解说人才的培养上不断发力,为北京冬奥会储备了一批具有冬奥会体育专业知识、播音主持技巧以及较高外语水准的体育解说人才力量。以河北大学为例,早在2019年3月学校就成立了"冬奥体育解说通道班",设置了冬奥体育项目技战术分析、冬奥专业英语基础等专业课,并定期派学生赴国内外相关机构交流学习,旨在精准培养冰雪运动主持人、解说员等传媒人才。① 无论是现有冬奥体育解说员的主攻项目,还是冰雪项目专业化解说人才的培养,都推动了我国冬奥体育解说从大包大揽向分工细化的过渡。

二、从侧重背景介绍到重视评述现场

乘着北京冬奥会的东风,观众对冰雪项目的了解程度逐渐加深,对冬奥比赛中相关的体育知识和信息更有了解欲。越来越多的观众不再满足于解说员一味侧重介绍运动员、比赛规则、项目发展历程等背景知识,忽略现场描述和赛事分析,而是希望解说员对比赛有准确的描述、独到的分析和独具风格的表达。观众需求的变化也将推动我国冬奥体育解说从侧重介绍比赛的背景知识向重视评述比赛现场的方向发展。

从以往的冬奥赛事解说情况来看,解说工作更多是由解说员独立完成的。囿于解说员"跨界""跨项"的限制,为稳妥起见,解说员侧重于介绍背景知识,辅之以少量的现场描述,缺少具有个人见解的评论。以洪钢在2018年平昌冬奥会上对高山滑雪项

---

① 王龙龙.学滑雪练解说!河北一高校首开冬奥体育解说班[EB/OL].中国青年网,https://baijiahao.baidu.com/s?id=1652421435056333358&wfr=spider&for=pc.

目的解说为例,有学者通过抽样,对洪钢所解说的男子高山滑雪全能赛—速降赛、女子超级大回转赛、男子回转赛第一轮和高山滑雪团体赛半决赛第一组(奥地利—挪威)这4场比赛的解说词为研究样本,运用NVivo词频分析软件分析数据后发现:洪钢在解说过程中注重知识普及,"比赛、选手、当中、项目、一个、运动员、大回转、奥运会、世界杯、世锦赛"等涉及比赛规则、项目背景、运动员介绍的词汇出现频次高,占比接近62%。反观"画面赛况解析、技战术分析"等涉及现场描述的内容占比仅有16%。

随着冬奥体育解说专项化与人才培养正规化的不断深入推进,解说员的综合素质在提高,准确的描述、独到的分析将成为冬奥体育解说内容上的标配。这一趋势在平昌冬奥会部分项目的解说中已有体现。例如,在雪车男子双人项目中,罗马尼亚运动员上车速度较慢,解说员敏锐地捕捉到这一细节并分析道:"每一队选手他出发的习惯并不完全相同,大部分的舵手在跳进车里之后,紧跟着后面的推车手就会跳进车里。他们这一队舵手进入车里之后,后面的推车手又做了六七步的冲刺才跳入车内,这有可能是个人的习惯,也有可能是后面的推车手对自己的冲刺能力非常有信心,要知道滑行的速度肯定要比人推车的速度更快一些。"这一番分析无疑让观众了解了在雪车项目比赛中,推车手上车速度慢容易引发的问题。正如知名体育解说员、主持人杨健在冬奥解说员选拔综艺节目《沸腾吧!解说员》中对"解说"一词所做的分析:"有解有说,'说'就是你在描述、在介绍,很准确。'解'就是在展现慢镜头和呈现细节的时候,给予他人很清晰(的解释)。"从杨健的观点不难看出,冬奥体育解说的内容既要有准确的描述和介绍,又离不开解说员的观点输出,二者缺一不可。

三、从真人解说到与人工智能解说相融合

在历经了广播时代、电视时代后,冬奥体育解说已步入了网络时代。新的时代,新鲜事物层出不穷,人工智能(AI)主播便是其中具有代表性的新科技之一。随着影像、语音智能技术的日趋成熟,AI主播走进主流传媒领域已不再是新鲜事。对于体育赛事而言,AI主播助力体育赛事焕发活力,已成为业界创新的新思路。2020年7月,央视网首位体育虚拟AI主播正式上线,首次亮相于CBA赛事的宣传工作。2021年11月,中央广播电视总台首个AI手语主播"聆语"正式亮相。AI手语主播不仅能报道冬奥新闻,还能进行准确及时的赛事手语直播。值得一提的是,由中央广播电视总台推出的AI手语主播具备高理解度的手语表达能力和精准连贯的手语呈现效果,在冬奥赛事转播过程中,能够配合真人解说员,为听障用户提供专业、准确的手语解说服务。

可以预见的是,伴随着AI主播的低延迟流式生成的实现以及自动化、智能化的升级,AI解说员能够帮助真人解说员分担解说工作,其对目前由真人解说员独自承担解说的冬奥体育比赛项目,甚至是目前还未设置解说员的冬奥体育比赛项目有着极大的应用价值。真人解说员与AI解说员的互动与配合也将会成为冬奥体育解说的亮点。

第三章　冬奥体育解说员的职业素养

冬奥体育解说员究竟承担着哪些角色？其岗位职责有哪些具体要求？要具备哪些基本素养？这些问题是成为一名合格的冬奥体育解说员必须明确的。本章从探讨冬奥体育解说员的社会角色入手，阐释冬奥体育解说员的岗位职责与基本素养，指出一名合格的冬奥体育解说员需要努力的方向。

第一节　冬奥体育解说员的四大角色

在冬奥赛事的直播过程中，体育解说员承担着报道赛况、评论赛事、解读赛事、引导受众舆论等多方面的职责，这也意味着解说员担任着多重角色。在通常情况下，冬奥体育解说员是集体育项目发烧友、体育记者、谈话节目主持人、赛事评论员"四位一体"的立体角色。

一、体育项目发烧友

一名优秀的冬奥体育解说员理应是体育项目的发烧友，如果对体育项目缺乏热爱，自然难以对解说工作倾注心血，解说的效果必将大打折扣。北京电视台体育节目中心主持人毛正宇在谈及解说冰雪项目的经验时曾表示，要想解说好一个比赛项目，就必须有深入的了解，这背后需要花费大量的精力。倘若冬奥体育解说员对冰雪运动无感，则难以调动自身的积极性与主动性来钻研冬奥体育解说的技巧，更不用说打动观众了。欧美发达国家的冬奥体育解说员多由退役运动员担任，他们曾经是赛场上的选手，对冰雪运动有着深厚的感情，更愿意花费时间准备解说工作。此外，欧美国家冬奥体育解说员通常呈现出激情但不失理智的风格，这与我国冬奥体育解说员"理性有余，激情不足"的风格形成鲜明对比。因此，冬奥体育解说员要成为所解说项

目的发烧友,只有真正热爱才能促使自身在解说中流露真实的情感,真正与受众产生共鸣。

二、体育记者

体育解说的本质是一种口头的新闻传播活动,作为传播主体的冬奥体育解说员,其第二种社会角色是体育记者,要将冬奥赛场上新近发生的有价值的体育事件报道出来。作为体育记者的解说员,其报道任务根据赛前、赛中、赛后三个不同时段各有侧重。

赛前,解说员需要对其解说的运动项目的相关信息进行整合,例如不同项目的发展历史、比赛规则、场地环境等,用最短的时间让受众对所观看的比赛项目有直观的了解。

比赛正式开始后,解说员通常以比赛进程为报道线索,简洁明了地向受众描述比赛状况,并配合解说嘉宾解读运动员的技术动作。在比赛过程中,解说员不只是简单地对比赛场面进行平铺直叙,还要善于抓取赛场细节和有代表性的新闻事实,同时调用丰富的知识储备与词汇量,让整个解说过程井井有条、有理有据。

比赛结束后,根据赛场上运动员的表现,解说员配合解说嘉宾,发表自身的观点,借以引导受众。

在整个报道过程中,解说员发挥着"议程设置"的作用,在引导受众欣赏冬奥赛事的视角方面具有重要作用。

三、谈话节目主持人

在速度滑冰、短道速滑以及花样滑冰等比赛转播的过程中,一般由主持人搭档解说嘉宾,在对话交流中完成解说任务。因此,冬奥体育解说员还承担着谈话节目主持人的角色,需要妥善处理与解说嘉宾的关系。

赛事转播之前,解说员事先要与嘉宾沟通,了解其性格特点,遇到不善言辞的嘉宾,解说员需要引导和启发,在解说中能够让嘉宾打开"话匣子"。而对于那些健谈的嘉宾,解说员需要把控好节奏,特别是在嘉宾的解说影响观众观赛时,要适时打断。此外,解说嘉宾在赛事转播中不知道如何插话时,解说员还需要适时地"送话",避免嘉宾陷入尴尬处境。

冬奥体育解说员要有谈话节目主持人的互动意识,在赛事的转播过程中,解说员并不是一个人在自说自话,而是要与解说嘉宾处于持续的互动之中,让双方的谈话集中到一个"点"上。解说员与嘉宾的默契配合无疑会增强解说的效果,为观众提供更好的观赛体验。

四、赛事评论员

从往届冬奥会的转播情况来看,在解说员搭档嘉宾共同解说的比赛中,一般由解说嘉宾负责对比赛进行专业点评,为观众进行专业的答疑解惑。然而,多数冬奥比赛项目仍由解说员独立完成解说工作,这就需要解说员肩负起赛事评论员的职责。即使是有解说嘉宾进行评论,解说员也不应单纯描述比赛过程,而是要力争能与嘉宾在观点表达上相互补充,相互融合。正如深圳电视台体育频道主持人李斌所说的"体育解说分为三个层次":最低层次就是口齿清晰地叙述比赛过程,交代比赛背景,这是最起码的要求;再高层次就是能从技术上进行分析,比一般观众的眼界要高;而最高层次就是具有专业性,高屋建瓴地引领着观众一步步去阅读比赛。① 李斌对自己的要求是:不单单做比赛的复述者,而要做体育的解读者。对于冬奥体育解说员而言,做体育的解读者无疑要肩负起体育赛事评论员的角色,在专业地描述比赛的基础上,恰当地评论比赛,既展示了个人风格,也更容易激发受众产生共鸣,让解说获得最佳传播效果。

第二节　冬奥体育解说员的岗位要求

在冬奥赛事的解说进程中,解说员需要在"体育项目发烧友""体育记者""谈话节目主持人""赛事评论员"四个层面上不断进行角色的转换。尽管每个角色各有要求,但也具有共性,这便构成了冬奥体育解说员的岗位要求。

一、知识储备丰富多元

体育解说是一门综合艺术,将体育学、语言学、传播学、艺术学等多学科领域融于一体,需要解说员具备丰富的体育专业基础知识和人文社会科学知识。

首先,从人文的角度来讲,冬奥体育解说员需要对冬奥体育项目有较为全面的理解,如不同项目的发展历史、不同国家的风土人情等。解说员只有具备了深厚的文化

---

① 吴吉.走近深圳体育解说员 李斌:我就是很喜欢黄健翔[N].深圳商报,2010-04-18(A08).

底蕴才能向观众阐释。其次,从体育学的角度看,冬奥体育赛事有不同的项目,例如北京冬奥会设 7 个大项、15 个分项、109 个小项,各个体育项目又有各自不同的规则和技战术特点。

体育解说员必须做到:通晓竞赛规则及裁判法;对技术、战术的术语表达准确;熟知各种技术和战术的特点;了解一些运动医学知识等。一名合格的冬奥体育解说员不能仅满足于解说稿上的内容,而是要储备充足的知识,这样才能在解说中有更大的发挥空间。

二、分析讲解有的放矢

让受众了解冬奥项目、普及冬奥知识、引发受众兴趣、促进受众参与,是冬奥体育解说的价值所在。既定价值的实现要以受众"会看比赛、看懂比赛"为基础,解说员的分析讲解是保证受众"会看比赛、看懂比赛"的关键。

在赛事的转播过程中,冬奥体育解说员要在驾驭全局的情况下抓住典型和捕捉细节。抓住典型,就是要求解说员能抓住体现报道主题的典型场面、主要环节、重要人物。捕捉细节,就是要求解说员在播报赛事现场,既要一览无余,迅速看清全貌,抓住典型,又能明察秋毫,捕捉到一些生动的细节。囿于画面的制约,观众只能看到摄像机拍摄的画面。出全景时,人的图像小,观众看不清场上运动员是谁;出近景时,观众又看不到镜头以外的情况,如冰球赛场上运动员之间配合的情况、裁判的判罚手势等。这需要解说员当好观众的"眼睛",将受众没看到、没看清的比赛情况解说到位,使得解说更具现场感,让受众产生身临其境的感受。

三、节奏掌握游刃有余

体育解说是一门综合的艺术,更是一门即兴发挥的艺术,需要解说员具备出色的节奏掌控能力。对于冬奥体育解说员来说,掌控节奏首先需要密切注意场上的形势变化和视频转播画面中镜头的切换,迅速地将场上信息传达给观众。当赛场上出现突发情况,例如,高山滑雪比赛中因运动员受伤而暂时中断比赛,这需要解说员及时应对可能出现的冷场。其次,在与解说嘉宾配合的过程当中,解说员要把控进程,避免节奏拖沓,影响观众的观赛体验。例如,当比赛进入赛点,解说员可以适时打断解说嘉宾的评论或暂停与解说嘉宾的互动,避免对观众造成干扰。此外,在实际解说过程中,部分赛事可能会邀请两位解说嘉宾,解说嘉宾之间可能会出现观点交锋、意见相左的时刻。

为了避免解说陷入争吵的尴尬，解说员要及时进行干预，在保证整个解说过程顺利进行下去的同时，保持观点之间的平衡，让受众得到更为客观的认识。

四、情绪表达恰到好处

体育解说员的情绪状态会直接影响解说的氛围，关系着体育赛事的整体播出效果。作为冬奥体育解说员，要以体育记者的标准时刻要求自己，对赛事进行真实、客观的解说。然而，仅做到体育记者这一层面还不够，倘若冬奥体育解说员从头到尾一贯冷静、理性地解说，不加入任何个人情感，这样的解说不仅难以带动解说嘉宾，而且难以吸引受众，解说的效果必将大打折扣。为此，冬奥体育解说员还要融入体育项目发烧友的身份，在解说过程中将情绪表达到位。解说员的情绪要建立在对冬奥体育项目热爱的基础之上，以一个有血有肉的正常人的状态来表达情绪，例如，在一场赛事中，解说员可能会因为一方的杰出表现而欣赏不已，也可能会因为一方的落败感到惋惜。需要说明的是，解说员的情绪表达应该是积极的，不能是偏激、狭隘的。不能因为自身支持某一运动员或者参赛队，而诋毁另一方的表现。总的来说，冬奥体育解说员要在客观解说的基础上融入积极的情绪，营造宽松的解说氛围，带动解说嘉宾畅所欲言，吸引观众持续关注比赛。

第三节　冬奥体育解说员的基本素养

随着北京冬奥会的成功举办，冰雪运动的发展在国内步入了快车道，相关赛事转播量日益增多，受众的欣赏水平也逐步提高。新媒体时代，观众收看冰雪项目比赛的选择面扩大，对冬奥体育解说员的素质也提出了更高的要求。然而，冬奥体育解说工作在诸多方面还存在着令人不满意的地方：首先，我国从事冬奥项目解说工作的专业人员数量相对较少，获得受众认可与好评的解说员并不多见；其次，解说员水平参差不齐，难以保证解说质量和效果；再次，解说员缺乏足够的热情，情绪表达欠佳。这些普遍存在的问题对于冬奥体育解说事业的发展形成了阻碍。一名合格的冬奥体育解说员，要具备以下几个方面的基本素养。

一、坚定的政治立场

冬奥体育解说员首先要具备坚定的政治立场。冬奥体育解说员的声音不仅仅是个人的,在一定程度上也代表着所在媒体甚至政府部门的舆论,解说员如果因政治立场不坚定而发出不当言论,势必会造成不良社会影响。因此,冬奥体育解说员应从政治高度理解体育,提高解说的思想内涵。

具体来说,首先要善于发现赛场中的闪光点,将其升华为崇高的体育精神,从而感染受众。在2014年索契冬奥会花样滑冰双人自由滑的赛场上,庞清/佟健排名第四,奥运生涯的最后一战与奖牌无缘,但这对牵手21年的老将用他们的实际行动体现了顽强拼搏的体育精神。对此,陈滢引用了《钢铁是怎样炼成的》中的名句来加以诠释。这段解说不仅让庞清/佟健的付出跃然于观众的脑海,还传递了积极向上、顽强拼搏的体育精神。

其次,解说员要坚持正确的舆论导向,特别是在面对违背奥运精神的场面时,要及时引导观众,不能火上浇油、推波助澜。冬奥体育解说员要积极关注国家大事,了解国家大政方针,在解说时保持清醒,驾驭好敏感话题。当赛场上发生了不可预测的突发事件,解说员就要在有限的时空条件下,及时对播报内容做出判断与选择。解说员要想处理好突发事件,自然离不开平时的积累,其中政治立场更为关键。只有秉持坚定的政治立场,解说员才能在面对突发事件时,自觉坚持正确的舆论导向,以免引发不必要的争端。

二、高度的敬业精神

冬奥体育解说是一项时间长、强度高的工作,如果没有高度的敬业精神,解说员就难以完成这项工作。基于此,高度的敬业精神是成为一名合格的冬奥体育解说员的基石。高度的敬业精神集中体现在两个方面:对冬奥体育项目的热爱与对解说工作兢兢业业的态度。

对冬奥体育项目的热爱是做好解说工作的前提。众所周知,解说员要想如数家珍地向观众解说,势必要对解说项目有深入的了解,大到比赛项目的发展历史,小到比赛项目参与者的个人情况。如果缺乏热爱支撑,解说员则难以在赛前做足案头工作,更不要提解说时还要处理好其中各个细节,敏锐地应对比赛中的突发事件,尽量减少口误。可以说,冬奥体育解说工作是一个烦琐的过程,解说员如果对冬奥项目没有足够的热爱,自然难以保持工作热情,无法调动自身的积极情绪,也无法为观众奉献一场身临其境、彰显体育魅力的真性情解说。

在热爱冬奥体育项目的基础上,解说员还需要有兢兢业业的态度。尽管从事冬奥体育解说的人员数量在逐渐增加,但冬奥体育解说员的队伍仍是兼职为主,多数解说员是从其他项目"跨界"到冬奥项目,他们所拥有的冬奥体育知识存在不够系统与完整的问题。在从事冬奥体育解说的过程中,解说员如果不持续输入相关体育理论、技战术思想、赛事规则等内容,仅仅依靠先前的经验,解说自然难以出彩,甚至会出现"只会播报成绩,多数情况下沉默"的状态。解说员需要以兢兢业业的态度吸收专业知识,力求对所解说的项目做到了然于心,不能因为业务不熟而频频口误,这不仅会影响观众的观感体验,也会消解自身作为媒体人的权威性。

三、准确流畅的表达能力

冬奥体育解说归根结底是一门语言的艺术,对各种理论和知识的理解最终都要靠语言来表达,因此,准确流畅的表达能力是解说成功的保障。

目前,从事冬奥体育解说的人员当中,有一部分具有节目主持人的从业经历,这部分解说员本身具有扎实的口语基本功,在解说中较少出现语音上的失误。对于这部分解说员来说,需要强化语言表达的流畅性。在做足案头工作的同时,解说员还要加强快速组织语言、流畅表达的能力,避免出现冷场、结巴的问题。

对于从其他职业转行做解说员的人员来说,其优势在于自身已掌握了丰富的体育知识,他们首先要提高语言表达的准确性。这需要经过呼吸、吐字、发声、共鸣和情声气结合等方面的系统性训练,提高普通话的标准程度,提高用声能力,塑造声音形象,在日后的解说中尽量避免语音上的失误。

此外,准确流畅的表达还需要解说员能够精准把握解说的节奏,做到张弛有度,收放自如,避免出现从头到尾缺少变化的情况。在面对赛场上的突发情况、需要解说员即兴发挥时,同样不可丢失准确性与流畅度,否则解说员在受众心中的专业形象会大打折扣。总的来说,一名优秀冬奥体育解说员要在语言表达准确流畅的基础上,力求达到通俗易懂、生动形象、专业又不失幽默的高阶层次。

四、良好的心理素质

冬奥体育解说员的心理素质会影响其解说状态,进而影响解说的质量与效果,因此,良好的心理素质同样是一名冬奥体育解说员必备的素质。良好的心理素质主要体现在两个方面,一是顺畅的思维,二是敏捷的临场应变能力。冬奥体育解说员并非都能在相对安静的演播室完成解说工作,例如,在解说雪上项目的比赛时,可能会在比赛场地附近较为简陋的环境下完成解说。解说员如果缺乏抗干扰能力，不能保持顺畅的思维，解说过程中极容易出现口误或说话逻辑混乱的情况。

　　体育比赛的进程与结果无法做到"先知先觉"，冬奥项目也不例外，在比赛没有结束之前，赛况就处于千变万化之中。对于冬奥体育解说员来说，即使在赛前做好了预设，也极有可能在解说中遇到突发事件。这就需要解说员具备敏捷的临场应变能力，不能在遇到突发事件时，大脑一片空白，如果自身的语言功底不扎实，必然会遭遇"滑铁卢"。

　　面对瞬息万变的赛况，我们无法苛求解说员不出现任何失误，但解说员在失误出现之后进行巧妙化解，也离不开良好心理素质的支撑。因此，良好的心理素质与坚定的政治立场、高度的敬业精神、准确流畅的表达能力共同构成了冬奥体育解说员的基本素养。

第四章　冬奥体育解说的基本方法

美学家鲁道天·阿恩海姆曾指出:"如果我们看到了或感到了艺术品的某些特性,然而又不能把它们描写或表述出来,其失败的原因并不在于我们运用了语言,而在于我们的眼睛和思维机器不能成功地发现那些能够描写或表达这些特征的概念。"① 冬奥体育解说作为一门语言艺术,自然有其表达的方法与技巧。本章从前期准备、赛中内容表述、赛后总结三个方面详述冬奥体育解说的基本方法。

第一节　冬奥体育解说的前期准备

知名体育解说员詹俊在做客电视节目《谢谢了,我的家》时,主持人敬一丹曾请他讲出自己的优势。詹俊回答:一是自己的嗓音辨识度比较高;二是自己比较用功,解说比赛前功课做得比较多。当看到詹俊密密麻麻写满字的纸张后,敬一丹不禁感叹:"世界上哪有什么灵机一动、脱口而出,背后都是这样的一种努力。"詹俊的成功离不开他充足的赛前准备,其实,任何出彩的解说都需要解说员在前期准备环节下足功夫,冬奥体育解说也不例外。"凡事预则立,不预则废。"对于冬奥体育解说员来说,做好冰雪项目的赛前准备工作,可以从广义与狭义两个方面着手。

一、广义准备

广义准备的时间跨度较大,要求解说员注重日常的学习与积累,以便在解说工作中随时调其所用,从而圆满地完成解说工作。广义准备的重要性在于它能在一定程度上体现解说员的内在素质,更是决定解说员话语深度的关键。对于冬奥体育解说员来

---

① 阿恩海姆. 艺术与视知觉:视觉艺术心理学[M]. 滕守尧,朱疆源,译. 北京:中国社会科学出版社,1984:引言 3.

说,广义准备可以从以下三个方面着手。

（一）真热爱

热爱冰雪运动是做好冬奥体育解说工作的动力。只有真心热爱冰雪运动的解说员才会不断激励自身学习冰雪运动的相关知识,加深对冰雪运动技能的理解,以饱满的情绪投入解说工作。在平昌冬奥会上因花式点评自由式滑雪而登上热搜的解说员宋剑桥就是一名冰雪运动发烧友。他曾经在采访中表示自己从事单板滑雪、自由式滑雪运动已有十余年之久。正是多年参与冰雪运动的经历让宋剑桥对单板滑雪、自由式滑雪技术动作有足够的了解,这也为他采用颇具创意的方式解说自由式滑雪奠定了基础。如果没有对冰雪运动的热爱,或许就不会有宋剑桥一改用英文翻译词汇解说技术名词的惯例、以颇具趣味的"安全抓板""货车司机抓板""迷雾空翻"等中文词汇命名专有技术名词的场面了。当然,是否有从事冰雪运动的经历绝不是衡量解说员热爱冰雪运动的唯一标准。囿于各方面条件的限制,让解说员对其所解说的项目都有亲身实践的经历是不现实的,即使是国民参与程度比较高的滑冰项目,也并非所有人都能做到原地转体。热爱冰雪运动是要求解说员能够为解说工作倾注心血,做大量精心细致的准备,用真实、有趣、富有激情的解说感染观众。

（二）勤积累

积累是做好冬奥体育解说工作的基础。多次解说冬奥会的知名解说员杨健曾在接受采访时说过:"解说就是这样一个奇怪的行业,你的优点和缺点、知识积淀、专业程度,甚至性格,在一场比赛里都会完全暴露——从事这样的工作,能得到大家的认可是很不容易的。我希望年轻人不要突然跳出来,打算一战成名,这不是这一行要追求的目标。"从杨健对年青一代解说员的期望中不难看出,积累与沉淀对于体育解说这一工作的重要意义。另外,连续担任了平昌冬奥会与北京冬奥会解说工作的洪钢、陈滢、刘星宇均非体育专业出身,他们能够在赛事转播中较圆满地完成解说工作,都离不开日常积累。对于冬奥体育解说员来说,首先要不断夯实体育专业知识。冬奥体育解说员所具备的专业知识不应停留在知晓比赛的规则、看懂比赛的过程,还需要不断加深对冰雪项目的了解程度,特别是在赛事出现特殊情况时,解说员要尽可能做到"不陌生""不失声"。在北京冬奥会短道速滑男子5,000米接力半决赛,中国选手李文龙因与对手发生"踢刀"而意外摔倒,直接掉到了队伍最后的位置,正当观众们感到揪心之时,咪咕体育解说嘉宾王濛直言这是一次踢刀动作,比赛结束后裁判会把中国队判进决赛,几年之前她因为这个动作和国际滑联的技术代表交流了两个小时之久。与此同时,央视的解说员却在强调李文龙是因为自己失误才摔了出去,这一言论引发了不少网友对解说员专业性的质疑。当然,我们无法苛求冬奥体育解说员所掌握的专业知识比肩专业运动员,但解说员不能以一知半解甚至不求甚解的态度对待解说工作,而是要通过日常的积累尽可能对所解说的项目"知其然并知其所以然",不断提升解说的水平。

对于冬奥体育解说员来说,除具备扎实的体育专业知识外,还要尽可能涉猎文学、历史学、艺术学甚至民族学、社会学等其他学科知识。解说员在不失专业性的基础上,如果能够旁征博引,既能"润色"解说内容,提高"可听性"在屏幕中的比例,又能逐渐形成自身的解说风格。多次因诗意解说而"出圈"的陈滢在这方面表现得可圈可点。在北京冬奥会男单自由滑比赛中,陈滢对中国选手金博洋的一段解说词再度引发观众的共鸣。她说:"金博洋,浴火重生。年少成名的他曾经两次登上过世界锦标赛的领奖台,到达过中国男单从未企及的高度……但即使是在无边的暗夜里,只要坚信,我生来就是高山而非溪流,我欲于群峰之巅俯瞰低矮的沟壑。我生来就是人杰而非草芥,我站在伟人之肩,藐视平庸的懦夫,这种信念足以支撑选手度过人生中一个个至暗时刻。北京冬奥会,金博洋战胜了金博洋。"倘若陈滢没有对金博洋足够的了解,也没有丰富的文学积淀,解说的效果势必会大打折扣。

(三)善钻研

钻研是做好冬奥体育解说工作的关键。冬奥体育解说员在实际解说过程中,语言驾驭能力的强弱直接关系到其解说的效果。一名优秀体育解说员通常具备娴熟的语言驾驭能力,然而,语言驾驭能力的培养并非一朝一夕就可以完成,除了解说员的日常积累外,更需要解说员下功夫钻研。一方面,要打磨语言基本功,具备较强的语言表现力,做到语速合理、吐字清晰、张弛有度、表达流畅。以竞速类项目的解说为例,速度滑冰、短道速滑、越野滑雪等竞速类项目比赛全程刺激而精彩,观赏性强,同时也对解说员把握语言节奏、调动现场气氛的能力提出较高的要求。如果解说员语言功底不够扎实,特别是接连"嘴瓢",势必会影响观众的观赛氛围。因而,锤炼语言基本功是冬奥体育解说员准备工作的必修课。另一方面,冬奥体育解说员还要深入研究镜头语言,提高同步解读镜头语言的能力,避免频繁出现解说与画面游离、冷场等问题。在北京冬奥会赛事里,负责解说单板滑雪平行大回转和障碍追逐的李春霖曾在采访中表示,体育解说的特殊性在于需要你在最短的时间内做出最快速的反应,说出最准确的话。

冬奥体育解说员要想做出最快速的反应,说出最准确的话,必然离不开对镜头语言的精准把握,而这项能力不是解说员前期做足资料收集工作就能获取的,需要解说员在读懂镜头语言的基础上不断开口练习。当然,重视对镜头语言的解读并不意味着解说员要从头说到尾,而是要适当留白,从而让画面说话、让观众思考,这依然离不开解说员对镜头语言的潜心钻研。只有肯钻研的冬奥体育解说员,才能在面对瞬息万变的赛场时收放自如。

二、狭义准备

狭义准备是指解说员在比赛直播前,充分熟悉与比赛相关的基本信息,迅速进入解说状态所做的准备。狭义准备的重要性在于它直接关系到解说员能否圆满地完成某场赛事的解说工作。与广义准备相比,狭义准备的时间较短,冬奥体育解说员要在有限的时间内理清头绪,高效地做好准备工作。具体来说,可以从以下四个方面着手。

(一)收集资料

收集资料是准备过程中的第一个环节,在接到解说任务后,冬奥体育解说员要根据赛事的具体需要尽可能全面地收集资料。

首先,有关比赛项目的资料必不可少,其中包括项目的发展历史、赛制规则、相关术语等专业知识。北京冬奥会点燃了全民的冰雪运动热情,但冰雪运动在中国仍是小众运动,例如冰壶、钢架雪车等项目对于多数普通观众而言是比较冷门的。冬奥体育解说则可以帮助人们加深对冰雪运动的理解,让人们感受到冰雪运动的魅力,在此基础上也有助于扩展冰雪运动的受众。而这一切的实现都要建立在解说员收集并掌握了有关比赛项目的知识基础之上。

其次,解说员还要做好与赛事参与者相关的信息收集工作。无论是个人项目还是团体项目,掌握参赛者的个人基本信息是不可或缺的,这方面要细致到参赛者的名字读音。备受关注的日本花滑选手羽生结弦(xián)就曾被解说员错念成羽生结玄(xuán)。这既是对参赛者的不尊重,也从侧面反映出解说员准备工作的不到位。除了掌握参赛者的个人基本信息外,对于个人项目,解说员还要尽可能了解参赛者在所从事运动项目中的技术特点,在历届比赛中的表现甚至是伤病情况,增进观众对参赛者的了解;对于团体项目,解说员还要了解团队的组织形式、技战术特点、历史赛季成绩、各成员的角色定位与默契程度等相关信息。当然,解说员收集大量与赛事参与者相关的资料不代表要在解说过程中"照本宣科",需要解说员根据场上具体情况加以运用。

再次,解说员有必要了解比赛的举办场地,例如场地的建筑规模、建筑特色以及设施设备的功能用途等。在收集有关比赛场地的资料时,解说员还要重视收集观赛人员的信息,例如通过前方记者了解观赛人员的人数、年龄结构、性别比例等,以免镜头转向观赛区时,解说员无话可说。

最后,从历届冬奥会解说员所承担的解说项目来看,一名解说员通常会负责多个项目的解说工作。鉴于各个项目的比赛进程不同,解说员在收集资料的过程中还需留意已经结束的比赛情况,以便在不同项目的解说转换中快速地进入正题。

(二)提炼看点

冬奥体育解说员在收集了比较充足的资料后,就要着手对资料进行整理与分析,提炼一场比赛的看点。看点是一场体育赛事中吸引观众视线、值得观众聚焦的内容。在冬奥会的赛场上,场内场外皆有看点,需要解说员用心提炼。

以北京冬奥会为例,中国体育代表团完成了本届冬奥会全部 7 个大项、15 个分项的"全项目参赛"目标。其中,自由式滑雪坡面障碍技巧和大跳台等项目是中国选手首次参与的项目。国内运动员首次参与的项目本身就构成看点,解说员要尽可能熟悉项目的相关情况,向观众普及所解说项目的知识,提示观众可以从哪些角度去欣赏比赛。此外,参与比赛的中国选手自然会受到国人的关注,因而与选手相关的资料要尽可能整理细致,如运动员的装备就可以作为看点进行介绍。场内的看点还有冠军的争夺、技战术的特点、知名运动员的表现等。在北京冬奥会花样滑冰男子单人滑比赛中,中国选手金博洋与日本选手羽生结弦备受国人的关注,他们的表现自然是比赛的看点。特别是羽生结弦,他能否成功挑战阿克塞尔四周跳(4A)①,能否再次蝉联冬奥会冠军,在比赛还未开始就已经引起了各方关注。解说员陈滢自然没有错过这一看点,事先也做了充足准备。在羽生结弦比赛结束后,陈滢从他在 2021 年全日锦标赛的赛后采访讲起,过渡到其在北京冬奥会上的表现,随后的一番评论更是让观众对羽生结弦勇于挑战自我的奥运精神产生共鸣:"其实所有人都知道,这是一个之前没有人能够企及的高度,这是在冒险,在奥运会上冒险,值得吗?他认为是值得的,这套自由滑

---

① 阿克塞尔跳,花样滑冰 6 种跳跃动作之一,又称前外点冰跳,由挪威选手阿克塞尔·保尔森在 1882 年首次完成,是男单 6 种跳跃中最难的动作。要完成阿克塞尔四周跳,选手需要在 0.7 秒内完成 1,620 度的旋转,这相当于以 50 千米/时的速度行驶的汽车车轮的转速。

节目是他自己选的,在奥运会决金牌的场次上挑战高难度的阿克塞尔四周跳,这个决定也是他自己做的。在他心中比赛就是战斗,贵为两届冬奥会冠军,他依然渴望战斗,就像上杉谦信一样抱着只要决定参加战斗,就不想输掉任何一场的信念。没有感情你就不会痛苦,没有表演你就不会失误……"

解说员可以围绕赛区、比赛场馆以及运用于比赛的科学技术等方面来挖掘场外看点。奥运场馆的设计建造历来就是奥运会的看点,它不仅展现了举办国所特有的民族文化魅力(如北京冬奥会张家口赛区的跳台滑雪场地"雪如意",形如中国传统吉祥饰品"玉如意",寓意为"如意吉祥,事事如意"),而且在一定程度上彰显了举办国的科技实力。因而,在比赛开始前,一些解说员通常先向观众介绍赛事的举办场地,如比赛场馆的外形、功能以及特色等。另外,科学技术的运用同样是历届冬奥会被关注的重点内容,从传递圣火所用的火炬,到现场比赛的转播,每一届冬奥会都有不同的科技产品引发关注。在北京冬奥会上,飞猫索道摄像系统、二氧化碳跨临界直接制冷系统等各类创新技术都被解说员提及与介绍。总之,解说员可以从"场内场外"提炼多个看点,在实际解说中根据场上的情况向观众介绍相关看点,尽可能提高观众的观赛体验。

(三) 调节情绪

冬奥体育解说员在做足"案头工作"的同时,还要调节自身的情绪,毕竟冰雪运动是充满激情与活力的运动,解说员理应用自身的情绪感染观众,让观众感受冬奥体育的魅力。2022年2月5日,中国队在北京冬奥会短道速滑混合团体接力决赛中夺冠,这是中国代表团在本届冬奥会上的首金。和中国短道速滑队夺金一起冲上热搜的,还有"王濛解说"这一话题。"王濛的解说,时而松弛如唠嗑,随口就可以来两段中外选手小时候的八卦趣事;时而又燃到飞起,如同开'动态视力'一般解读场上瞬息万变的风云。"[1]除解说的专业性外,王濛解说时的情绪具有极强的感染力,而这恰恰是不少冬奥体育解说员的短板,即使是比赛最为激烈的时候,一些解说员依旧发挥得"四平八稳",与比赛现场的氛围、观赛者的情绪状态格格不入。毋庸置疑的是,解说员情绪不到位,自然会影响解说的效果。因此,调节情绪也成为冬奥体育解说员准备工作中的重要一环。

调节情绪通常要考虑比赛项目类型与赛事的重要程度。解说前,为了保持良好的

---

[1] 赵亮辰."不用看回放,我的眼睛就是尺"王濛的精彩解说,是春节至今最好的语言类节目[N].羊城晚报,2022-02-06(A3).

状态,冬奥体育解说员需要提振自身的兴奋感,但需要指出的是,比赛项目不同,解说员情绪的调节自然也要有所区别。王濛在解说短道速滑比赛过程中,激动时"拍案而起""大声呐喊"的表现未必适合素有"冰上象棋"之称的冰壶项目。解说员情绪的调节不能脱离所解说项目自身的属性。解说员的情绪调节还要考虑赛事的重要程度。例如,如果比赛有本国运动员或其他享誉世界的知名运动员参与,甚至他们有可能在比赛中创造突破性成绩,这既是比赛的看点,又是解说员调节自身情绪的方向。

(四)储备体能

冬奥体育解说是一件既"烧脑"也"费力"的工作,解说员需要做好体能的储备,才能以充足的精力完成解说工作。李春霖在谈及体会时,曾坦言解说员的辛苦。"因为现在有防疫的需求,所以解说时全程要戴着 N95 口罩。和普通的口罩不一样,N95 的口罩(给人的感觉)就很憋。我这里的这两个项目全部属于竞速类(比赛),说白了就是谁比谁快,因为竞速类比赛它的节奏很快,就要求你的话语密度会比较大,那么再加上口罩,每天这四五个小时的解说是很辛苦的。"①从李春霖的描述中不难看出冬奥体育解说员的工作强度之大,没有一定的体能做支撑,解说员自然难以做好解说工作。

除了解说的强度大之外,解说员在冬奥会举办期间的工作节奏同样紧锣密鼓。李春霖这样描述他在北京冬奥会期间的工作节奏:"一天的工作结束后,回到酒店短暂休息一下,吃过晚饭、冲澡,把第二天比赛的所需资料,包括每个运动员的资料再做一遍(整理)","我最夸张的一次是,冬奥会第一天比赛的前一晚,做资料收集做到了凌晨4点,然后早晨8点起床,去解说比赛"。② 高强度、快节奏的解说工作确实离不开解说员日常的体能储备,这也是多数冬奥体育解说员保持健身习惯的重要原因。

第二节 冬奥体育解说过程中的内容表述

与其他体育比赛类似,冬奥体育赛事的过程可以大致分为开始、进行和结束三个阶段。在不同的比赛阶段,解说的侧重点也有所不同。一般来说,在比赛开始阶段,解说员从呼台号开始,随后向观众报告比赛的时间、地点、参赛者和性质。随着镜头从大全景转向比赛场地内,运动员热身的画面出现,解说员通常会根据镜头简要介绍参赛

---

①② 苏谙.冬奥现场解说李春霖:在云顶之巅,让世界听到自己的声音[EB/OL].(2022-02-19)[2023-01-03]. https://mp.weixin.qq.com/s/oxPlfH0gKga4vbL3iQnoyQ.

者或者比赛场地的基本情况。在比赛进行阶段,解说员会根据赛场上的形式与转播的画面,评述比赛并引导观众的情绪。在比赛结束阶段,解说员总结比赛并说结束语。无论是在哪个阶段,无论"说什么",冬奥体育解说的内容表述不外乎现场同步说明、分析评论、背景介绍以及留白四个部分。而关于"说多少"的问题,王惠生曾提出,体育解说中的背景介绍、现场评论、同步说明和留白的黄金比例应为2∶2∶4∶2。① 这一量化指标早已得到了广泛的认可。从这一量化指标出发,冬奥体育解说的内容表述应以现场同步说明为主体,结合画面进行分析评论,穿插背景介绍和留出空白。

一、现场同步说明

现场同步说明主要是指解说员直观地描述比赛画面,这是冬奥体育解说内容的主体,贯穿整个解说过程。虽然观众通过比赛画面可以获取一定量的信息,但由于画面视角的局限性与画面表面化的特点,大多数观众要想看清、看懂比赛,离不开解说员对比赛现场的准确描述。

现场同步说明不代表解说员要"面面俱到",解说不应停留在对画面的简单描述上,而是要从专业视角进行概括性描述,增加信息的深度。例如,在冬奥短道速滑的赛场上,面对运动员摔倒的情形,如果只是解说成失误,则难以满足观众的认知需求,解说员应给出专业的解释说明。解说员模棱两可的解说自然会被观众质疑其专业性。现场同步说明虽然在解说内容的构成上占据主要位置,但也不代表解说员要喋喋不休,而是要依据不同比赛项目的特点把握好解说节奏。以花样滑冰为例,与短道速滑等节奏激烈的竞速类项目相比,花样滑冰的节奏相对舒缓,具有极强的观赏性。为不干扰观众欣赏比赛,现场同步说明通常是对运动员重点技术动作进行实时描述。"这里所说的重点难度动作主要是指跳跃,跳跃和联合跳跃是最难的技术动作,尤其是要对男子单人滑选手的四周跳以及女子单人滑选手的三周半跳进行重点解说。"②如果解说员还要对接续步、旋转与联合旋转等其他技术动作进行实时介绍,则会破坏花样滑冰技术动作与音乐共同创造出来的美感。此外,现场分析评论和背景介绍均要围绕现场同步说明来进行,即以现场画面为依据来分析评论或穿插背景,例如解说员在描述比赛画面的同时适时重复报告比赛的性质、参赛者、比分等基本信息。

---

① 王惠生.体育语言[M].南京:江苏教育出版社,1999:86.
② 王智妍.我国花样滑冰解说员现状分析及发展对策研究[D].广州:广州体育学院,2021.

二、现场分析评论

苏联心理学家肖·阿·纳季拉什维利在其《宣传心理学》中这样论述描述与评论的关系:"正如许多实验研究的结果所证明,任何信息的报道,某些事实的描述,如果不加专门的解释和评论,对人们的定势是几乎不能产生影响的。"① 从美学观点看,"我们可以形象地说,描述位于最底层,以描述为基础的解释位于第二层,评价处于最上层"②。从奥尔德里奇的观点不难看出描述与评论的密切关系:描述是评论的基础,评论是描述的升华。在冬奥体育解说中,现场同步说明承担着描述画面的功能,而现场分析评论则是在现场同步说明的基础上,有的放矢地对比赛进行简评,增加解说的思想性。当然,在实际解说过程中,解说员并不会将现场同步说明与分析评论割裂开来,通常会在描述比赛画面的过程中穿插评论,这方面多位资深解说员早已阐述过其主张。宋世雄认为:"当述则述,该评则评,述评结合,评述兼顾,述中有评,评中含述。"③ 孙正平主张"述评结合,两者兼顾,述中有评,评中有述"④。黄健翔认为应当"夹叙夹议,评述结合"⑤。

冬奥体育解说现场解说员分析评论的方式多种多样,这里以个人项目与团体项目两种类型分别进行阐述。在个人项目的分析评论方面,解说员通常会选择在运动员完成一轮比赛后即时评析比赛进展与该运动员的表现,在辅助观众看懂比赛的同时增进观众对运动员的了解。以2022年北京冬奥会自由式滑雪女子空中技巧决赛为例,解说员马也与解说嘉宾门传胜选择在选手上场前对其进行简单介绍,在选手完成比赛后及时评论其表现。例如,在中国运动员孔凡钰完成第一跳时,解说员马也激动地说:"成了!"解说嘉宾门传胜接着评价道:"这一跳着陆非常好,空中动作质量基本没有屈膝、分腿、脚板,动作质量非常高,估计这一跳,分数得相当理想。可能凭这一跳,直接进入下一轮。"短短几句评论,既肯定了运动员的表现,又对其技术动作进行了分析。然而,一些解说员在对个人项目进行分析评论时,出现了弱化技术分析、侧重于赞叹运动员的情况,资深体育解说员将此举称为"憋金句"。当然,我们并不是要否定在评论中赞扬运动员的做法,也不是倡导在评论中只说专业词汇,而是提倡解说员找准评论

---

① 纳季拉什维利. 宣传心理学[M]. 王玉琴,译. 沈阳:辽宁人民出版社,1984:27.
② 奥尔德里奇. 艺术哲学[M]. 程孟辉,译. 北京:中国社会科学出版社,1986:125.
③ 宋世雄. 宋世雄自述:我的体育世界与荧屏春秋[M]. 北京:作家出版社,1997:316.
④ 瞿优远. CCTV体育人[M]. 北京:北京体育大学出版社,2000:166.
⑤ 黄健翔. 新时代体育节目解说之我见[J]. 南方电视学刊,1998(5):25.

的重心,删繁就简,将观点准确清晰地呈现给观众。

在团体项目的分析评论方面,解说员通常阶段性评析参赛团队在一定时段内的总体表现和技战术的发挥情况,辅助观众了解比赛的总体趋势。例如,在冰球、冰壶等团体项目解说上,解说员可以针对参赛双方的技战术特点进行阶段性分析,帮助观众了解场上的局势,从而调动观众的热情。例如,姜毅在2018年平昌冬奥会男女混双冰壶决赛的解说上,非常重视对加拿大和瑞士两支参赛队各自技术动作要点、难点以及运动员完成情况的分析与评论。"瑞士队两只壶被挤掉了,形成了这么一个局面,劳斯很开心,这个错打错招,其实传打的并不是特别准的一个点,但是恰恰就形成了这样的一个角度。力量足够啊,这个印证了我们中国的一句俗语——'大力出奇迹'!"姜毅在评论运动员的投壶动作时,会运用俗语和观众所熟悉的运动项目加以阐释,在帮助观众看懂比赛的同时也在一定程度上提升了观赛的趣味性。除了评析技战术,解说员也不应忽视出现在比赛的各种现象,特别是运动员或者观众的一些不礼貌行为,诸如参赛双方斗殴或者观众人为干扰比赛等。面对此类情况,解说员不能视而不见,当然也不能火上浇油,而是要及时发表观点,弘扬正气,批驳歪风邪气,正确引导舆论。

无论是个人项目还是团体项目的分析评论,都应该遵循一个原则:在现场同步说明的基础上,有的放矢地进行简评。不应为了"憋金句",而频繁引用诗词歌赋、名人名言。正如解说员杨健所说:"这些好看的书面文字,未必就适合做有声语言——你听一句特别华丽的辞藻,还没琢磨明白怎么回事呢,比赛已经到三四个环节以后了。解说就是把比赛说清楚,没那么多包袱。"①

三、背景资料介绍

对于背景资料的介绍可以体现解说员前期准备工作是否到位,如果解说员的知识储备不足,自然只能说一些表面的内容。例如,在2020年四大洲花样滑冰锦标赛上,一位新人解说员就被众多网友质疑其专业性。特别是在介绍运动员背景时,该解说员频繁描述运动员的长相,此举引发了网友的热议。

在冬奥体育解说中,背景资料的介绍应该达到增加解说内容的信息量、深化观众对比赛基本情况的了解的目标。除了将背景资料介绍穿插在现场同步说明中外,解说员还会在赛前阶段向观众介绍相关背景知识。以花样滑冰解说为例,在比赛开始前,

---

① 对话知名解说员杨健:《沸腾吧!解说员》里,我结识了未来并肩作战的小伙伴[EB/OL].(2022-01-22)[2023-01-03]. https://mp.weixin.qq.com/s/6P_DJlNknVUQxdoPTdmByA.

解说员通常会立足关键信息,对出场选手和花样滑冰规则进行介绍。

除了运动员背景资料、体育项目专业背景资料外,比赛场地的背景资料、某项赛事的历史背景等内容都可以涵盖其中。2022 年北京冬奥会自由式滑雪女子空中技巧决赛的解说就以对比赛场地的介绍开始,具体如下。

解说员马也: 欢迎您跟随转播画面来到张家口云顶滑雪公园。决赛已经蓄势待发了,现在我们看到的是整个比赛场馆的全貌。

解说嘉宾门传胜: 我们的空中技巧赛道是世界一流的,我们的保障措施也堪称绝无仅有。在赛场上我们可以看到有一个巨型的挡风布,这是我们本届奥运会高科技的体现,还有我们的跳台里也有一定的高科技成分,外界温度的变化不会影响到上面的雪质。还有很多比如说气象元素,在出发处高处,这个气象的风速可以随时在教练员的手机 App 上体现,这也体现本届奥运会的科技成分。在裁判房上面有 60 个摄像头,可以准确地记录整个赛场上运动员的各种表现。在我们的跳台前面还有我们 15 位服务人员,保障着陆坡的松软度。

解说员马也: 从各个方面来看,我们这个场馆都是世界一流的。

在冬奥解说的具体实践中,背景介绍的重点因项目而异。在对短道速滑、花样滑冰等被国内观众相对熟悉的项目解说时,项目本身的背景就可以不作为重点,而应突出比赛背景或参赛者的基本情况。如果解说在国内群众基础比较薄弱的冰球、冬季两项、钢架雪车等项目时,解说员就要侧重介绍项目规则、发展史等背景资料,让观众熟悉该项目。

四、空白

空白,也称留白,即在具体的解说过程中留出一定的空白时间,让观众有"呼吸的空当"。空白不等同于"语塞",恰如其分的空白才会让整个解说张弛有度。解说新手最开始往往追求"说全说满",而在面对自身不熟悉的冬奥项目时,解说员容易跟不上比赛节奏,出现语塞等情况。例如,在体育解说选拔综艺《沸腾吧!解说员》中,一位选手在解说雪车项目时出现了"一开始就空白,后面接不上"的情况,这不仅不属于留白,还反映出解说员准备不足的问题。

冬奥体育解说员应在实践中摸索如何留出空白,正如冬奥体育解说员李春霖所说:"一开始我刚刚进入体育解说这个行业的时候,为了一场比赛,我会准备10张A4纸,到解说时我恨不得一秒钟都不留空当,把这10张A4纸全部的资料都说干净。随着后来一点一点地成长,包括经验的积累,我明白了准备的这些资料只是辅助,不是意味着要全部说出来,这就是为什么在体育解说里有一个重要的概念叫作留白。"①

在解说冬奥体育项目时留出空白,不仅可以留出一定余地,让观众有自我欣赏、回味思考的空间,也是解说员个人风格的体现。解说花样滑冰这类极具艺术欣赏性的项目时,解说员需要留白已成为共识,但选择在哪个阶段留白则是解说员自身风格的体现。花样滑冰项目资深解说员陈滢选择在选手赛中阶段大量留白。对于这样的留白方式,陈滢曾解释为在高组别选手的比赛中,说一句话几个字,哪怕只有几秒钟,也会破坏运动员通过音乐与动作带领观众的意境。在低组别选手比赛时,她会进行实况解说。尽管这一留白方式存在一定争议,却促成陈滢自身解说风格的形成。

总之,现场同步说明、现场分析评论、背景资料介绍和空白4个部分在体育解说中的最佳比例为4∶2∶2∶2,这是从宏观上对解说内容进行量的规定,但在冬奥解说的具体实践中,这个比例可以进行灵活调整。在解说不为多数观众所熟悉的冬奥项目时,解说员自然会侧重于背景资料介绍。相反,在解说有良好群众基础的冬奥项目时,解说员无须在背景资料介绍上"多费口舌",而会侧重于对场面情况的分析评论。

第三节　冬奥体育解说的赛后总结

冬奥体育解说的赛后总结包含两个方面,一是解说员对整场比赛的总结,二是解说员对自身表现的总结。

一、解说员对整场比赛的总结

解说员对整场比赛的总结,通常是指在比赛结束后、赛事转播还未结束时,解说员利用这个时间段简要回顾比赛,并根据回放画面,对比赛进行简要的总结和评论,最后以预告比赛的方式结束解说。

---

① 苏谙.冬奥现场解说李春霖:在云顶之巅,让世界听到自己的声音[EB/OL].(2022-02-19)[2023-01-03]. https://mp.weixin.qq.com/s/oxPlfH0gKga4vbL3iQnoyQ.

（一）解说员主导、解说顾问参与的比赛总结

从现有的解说实践来看,速度滑冰、短道速滑、花样滑冰等冰上项目与自由式滑雪U型场地技巧赛、单板滑雪坡面障碍赛、单板滑雪U型场地技巧赛等雪上项目的解说通常采用"解说员+解说顾问"的模式,在进行这些项目的赛后总结时,解说员与解说顾问会采用抒发情感的方式进行总结。北京冬奥会期间,在央视网推出的大型融媒体演播室栏目《一起看冬奥》中,9期夺冠热门赛事的赛后总结大多采用了解说员与解说顾问抒发感受的方式。例如,中国选手隋文静/韩聪以239.88分的总成绩在花样滑冰双人滑自由滑决赛中获得金牌后,解说员陈晖和解说顾问陈露分别抒发了各自的感受。

陈晖：我想所有人包括观众朋友们都和我一样的激动,我们看到陈露老师已经流下激动的泪水,也是特别地为我们的花样滑冰、为我们的中国代表团感到高兴。

陈露：特别地高兴,可以说,首都体育馆是我们长大的地方,也承载着我们花滑人几代人的梦想,所以他们今天能够在首都体育馆拿到这个冠军,他们是幸运的,那么我们也是幸福的。因为很多运动员也确实表示今天我们首都体育馆这个比赛场地对他们而言是非常友好的,这片场地进行改造了之后,各个方面,冰面的质量、灯光以及周围环境都是对我们选手来说特别友好的。这也是大大地帮助我们运动员提高他们竞技表现的一个方面……

陈晖：我想,陈露指导激动的心情我们也是可以理解,我们也和观众朋友一起分享这个喜悦。北京冬奥会从开幕式到现在,从精彩纷呈的比赛到频频刷新的纪录,每一天都在创造惊喜。同时,2022北京冬奥会中国代表团也刷新了在历届冬奥会上的最佳战绩,诞生出很多中国选手的精彩瞬间。明天就是北京冬奥会的最后一个比赛日,我们也特别期待会有更多的精彩瞬间。

除抒发情感外,解说员与解说顾问还可以采用问答互动的方式进行赛后总结。通常由解说员提问、解说顾问回答问题,提问的范围主要涵盖参赛双方获胜或失利的原因、某位运动员的表现、教练员的技战术思想或者具有争议的判罚等。

（二）解说员独立完成的比赛总结

目前,大多数冬奥项目仍由解说员独立完成解说工作,对于此类型项目的赛后总

结,解说员会根据赛事回放画面,对赛事中的一些细节、运动员表现进行简短点评或者对体育项目进行补充性解释说明。例如,洪钢在 2018 年平昌冬奥会高山滑雪男子大回转决赛第一轮比赛进行赛后总结时,重点说明了影响滑雪运动开展的自然环境因素和经济水平因素。针对经济水平如何限制滑雪运动的开展,洪钢进行了较为详细的解释:

> 滑雪这个项目,它的投入确实是很高的。滑雪的花费还是很贵的。如果说只是我们现在很多滑雪爱好者偶尔地在冬天度假去玩一趟,花不了多少钱,大多数城市的家庭尤其是东部地区的家庭应该都能承受,但是如果把它作为一个长期爱好,又要向高水平去发展,投入是非常大的。你要真正地提高自己的技术水平,首先肯定要有自己的装备,这还不是一次性投入。一次性投入还好说,投入完这个之后,还有后续其他的花费。随着你的水平越高,对装备的要求也会越高,否则会限制你水平的提高,就越滑越觉得不过瘾了,可能根据你滑什么样的雪场、什么样的雪质,都要换不同的雪板。自己的那副雪板滑着最顺,一般爱好者,刚刚入门的应该是体会不到这一点,但是一旦中级以上这个水平,肯定就是在装备上投入越来越大,因此,它的花费也是不菲的。

在对影响滑雪运动开展的经济因素进行解释后,洪钢以预告比赛看点的方式结束了解说。

总之,无论是哪一类型的项目,在进行赛后总结时,解说员和解说嘉宾都要尽可能调控好自身的情绪,不哗众取宠、不恶意攻击,从客观、专业的角度加以评论。

二、解说员对自身表现的总结

解说员对自身表现的总结,是指结束解说工作后,解说员需要对自己的表现进行复盘与反思,并接受建设性批评意见,不断提升解说的水平。张德胜曾在《体育解说员的赛后修养》一文中提出解说员要"养成重看录像或重听录音的习惯"[①]的观点。在他看来,解说员应在赛后通过重看或重听,来重点反思自身的基础工作做得够不够,与搭档配合得好不好。这样的方法同样适合于冬奥体育解说员进行赛后的自我总结,不管是解说新人还是解说大咖,都应通过重看录像或重听录音的方式找出自身存在的不足。

---

① 张德胜.体育解说员的赛后修养[J].青年记者,2016(36):55–56.

此外，在赛后总结中，冬奥解说员还要有接受各种批评的勇气与选择性接受建设性批评意见的心态。正如解说员宋剑桥所说："其实做体育赛事评论员，最难的就是观众众口难调……尽量让大家的诉求都得到满足吧。比如顺应观众的口味变化，当下来看是加强对技术方面的分析。"①

---

① 王雪枫. 人好颜高解说妙！宋剑桥带你走进平昌冬奥会[EB/OL].（2018-03-19）[2023-01-03]. https://mp.weixin.qq.com/s/2pCSJxrBh8w0tUyrX3h0Yg.

第五章 特色性冬奥体育解说分析

在历届冬奥会上，伴随各项赛事的举行，类型多样的赛事解说，以解说员的专业视角和个性化表达，为观众带来了视听新体验。其中有文辞优美的点评、"唠嗑式"解说，甚至还有人工智能主播的加入，各具特色。本章从分析新媒体时代下冬奥体育解说的新态势出发，介绍冬奥体育解说中的"她力量"以及人工智能在冬奥体育解说中的运用，以此来展现富有特色的冬奥体育解说。

第一节 新媒体时代下的冬奥体育解说

新媒体时代，是一个以互联网为基础的信息时代。在我国，奥运报道搭载新媒体的快车可以追溯到2008年北京奥运会，新媒体第一次被列为独立转播机构，也有了新媒体奥运赛事转播权。新媒体通过互联网、移动终端等平台与电视一起转播奥运赛事。此后，大量体育赛事陆续开始在腾讯体育、咪咕视频等网络平台播出，直接推动了体育解说在新媒体时代的快速发展。2022年北京冬奥会一开赛，奥运冠军王濛的解说首秀就出圈，成了冬奥会的一道风景线，而王濛的解说首秀平台正是咪咕视频。以咪咕视频为代表的新媒体平台无疑为冬奥体育解说注入了新的活力，也为观众带来了新的观赛体验。

一、新媒体赋能冬奥体育解说

在人类传播的历史上，每一次技术革新都对旧有的传播方式进行了改造。新媒体时代到来之前，电视、广播、报纸等传统媒介是体育赛事的传播载体，但随着移动互联网的普及，体育赛事的传播媒介逐渐向视频平台、社交媒体延伸。在互联网主导的新媒体时代，冬奥体育解说迎来了新的发展空间。

(一)传播渠道:从单一到多元

新媒体的发展,推动了冬奥体育解说传播手段的革新。过去中央电视台体育频道是我国冰雪赛事的主要转播渠道,观众的收看选择比较单一。如今,优酷、腾讯、咪咕等各类新媒体视频平台都取得不同类型冰雪赛事的转播权,并在打造有特色的解说上"持续深耕",最大限度地满足了不同用户的观看需求。2022年北京冬奥会,除了央视和央视频外,咪咕、腾讯、快手均拿到直播转播权以及视频点播与短视频传播的权利。其中,咪咕视频在北京冬奥会期间"共播放超过530场全自制解说,总制作时长超1,000小时,解说和节目嘉宾的阵容更是庞大,总人数超过150人。其中不乏宋世雄、韩乔生、黄健翔等解说大咖,还有王濛、周洋、陈露、张昊等世界冠军"①。从北京冬奥会的转播情况来看,新媒体赋予了冬奥赛事更多元的传播渠道,人们不再局限于通过电视媒体收看比赛、聆听解说,而是利用手机、电脑等互联网设备随时随地观看冬奥赛事,感受冰雪运动的魅力。

(二)解说风格:从中规中矩到求新求变

新媒体时代,传播渠道的多样化推动了大众获取信息方式的多样化。在冬奥体育解说领域,观众早已不再满足于"解说员说什么,观众听什么",毕竟"围绕一个太阳的时代已经过去,现在是满天繁星,多种声音并存的时代"②。为满足观众多样化的需求,咪咕视频等新媒体平台不仅在争夺冬奥会转播权上持续发力,还在重塑解说风格上下足功夫。相比于传统媒体中规中矩的解说风格,新媒体平台往往会在解说上求新求变,吸引观众的注意。一方面,打造顶级的解说阵容。例如,咪咕视频在北京冬奥会赛事直播中邀请了一批专业运动员、知名解说员等,打造不同于央视的独家解说。这不仅提升了咪咕视频的解说品质,为平台吸引更多的垂直用户,也让咪咕视频在北京冬奥会期间频繁冲上热搜。另一方面,新媒体平台也为解说员或解说顾问提供了发挥个性的空间,在北京冬奥会上,王濛用东北话进行"唠嗑式解说""相声式解说"而出圈,便是最好的证明。

(三)解说方式:从单向输出到多向交互

美国学者马克·波斯特在其著作《第二媒介时代》中将网络出现前归纳为"第一

---

① 贾璇.谁在收割冬奥会最强流量?[J].中国经济周刊,2022(Z1):88-89.
② 陈默.媒介文化传播[M].北京:中国传媒大学出版社,2016:146.

媒介时代",主要特征在于"由文化精英、知识分子主导,利用书籍、广播、报纸、杂志等进行自上而下的传播";互联网出现后,各式各样的新媒体带来了"第二媒介时代",主要特征是"消解了传播中心,每一个人都有成为话语的中心可能,并且都以自己的方式影响着社会"。① 不难看出,新媒体时代的一大变革在于打破了传统媒体单向传播的特质,信息的传播从单向输出变成双向互动性传播,甚至交互式传播。这一变革同样影响了冬奥体育解说。北京冬奥会期间,以咪咕视频为代表的新媒体平台在冬奥赛事的解说中,非常重视互动性。其中,既有解说员与解说顾问的互动,也有解说员、解说顾问与观众的交流以及观众与观众的互动。在赛事解说的过程中,解说员、解说顾问会留意观众的反馈,以回应观众的疑问、设置话题等方式来引导观众间的讨论。例如,在黄健翔搭档王濛解说北京冬奥会短道速滑最后一个比赛项目时,作为解说顾问的王濛直接向观众在线提问:"在弹幕里告诉我,这位选手的成绩到底能不能算?"在看到网友的积极回应后,王濛笑称:"这都快比我专业了,我这十几天没白喊。"新媒体时代下,冬奥体育解说不再是解说员"一个人的狂欢",而是众人的"盛宴"。

二、新媒体时代下冬奥体育解说面临的新挑战

新媒体时代的到来为冬奥体育解说翻开了新的一页,但也在一定程度上给冬奥体育解说的发展带来一些挑战。

(一)受众注意力成为稀缺资源

在冬奥赛事的传播渠道上,传统媒体依靠独家转播权雄霸天下的优势已一去不复返,众多新媒体平台涌入了赛事转播的赛道,呈现出百舸争流的局面。不过,这也带来了新的问题——受众的注意力成为稀缺资源。在传统媒体时代,受众的选择有限,只能在固定时间段收看或收听比赛。在新媒体时代,随着转播冬奥赛事的平台越来越多,转播的冬奥项目越来越丰富,甚至同一场比赛配备了不同的解说阵容。这让受众的自主权和选择权被无限放大,也给冬奥体育解说提出了更高要求。"受众是媒介传播效果的鉴定者,不同媒体间的竞争最终要反映于各自受众数量的多少。"② 因而,如何尽可能多地吸引受众,自然成为新媒体时代下冬奥体育解说要直面的难题。此外,新媒体时代碎片化传播的特征也制约着冬奥体育的传播效果。例如,冰壶等项目比赛

---

① 罗子欣. 新媒体时代如何创新科普[N]. 光明日报,2014-01-18(10).
② 宋常云. 全媒体语境下电视体育解说的定位与创新[J]. 传媒,2022(5):37-38,40.

时间较长,体育解说的时间也相应较长,如何在短时间内吸引受众的注意力,成为赛事解说需要面对的另一大挑战。

(二)解说员把控能力参差不齐

相较于传统媒体,新媒体平台给予体育解说员更大的发挥空间,解说员在更为轻松、活跃的氛围中完成解说工作,让观众有机会接触到不同风格的体育解说。相对宽松的解说环境为解说员彰显个人风格提供了有利条件,与此同时,这也对解说员的把控能力形成考验。咪咕视频在北京冬奥会期间为大众奉献了多场妙语连珠的解说,但"某某队的队员摔倒得好"等语句也引发了一些争议,这在一定程度上反映出新媒体平台的解说员在语言把控上存在着措辞不当的问题。此外,在态度把控上,部分解说员的个人倾向性过于明显或不尊重参赛者,评价过于偏激,出现了令观众反感等问题。无论是传统媒体还是新媒体,冬奥体育解说都不能违背客观与公正的原则,即使个性再鲜明的解说员也不能为了追求"爆点"而肆意发挥,甚至哗众取宠。解说员把控能力的参差不齐,恰恰是新媒体平台相较于传统媒体的一大短板。部分解说员在语言把控与态度把控上"欠火候",不仅影响了新媒体平台体育解说的效果,还会影响观众对新媒体平台体育解说的整体印象。

(三)解说员"去中心化"现象加剧

相比夏奥会,冬奥会是一个相对小众的舞台,囿于赛事规模、项目普及度等因素,冬奥会的受关注程度往往弱于夏奥会。此外,过去人们了解冬奥赛事以及冰雪运动的渠道较为有限,多数人仅通过报纸、广播、电视等传统媒体了解比赛进程、相关比赛项目信息、运动员情况等相关信息。因而,在传统媒体时代,冬奥体育解说员占据着传播冰雪运动赛事信息的主导地位,解说员对赛事和运动员的点评也代表着"官方意见"。随着新媒体时代的到来,冰雪赛事的传播渠道与受众了解冰雪运动相关信息的途径都大幅度增加。即便是普通受众或体育爱好者,也可在新媒体平台分享自身对冬奥赛事的观点,甚至其中一些人还成为"意见领袖"。种种因素导致冬奥体育解说员逐渐从"中心化"位置上消失。在冬奥会举办期间,网友对解说员专业程度的质疑或吐槽在微博等社交平台上屡见不鲜,即便是在咪咕视频等新媒体平台上拥有庞大粉丝群体的人气解说员,言辞或态度"稍有不慎",也难逃网友的口诛笔伐。

三、新媒体时代下冬奥体育解说员的发展路径

新媒体时代为冬奥体育解说提供了更为广阔的创作空间,但也对解说员提出了更高要求,这需要冬奥体育解说员立足于时代特点,吸收更多新元素,继续夯实专业能力,从而在冬奥体育解说领域完成跨越式发展。

(一)优化知识结构,提升专业素养

专业性是体育解说的核心,更是体育解说员的必备素质。对于冬奥体育解说员来说,其专业素养不仅体现在准确流畅的语言表达能力,还体现在对所解说项目的认知程度以及外语水平。在对所解说项目的认知程度上,冬奥体育解说员应追求足够的知识储备和全面的知识结构。尽管一些冬奥项目较为冷门,但解说员的知识储备不可不足,毕竟观看赛事的受众中不乏"骨灰级"体育迷,他们往往对解说更为挑剔,特别是在发现解说员存在知识漏洞时,会毫不客气地在社交平台指出问题,这无疑会消解解说员的权威性。另外,冬奥体育解说员还需具备更高的外语水平。有学者指出:"过往单纯能看懂英语字幕、大致能听懂内容并进行英语采访的外语能力要求已经不能满足需求。"[①]体育解说员不仅要能听懂带有口音的英语,有时还要"具备多语种能力来看懂字幕板或听懂场内的对话"。具备更高的外语水平不仅能够帮助冬奥体育解说员更好地阅读比赛,拓宽收集项目比赛资料的渠道,还能及时向受众翻译国外运动员、教练员、裁判员的话语,丰富解说的内容。因而,优化知识结构,提升专业素养必然是新媒体时代冬奥体育解说员不可回避的课题。

(二)加强实时互动,吸引受众参与

新媒体时代的到来改变了传播者与受众的关系,受众不再是被动地接受,而是转入积极参与、主动交流的语境中。在此转变之下,冬奥体育解说理应成为人人都能参与的文化广场。为顺应这一转变,冬奥体育解说员需要强化实时互动意识,创新互动的方式,与受众的交流互动不流于表面。过去,在解说尾声读出部分网友留言的互动形式显然不能满足当下受众的需求,受众更希望参与体育解说的过程中,也更希望解说员、解说顾问能在第一时间回应来自弹幕或社交平台的留言。因此,在比赛进行过程中,解说员、解说顾问自然不能对网友的留言"视而不见",而是要在恰当的时机,真

---

① 魏伟,柳亚鹏.5G时代体育解说的国际传播新态势[J].对外传播,2022(2):29-33.

诚地回应网友的关切之处。这既是尊重受众的表现,也是缩短冬奥体育解说与受众距离的有效途径,会在一定程度上推动解说员、解说顾问与受众的关系变成平等的对话关系,把大众传播转换成一种人际传播。当参与需求得到了意外的满足,受众自然会对解说产生黏性,甚至产生受众反哺平台的效果。

(三)锤炼"全媒体能力",适应多元传播

时至今日,"全媒体"已经不再是新鲜词,我国信息传播早已进入全媒体传播的阶段。全媒体时代需要具备全媒体能力的传播人才,即"有更高的全局意识、更全面的技术应用水平、更加善于沟通互动的能力,要实现对现有传播观念、传播思维、传播技能、传播手段等多方面的突破"①。在冬奥体育解说领域,解说员作为冬奥赛事的传播者,不应在全媒体传播的进程中"掉队",需要锤炼自身的全媒体能力,适应不同媒介的多元传播。据知萌咨询发布的《2022 北京冬奥会受众行为趋势洞察研究报告》显示,在冬奥会期间,国人平均每天花费 131.5 分钟观看赛事直播。在观赛设备的使用上,大屏小屏齐上阵,有 55.8% 的人选择使用大屏观看,39.7% 的人选择使用小屏观看。② 面对大众观赛渠道的多元化,冬奥体育解说员既要能胜任"大屏"的体育解说要求,也要能满足"小屏"受众的需求,特别是在解说文本与解说语言样态的设计上,要有创新与突破。此外,伴随着新媒体技术的迅速发展,数字科技也逐渐被运用于冬奥体育解说之中。例如,在北京冬奥会期间,虚拟主播走进演播室,与解说员一同解说赛事。人工智能的运用自然为解说注入了更强的可看性,与此同时,也需要解说员在短时间内适应并掌握新技术的使用。总之,冬奥体育解说员需要强化自身的全媒体能力,以更加开放创新的思维与理念适应解说生态的各种变化。

第二节 冬奥体育解说中的"她力量"

长期以来,男性在体育解说工作中居于主导地位,冰雪运动也不例外。随着冰雪运动的发展以及观众审美需求多元化的转变,女性体育解说员逐步受到了观众的认可与喜爱,在冰雪赛事的解说上绽放女性的独特光彩。

---

① 于璇,黄楚新.论全媒体时代主流价值的高质量有效传播[J].传媒,2021(19):93-96.
② 这届冬奥会,到底精彩在哪?[EB/OL].(2022-02-28)[2023-01-03].https://view.inews.qq.com/a/20220228A09AQL00.

一、女性冬奥体育解说员的优势

我国体育事业的蓬勃发展，带动了体育解说行业的发展，其中一个重要的标志是解说员已不再由清一色的男性组成，越来越多的女性也加入体育解说的队伍。在冬奥赛场上，陈滢、张萌萌、马也等女性体育解说员开始亮相于不同类型的冰雪项目中，为观众带来了不一样的视听体验。相较于男性解说员，女性解说员的优势主要体现在以下几个方面。

（一）自成亮丽风景，传递女性魅力

冰雪运动的蓬勃发展，带动了大众的追看热情，也随之带动了解说员队伍的发展。目前，虽然男性仍是从事冰雪运动解说的主要力量，但是女性解说员在冬奥会、世锦赛等各项冰雪赛事的解说工作中发挥着日益重要的作用。以2022年北京冬奥会为例，在花样滑冰、自由式滑雪、单板滑雪、钢架雪车等项目的解说工作中，皆有女性解说员的身影。她们以专业的水准与细腻的视角，让冬奥解说兼具力量与美感。此外，女性解说员更注重自身形象的打造。以陈滢为例，她曾多次身着中国风服饰出现在冰雪赛事的解说现场，带给观众耳目一新的感觉。在力与美并存的冬奥赛场上，女性解说员自成一道靓丽的风景，在传递女性魅力的同时，又以实力"圈粉"。这在一定程度上引发了大众对其所解说冬奥赛事的关注，也有利于激发大众参与冰雪运动的热情。

（二）擅长感性思维，尽显人文关怀

与男性相比，女性天生具有更强的感性思维与人文关怀。这种特质为女性解说员的解说赋予了更多的"温度"，让解说既有对事实的描述，也有感受分享、价值引导等内容，传递出理解、包容、鼓舞、感恩的态度。北京冬奥会期间，曾被网友称作"神仙文案"的解说词不少出自女性解说员之口。"苏翊鸣闪光的瞬间，一定会在我们所有人的心中埋下一颗单板滑雪的种子。"单板滑雪男子坡面障碍技巧决赛，苏翊鸣摘银。解说员高菡期待带动更多人拥抱单板滑雪运动。在自由式滑雪女子空中技巧决赛中，徐梦桃四战奥运终圆梦。解说员马也感叹"31岁的徐梦桃完成了自己20岁的梦想"，引发网友许愿，希望多年后的自己也能完成年轻时的梦想。"目前中国钢架雪车队在国际协会注册的运动员是13人，这只是一个很小的集体，然而星星之火，依然可以燎原。"解说员张萌萌在女子钢架雪车比赛中，对中国队充满信心。从这些解说词中不难看出,女性解说员的解说不只有外在的诗意和激情,还有人文关怀的内核。

(三)善于沟通交流,营造良好氛围

《中国中学生报》曾刊登《女性的智能优势》一文,文中指出:"女性大脑的语言中枢要比男性大脑的语言中枢大30%。女性特殊的语言优势,决定了女人拥有优越于男人的语言天赋。"[1]女性的这一优势在众多访谈节目中早已得到体现,杨澜、陈鲁豫、李静等女性主持人无一不给嘉宾、观众带来亲切感和信赖感。在速度滑冰、花样滑冰等项目的解说上,通常采用了"解说员+解说顾问"的模式,需要解说员与嘉宾进行互动。从已有的解说实践来看,女性解说员搭档解说顾问更容易被观众认可与喜爱。北京冬奥会期间,解说员陈滢搭档首都体育学院教师陈丹完成的花样滑冰双人滑自由滑决赛的解说是一个比较经典的案例。在这场备受关注的比赛中,二人配合默契,为观众营造了良好的观赛氛围。在中国王牌组合隋文静/韩聪勇夺金牌后,解说嘉宾陈丹一度控制不住自己的情绪,泣不成声地表示:"短短4分钟的节目,犹如他们4年的备战,有低谷、有伤病、有失败、有成功,他们用自己的经历融入其中,展示了温暖与力量。"解说员陈滢"接住"陈丹的情绪,哽咽着说道:"两位选手都经历过很多对职业生涯有灾难性的伤病。""百炼成钢化为绕指柔。"短短的几句话,既安抚了解说顾问的激动情绪,也感染了观众,随后"央视解说哽咽"话题也登上了热搜榜。不少网友纷纷点赞道:"听央视解说我都差点哭出来了""跟着央视一起哭""中国组合的表演确实催人泪下"。

二、女性冬奥体育解说员的问题与不足

相比男性解说员,女性解说员具有其独特的优势,但不可否认的是,女性解说员也存在问题与不足,需要引起重视。具体来说,当下女性解说员的问题与不足体现在以下三个方面。

(一)解说项目受限,"偏科"严重

尽管从事冰雪赛事解说的女性解说员数量在逐渐增加,但放眼国内外冰雪运动解说领域,女性解说员整体"偏科"严重,主要集中于花样滑冰等对抗性不强、比赛节奏较为缓和的项目上。相反,在讲究对抗性、节奏更为激烈的冰雪项目中,如越野滑雪、

---

[1] 徐国静. 女性的智能优势[N].《中国中学生报》,2007-06-26(12).

短道速滑、速度滑冰等依然以男性体育解说员为主,女性解说员在对抗性强的冰雪赛事中缺失解说机会。基于此现象,资深体育解说员杨健曾在采访中表示:"黄健翔老师举过一个例子,说曲艺里面女生说脱口秀就很棒,比很多男演员还好,但说相声就不行,成功不了。体育解说之于传媒,就像相声之于曲艺,非常特殊。女生的局限性挺大的,咱们得认,很多大赛里用女声解说速度型的比赛,准备很充分,解说员也很努力,但你还是觉得缺点力度。"①造成这种局面的原因是多方面的,而原因之一在于女性的声音与男性的声音相比,通常偏轻柔,厚重感不足。在赛事进行到关键时刻,男性的声音往往更能表现比赛氛围的紧张压抑感或对抗的激烈性,从而让观众沉浸于比赛之中,感受冰雪运动的精彩与刺激。

（二）情绪凌驾于内容之上,本末倒置

在近几届冬奥会的赛场上,花样滑冰的"诗意解说"屡屡登上热搜,网友也常常陶醉于解说员以独特的嗓音、唯美的用词对比赛选手进行"美的赞赏"。然而,凡事有度,过犹不及。在一部分观众沉溺于"诗意解说"之时,还有一部分观众对这类解说方式提出了质疑,认为解说员过于煽情,偏移了重心,解说沦为了情绪的附庸。不可否认的是,"诗意解说"体现出了女性解说员情感细腻、注重内涵的优势。与此同时,这也反映出女性解说员喜欢在解说比赛中大打感情牌,个别女性解说员对比赛或运动员进行过度解读,而非关注赛事本身,出现了本末倒置的问题。情绪是解说比赛时不可或缺的一部分,也是彰显解说员个性与风格的重要元素,但作为解说员,情绪的抒发要建立在把比赛说得清楚明白、让观众理解的基础上。解说员单纯地从自身的情绪出发,肆意地宣泄个人情绪,也许短时间内会让观众觉得耳目一新,但从长远来看,凌驾于内容之上的情感抒发会招致观众的反感。

（三）专业知识储备不足,业务水平有待提高

除上述两方面的问题外,专业知识储备不足、因解说肤浅而闹笑话是女性解说员饱受观众诟病的重要原因。当然,其中存在着观众对女性解说员的偏见,部分观众以挑剔的眼光看待女性解说。不可否认的是,解说员需要以丰富的知识积累打底,既要对所解说的项目以及参赛的运动员有足够的了解,还应熟悉体育项目周边的各类信

---

① 对话知名解说员杨健:《沸腾吧！解说员》里,我结识了未来并肩作战的小伙伴[EB/OL]. (2022-01-22) [2023-01-03]. https://mp.weixin.qq.com/s/6P_DJlNknVUQxdoPTdmByA.

息,以应对解说过程中出现的各类情况。与篮球、足球等普及率高的运动项目相比,冰雪项目在国内的普及程度仍有较大提升空间,特别是一些较为冷门的项目,解说员不仅缺少在日常生活中亲身体验的机会,就连收集资料都存在难度,这对于解说工作形成了挑战。此外,一些女性解说员在实际解说过程中的表现确实不佳,例如看不懂运动员的技术动作、频繁读错运动员的名字,甚至不顾赛场上的实际情况,只顾低头念稿,如此一来,更加固化了观众对女性解说员的刻板印象,也无形中限制了女性解说员在冬奥体育解说领域的发展。

三、女性冬奥体育解说员的发展方向

2022年1月,由咪咕视频独家打造的体育解说选拔综艺《沸腾吧!解说员》在北京冬奥会开幕前与观众见面,来自中国传媒大学和上海体育学院两所高校的学生上演了强强对决,为观众展现了新生代解说员对冰雪运动的激情和对体育事业的热爱。值得一提的是,参赛选手并没有被男性"垄断",两支比赛队伍中都有女性的加盟,她们在一场场对决中奉献了精彩的解说。可以说,"她力量"正在冬奥体育解说领域崛起。女性解说员要想在冬奥解说领域真正"绽放",不仅需要明确自身的优势,正视自身的不足,还需要在以下两个方面发力。

(一)强化专业知识储备

专业知识储备是体育解说行业永不过时的"敲门砖",女性解说员要想解决被诟病的解说技能薄弱问题,逐渐让观众走出偏见,必须强化自身的专业知识储备。在比赛转播过程中,由于摄像的角度和场地的限制,解说员要加以必要的说明、解释和评价,从而补充画面的不足。基于这样的要求,体育解说员除了要具备一定的专业写作能力、现场应变能力外,扎实的体育赛事专业理论知识也必不可少。对于女性解说员来说,首先要对所解说的项目有足够了解,特别是一些普及程度较低的冰雪项目,更需要在平时做足功课。即使是征战过四届冬奥会的陈滢,在解说前,仍需要花大量时间准备资料,包括每个选手的背景、历次参赛得分,甚至会细致到每个场次做过什么动作,出现过什么失误。在冬奥的赛场上,解说员"跨界""跨项"不是新鲜事,例如以解说网球和羽毛球见长的张萌萌曾在冬奥会"客串"花样滑冰的解说,而以解说花样滑冰"出圈"的陈滢也曾担任过自由式滑雪空中技巧赛、跳台滑雪女子个人标准台比赛等雪上项目的解说。"跨界""跨项"解说无疑是女性体育解说员面临的一种挑战,一旦因为对项目生疏而频繁出现口误，各种"吐槽"自然会不请自来。与此同时，"跨界""跨项"解说也对女性解说员专业知识的储备提出了新的要求——在"一专"的基础上做到"多能"。解说员在掌握特定解说项目相关知识的基础上，也要尽可能拓宽有关冬奥项目的涉猎范围，以备"不时之需"。当然，强化专业知识储备的效果不仅仅是让解说员"有话可说"，更重要的是通过专业知识的学习进而提升作为解说员的职业素养，秉持自己的媒体人身份，在解说时端正媒体态度，不以个人情绪为转移来解说赛事。

（二）树立自身的解说风格

拥有自身风格的解说员，是当前媒体所需要的，也是观众所需要的。在北京冬奥会期间每逢有王濛的解说，她的名字就会出现在热搜上。有不少人评价："太好玩了，就跟听相声一样。"作为解说顾问，王濛之所以能够受到观众的认可，和她幽默风趣且不失激情澎湃的解说风格有着重要关系。

解说风格是解说员在体育赛事解说过程中所体现出来的语言个性和表达特色，往往会让观众记忆犹新。女性解说员要想确立自身的解说风格，首先不能盲目模仿他人的风格。"百人一腔，千人一调"难免会导致观众审美疲劳，女性解说员在遵循传播共性的原则下，应树立专属于自身的解说风格，形成自己独特的标签。当然，对于解说风格的形成，解说员也不能急于求成，要立足自身实际去开拓自我和发展自我。这方面，陈滢的表现可圈可点，值得其他女性解说员借鉴。与那些嘶吼、咆哮的解说员不同，陈滢的解说风格独具一格，她善于引经据典、突出花样滑冰赛场上运动员的特点，大方优雅，在解说之余还传播了中华语言文化。其次，女性解说员树立自身的解说风格不代表空乏地表现"自我"，还要善于把握分寸感，避免过度情绪化。陈滢就曾对记者说，作为女性解说员，声音有优势，语速也快，她的个人风格得到很多人的认可；另一方面，性别本身也给她带来了一些麻烦——解说需要时刻保持冷静，但女性本身就是感性的，因此要完成一次解说，她需要比男性解说员花更大的力气去控制自己，调整自己的思维。[1] 从陈滢的表述中不难看出，女性解说员在解说中既要尽可能保持客观性，又要以见识与思考为中心，学会独立思考，对自己说的话负责任。

总之，女性解说员要具备树立自身解说风格的意识，进而在实践中取长补短，形成令观众青睐的解说风格。

---

[1] 央视评论员陈滢再次出圈！因浅田真央的解说一举成名[EB/OL].（2022-02-11）[2023-01-03]. https://baijiahao.baidu.com/s?id=1724395341040323699&wfr=spider&for=pc.

第三节　人工智能在冬奥体育解说中的运用

人工智能（Artificial Intelligence），是研究、开发用于模拟、延伸和扩展人的智能的理论、方法、技术及应用系统的一门新的技术科学。随着其技术的不断成熟，人工智能技术已被应用于体育解说领域。在2016年里约奥运会，中国男篮首战对阵美国梦之队时，一个特殊的"篮球解说员"吸引了观众的注意，它就是百度智能机器人"度秘"。它可以说是奥运历史上首个人工智能解说员。2022年北京冬奥会，融合了交互技术、数字建模等新科技的人工智能主播让观众眼前一亮，成为本届冬奥会的一大看点。其中，最具代表性的人工智能主播有央视频和腾讯团队共同打造的手语数智人主播"聆语"和咪咕视频研发的谷爱凌"数智分身"Meet Gu。

一、手语数智人主播"聆语"：助力听障人士观冬奥

作为国际级体育盛会，奥运会早已关注到残疾人士。然而，手语主播人数的不足导致听障人士只能从转播画面中获取极为有限的信息。由央视频和腾讯团队共同打造的手语数智人主播"聆语"的出现让听障人士能够获取更多比赛信息。

"聆语"不仅有真人般的外貌，整体形象亲切自然，还具备健听人语言与听障者手语的机器翻译能力。"聆语"的外观依托腾讯领先的3D光照扫描还原、面部肌肉驱动、表情肢体手势捕捉等技术，形象高度还原真人发肤，动作也更加自然生动。"聆语"掌握的手语词汇规范，都来自《国家通用手语词典》标准，经过长时间的智能学习，能够为观众提供专业、准确的手语解说。在信息准确率上，"聆语"能够快速学习时下的新词热词，快速完成各种行业、业务场景和相关知识的学习，提高翻译准确性。在传播效果上，"观看了多场不同AI手语翻译的比赛和解说之后，专业手语老师对'聆语'的翻译完整度、可懂度给出了高度评价"[①]。

2022年2月5日，中国短道速滑队混合接力夺金现场，"聆语"用232个手语动作解说了这场2分37秒的比赛，完成了首秀。"聆语"见证了中国队在本届冬奥会中首枚金牌的诞生，让处于无声世界中的特殊人群也能感受到中国举办冰雪赛事的盛况，进一步提升了听障人士的观赛体验。

---

① 正观快评：手语解说冬奥会，让无声世界更温暖[EB/OL].（2022-02-15）[2023-01-03］. https://view.inews.qq.com/k/20220215A099OF00? web_channel=wap&openApp=false.

二、谷爱凌"数智分身"Meet Gu：奥运会直播史上首位数字人嘉宾

Meet Gu 是中国移动咪咕通过自主研发技术为谷爱凌打造的数智分身，是奥运会直播史上的首位数字人嘉宾。Meet Gu 延续了谷爱凌本人热爱运动、时尚、自信、乐观等特质，实现了全自动化表情与动作的个性化迁移，做到与真人表情同步、声音与本人相似度极高，堪称谷爱凌的"孪生姐妹"。

自 2021 年 10 月 27 日，Meet Gu 在"中国移动 5G 冰雪之队"发布会上首次亮相以来，它受邀担任首档元宇宙交互冰雪音频节目的 DJ，并成为热爱 REAI[①] 的"探秘伙伴"为冬奥会做宣传。Meet Gu 的出现一定程度上昭示了数智人在服务型与身份型分野上的某种融合趋势，她不仅作为冰雪推广大使推广冬奥会，还以解说嘉宾的身份实现其服务价值。2022 年 2 月 7 日，中国滑雪选手谷爱凌迎来北京冬奥会首秀，Meet Gu 来到咪咕演播室，与解说员一同解说赛事。"谷爱凌"解说谷爱凌的"跨次元"联动成为北京冬奥会的一大看点。

在北京冬奥会期间，人工智能技术不仅应用于体育解说领域，还参与了赛事的报道或者气象信息的播报等工作。例如，央视网的虚拟主播"小 C"也在冬奥报道上一展风采。在它的独家节目《C 位看冬奥》中，"小 C"与现场记者连线，提供赛场的第一手资讯。AI 虚拟气象主播"冯小殊"在《中国天气》节目中亮相，这位天气预报员在冬奥会期间持续播报"冬奥公众观赛气象指数"等，提供及时、专业的气象资讯。

总之，人工智能技术在冬奥体育解说中的应用有助于推动体育运动和冰雪文化的加速破圈，也在一定程度上提升了观众的观赛体验。然而，不可否认的是，当前人工智能在冬奥体育解说中的运用仍处于初级阶段。虽然人工智能体育解说员受到了众多冰雪爱好者的喜爱，但其智能化水平与大规模应用于冬奥赛事解说中仍有一段距离。相信人工智能技术在冬奥体育解说中的运用终将迎来爆发的一天。

---

① 热爱 REAI，新华社首位虚拟偶像、全球首个虚拟人奥林匹克公益宣传大使、专注于 18－35 岁新青年群体的国潮虚拟偶像。

第六章　冬奥雪上运动项目解说

夏奥会有"得田径者得天下"的说法,冬奥会则是"得雪上项目者得天下"。2022年北京冬奥会雪上项目一共有10大项,分别是雪橇、雪车、跳台滑雪、钢架雪车、自由式滑雪、高山滑雪、越野滑雪、单板滑雪、冬季两项和北欧两项。因为雪上项目比赛场地的建设十分烦琐,所以雪上项目由延庆赛区和张家口赛区共同承办,延庆赛区主要承办雪车、雪橇和高山滑雪3个大项,其余7个大项由张家口赛区承办。

2022年北京冬奥会前,"冰强雪弱"是中国冰雪运动的一个标签。在2002年盐湖城冬奥会上,中国的首枚冬奥会金牌诞生在冰上项目。此后截至北京冬奥会前,中国代表团在5届冬奥会上共获得了13枚金牌,其中雪上项目金牌仅有1枚。在2022年北京冬奥会上,这种局面被完全扭转。曾为中国带来冬奥会雪上项目首金,且一直是中国代表团冬奥会雪上项目冲金点的自由式滑雪空中技巧,这次一举贡献了两枚个人项目金牌。此外,中国代表团还斩获了自由式滑雪女子U型场地技巧、自由式滑雪女子大跳台的两项冠军以及单板滑雪男子大跳台的冠军。不能不提的是,中国代表团在北京冬奥会获得的4枚银牌中,有3枚也出自雪上项目,分别是自由式滑雪空中技巧混合团体、自由式滑雪女子坡面障碍技巧以及单板滑雪男子坡面障碍技巧。算上这3枚银牌,中国雪上项目的奖牌数也以8比7超越了冰上项目,5金3银的奖牌成色也高于冰上项目的4金1银2铜。

中国雪上项目正大踏步前进,而中国冰上项目依然保持了原有快步前进的节奏。冰上项目与雪上项目实现"双轮驱动",有力地推动着中国冰雪运动向前发展。本章将对冬奥会雪上运动项目的解说技巧展开介绍。

第一节 高山滑雪解说

一、高山滑雪比赛解说概述

高山滑雪（Alpine Skiing）被誉为"冬奥会皇冠上的明珠"，是雪上基础大项之一。它起源于欧洲的阿尔卑斯山脉地区，又称阿尔卑斯滑雪。高山滑雪是使用固定后脚跟装置的滑雪板，顺着白雪覆盖的斜坡向下滑行的运动。根据其特点及技术方式，高山滑雪主要分为两大类别：一类是速度系列的高山滑雪运动项目，主要包含滑降（男、女）和超级大回转（男、女）；另一类是技术系列的高山滑雪运动项目，包含了大回转（男、女）、回转（男、女）。此外，高山滑雪运动还包含滑降与回转合二为一的高山滑雪全能（男、女）以及混合团体比赛，共 11 个小项。

作为冬奥会体育运动项目中将速度与技巧相结合的运动种类，高山滑雪具有健美与优雅相融合的特点。高山滑雪场是高山滑雪进行的场地，包括滑降、回转、大回转、高山两项、三项全能、单杆竞赛和超级大回转场地。各种竞赛线路选择在无风、积雪量大的森林地带，宽至少 20 米，雪面要捣固、踏压，雪的厚度至少 20 厘米。

2022 年北京冬奥会的国家高山滑雪场地位于延庆赛区小海坨山南侧中高海拔区域。赛道拥有近 900 米落差，近 3,000 米坡面长度，国家高山滑雪中心设 7 条雪道，是山脊、山林、山槽、山湾、峡谷等各种环境差异并存的赛道。雪道坡度大、落差大，建设难度极高，主要承担高山滑雪赛事。2020 年，国家高山滑雪中心通过了国际滑雪联合会的场地考察认证，并且通过了两场测试比赛的检验。为了配合生态冬奥的总体规划和设计理念，设计师在设计时依托当地天然的地形优势，创造出各种差异性并存的赛道，建筑形象犹如一只振翅欲飞的燕子，被称为"雪飞燕"。国家高山滑雪中心还包括山顶出发区、中间平台、竞技结束区、集散广场、索道等配套设施，不仅作为竞速比赛、竞技比赛的最高出发区，也成为永久性高山旅游观光目的地。

高山滑雪运动项目解说的总体特点是：赛前介绍赛事特点与规则、比赛场地、参赛选手等相关信息；比赛中以赛况描述为主，辅以对运动员动作与技术的简短点评；赛后揭晓最终成绩排名。整个解说过程语速适中，但不乏激情与现场感。

二、高山滑雪比赛发展简史

高山滑雪是在越野滑雪基础上形成的，是雪上运动的一个分支。在这项运动诞生初期,回转和滑降就已成为其技术动作不可缺少的组成部分。1850年,首次高山滑雪滑降比赛在挪威的奥斯陆举行。1921年,第一次正式的回转和速降比赛在瑞士举行。1924年2月2日,国际滑雪联合会(以下简称"国际雪联")在法国夏蒙尼创立,高山滑雪被国际雪联纳入雪上项目的一个组成部分。1936年,高山滑雪被列入冬奥会正式比赛项目,当时只有男女快速降下和回转障碍降下两个比赛项目。从1952年开始,高山滑雪才固定为三个比赛项目:大回转障碍降下、回转障碍降下和快速降下。发展至今,冬奥会现设全能(1936年列入)、滑降(1948年列入)、回转(1948年列入)、大回转(1952年列入)和超级大回转(1988年列入)这些分项。

目前,法国、意大利、奥地利、德国和瑞典等阿尔卑斯山脉国家通常在冬奥会高山滑雪项目上居领先地位。其中,奥地利一直是冬奥会高山滑雪项目的最大赢家。此外,挪威、瑞典、芬兰、美国、俄罗斯等国家在高山滑雪比赛项目上也占有优势。

高山滑雪在我国起步较晚,该项目国家队成立于2016年6月,队员多来自黑龙江、吉林、解放军等队。高山滑雪在我国仍属于小众项目,运动员的竞技滑雪水平居世界的中下游,前几届冬奥会均是依靠国际雪联分配给各成员的名额参赛,平昌冬奥会也是如此,中国代表团获得了高山滑雪项目的两个参赛席位,派出张洋铭、孔凡影出战。

三、高山滑雪的装备要求

高山滑雪的装备包括滑雪服、滑雪帽(头盔)、滑雪手套、滑雪眼镜等。其中滑雪板、滑雪杖、滑雪鞋、固定器是高山滑雪的4件主要器材。

(一)滑雪板

高山滑雪板(图6-1)主要由前部、中部、后部组成,呈现出前部宽、中部窄、后部居中以及弧线形侧面的特征。滑雪板中部安装固定器,两侧镶有硬钢边。滑雪板多采用弹性好且抗扭曲的木材、塑料等复合材料。

在不同的条件下,滑雪板的分类也不尽相同,主要分为四大类。

按照滑雪竞技项目分为:回转板、大回转板、超级大回转板、滑降板。

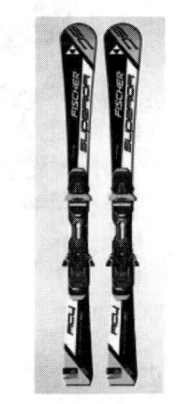

图6-1 高山滑雪板

按滑雪水平分为:初学者板、中级板、高级板、竞赛板等。
按雪质分为:适于滑硬质雪的板、适于滑粉状雪的板、适于特技的滑雪板等。
按性别、年龄分为:男性雪板、女性雪板、儿童雪板等。

（二）滑雪杖

高山滑雪杖（图6-2）的长度一般在90-125厘米之间，由佩带、握柄、握革、杆体、雪轮、雪杖尖组成。其中，杆体在外形上呈现出上粗下细的形态，由轻铝合金材料制成，以便达到轻便且不易折断的效果。高山滑雪杖的下端有圆形或雪花形雪轮，可以防止雪杖过深插入雪面，雪轮下方的杖尖还可以有效防止雪杖在较硬雪质撑插时滑脱。

图6-2 高山滑雪杖

（三）滑雪鞋

滑雪鞋主要分为竞技滑雪鞋（图6-3）和休闲滑雪鞋（图6-4）两种。相较于休闲滑雪鞋，竞技滑雪鞋的鞋靿高且开口在前、卡子多、外壳硬、内靴紧。尽管穿脱较困难，但竞技滑雪鞋可使滑雪者的脚和鞋子固定成一个整体，使得脚部发力精准传导在滑雪板上。

图6-3 竞技滑雪鞋　　　　图6-4 休闲滑雪鞋

（四）固定器

高山滑雪固定器（图6-5）一般由金属材质制成。固定器的主要功能是连接滑雪鞋与滑雪板以保护滑雪者人身安全。固定器由前、中、后三部分组成,前部与后部都有显示与调整其松紧强度的装置。前部的功能是固定雪鞋前端,并能在横向外力过大时自动脱开;后部具有固定雪鞋后端、调整前后长度、锁住或松开雪鞋、在纵向外力过大时自动脱开等功能;中部的止滑器可防止雪板与滑雪鞋分离后滑向山谷,中部的垫板用于防止立刃时雪鞋侧面与雪面的摩擦。

图6-5　固定器

(五)滑雪服

滑雪服装主要包括滑雪服、滑雪内衣、滑雪手套、滑雪帽(头盔)。其中,滑雪服主要分为竞技类滑雪服和大众类滑雪服,材料主要由外层尼龙防撕布料和内层中空棉保暖材质构成,款式分为连体式滑雪服(图6-6)和分体式滑雪服(图6-7)两类。除轻便、防风的特点外,滑雪服还可以减小空气阻力,帮助运动员提高比赛成绩。在滑雪内衣的选择上,运动员主要穿着带网眼的尼龙内衣。相较于棉质内衣吸汗且不易挥发的特点,尼龙内衣透气不吸汗,更适合高山滑雪运动员。滑雪手套(图6-8)可以有效保护运动员手部不被冻伤和割伤。滑雪帽分为针织帽(图6-9)和头盔,运动员可二选一或二者兼用。针织帽的长度以遮住耳朵为宜,起到保暖的作用。头盔一般为流线型,在减小空气阻力的同时也起到保护运动员头部的作用。

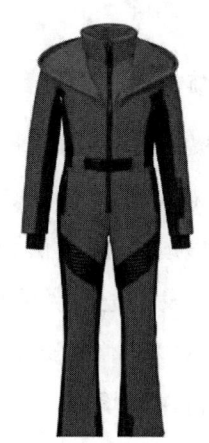

图6-6　连体式滑雪服　　图6-7　分体式滑雪服

图6-8 滑雪手套

图6-9 滑雪针织帽

(六)滑雪眼镜

滑雪眼镜(图6-10)是高山滑雪运动员的必备装备。当运动员滑行速度较快时,滑雪镜可以减小冷风对运动员眼睛的伤害。与此同时,滑雪眼镜还可以反射太阳光线,让运动员保持视线清晰。

图6-10 滑雪眼镜

四、高山滑雪比赛各项目简介

冬奥会高山滑雪比赛项目共有11个小项,各小项之间的区别主要在于:第一,场地起点与终点的高度差与距离不同;第二,地形与坡度的要求不同;第三,所设旗门的方法和数量不同。

图6-11 意大利选手马泰奥·马尔萨利亚在北京冬奥会高山滑雪男子滑降项目的训练中(图片来自新华社)

(一)滑降

1.项目概述

冬奥会滑降项目(图6-11)场地通常设在宽敞、平坦的区域,不能有连续的起伏,因为连续的起伏会造成腾空现象,使运动员发生危险。滑降场地的宽度至少需要30米,滑道长应在2,000米以上,坡度控制在平均20°。女子滑降线路高度差为450—800米,男子为800—1,100

米。比赛时,线路上要设置一定数量的旗门①。旗门由4根杆、两面100厘米×75厘米的旗子所组成,插在与滑降方向垂直的左右两侧。一对旗门左右之间的距离一般为4—8米,上下之间的距离一般为30米。旗门要根据场地坡度的难易程度插设,在转弯危险处要拦以保护网,并插黄色"危险旗"。

2. 竞赛方法

比赛以完成滑行的时间决定名次。滑降属于速度项目,比赛按一次滑行成绩决出名次。高山滑雪比赛中,运动员必须穿越相应数量的旗门。碰倒旗杆不算犯规,如果漏过一个旗门,则为犯规不计成绩。

(二)回转

1. 项目概述

回转比赛是高山滑雪项目中线路最短、旗门最多、转弯技术要求最高、滑行速度最慢的比赛项目(图6-12)。

在冬奥会、世界杯等大型比赛时,为了让运动员有足够的空间施展技巧,回转场地宽度应在40米以上,坡度在33°—45°之间,整个滑行线路不能为单纯直线或者单独的大转弯,其中1/4须为急陡坡。男子回转比赛线路的长度为600—700米,高度差为

图6-12 法国选手克莱芒·诺埃尔在北京冬奥会高山滑雪男子回转项目比赛中(图片来自新华社)

180—220米,需要过55—75个旗门;女子比赛线路长度为400—500米,高度差为140—180米,需要过45—60个旗门。

2. 竞赛方法

在从山顶沿线路连续转弯、穿越旗门障碍下滑的过程中,运动员碰倒旗杆不算犯规,漏门或者骑杆过门则属犯规,不计成绩。回转比赛须进行两次滑行,并要求采用不同的滑行路线。第一次滑行的出发顺序应根据出发号码,第二次滑行的出发顺序按第

---

① 旗门是赛道上两根同色旗杆组成的门形,运动员只有穿越旗门,成绩才有效,碰倒旗杆不算犯规,但如果漏过一个旗门则必须返回重新穿越,并被判犯规不计成绩。旗杆用不易折断的材料制成,插入雪地的部分为弹簧构造,可使旗杆在被运动员撞倒后自动恢复直立状态。

一次的滑行成绩倒序排列。两次成绩相加,滑行所用时间少者名次靠前。如果第一次滑行犯规,则失去第二次滑行机会。

(三)大回转

1. 项目概述

图6-13 中国选手徐铭甫在北京冬奥会高山滑雪男子大回转项目比赛中(图片来自新华社)

大回转相对于回转转弯半径更长,具有旗门之间角度大、间距大、滑行速度快等特点。

冬奥会大回转比赛(图6-13)通常在坡度15°—32°的覆雪山坡上进行。线路长度男子为1,500—2,000米,女子在1,000米以上。起终点高度差:男子300—450米;女子300—400米。线路上设置多种形式的旗门,组成障碍,运动员从山顶沿线路通过旗门下滑。

2. 竞赛方法

冬奥会大回转比赛进行两轮滑行。第2轮滑行可在同一场地进行,但旗门必须重新设置。两轮滑行成绩相加得到最终成绩。只有成功完成第1轮比赛的运动员才有资格参加第2轮比赛。第1轮比赛的前30名选手以倒序参加第2轮比赛(第1轮比赛排在第30名的选手在第2轮比赛中最先出战),而从第31名起,则以第1轮比赛的排名顺序依次参加比赛。两轮比赛成绩相加,用时最少的为获胜者。

大回转比赛绕旗门的规则是,雪板前端和双脚均于同侧绕过旗门线(左右两侧旗门的虚拟连线),才算正确地通过。滑行时碰倒旗杆不算犯规,漏门或骑杆过门则属犯规,不计成绩。

(四)超级大回转

1. 项目概述

超级大回转(图6-14)是一项集滑降的速度与技术、大回转转弯的基本技术于一体的项目。与滑降相比,超级大回转的线路较短,转弯较多,旗门角度更大。

运动员要快速从山上向下沿线路连续转弯,穿越各种旗门。男子比赛线路长度为1,500—2,000米,女子为1,000米以上。男子线路标高差距为400—650米,女子为400—600米。坡度为15°—32°。男子比赛时,设置35个以上的旗门;女子比赛时则为30个以上。场地中开口旗门的宽度不能少于6米,闭口旗门的宽度为8—12米。

图6-14 波兰选手玛丽娜·贡谢尼察-达尼埃尔在北京冬奥会高山滑雪女子超级大回转项目比赛中(图片来自新华社)

2. 竞赛方法

超级大回转属于速度系列项目,按一次滑行成绩决出名次,滑行时间少者名次靠前。

(五)全能

冬奥会高山滑雪全能比赛由回转和滑降组成,分别进行一次滑降比赛和一次回转比赛,比赛总时长少者名次靠前。高山滑雪全能的回转比赛和滑降比赛是独立的比赛项目。

(六)混合团体

冬奥会高山滑雪混合团体赛是使用大回转旗门进行的平行比赛,赛道为250—300米,旗门间距比回转长,比大回转短。每个团体(国家)由两名男子、两名女子组成。每场比赛分在一组的两支队伍各派一位选手,在同一条赛道上并排展开较量,率先抵达终点的一方获胜,赢得三场比赛的一方晋级下一轮。如果各赢两场,则将队内男子和女子最好成绩相加,用时少的一方获胜。16支队伍两两对决,以淘汰赛的方式得出排名。2026年米兰-科尔蒂纳丹佩佐冬奥会已确定取消该项目。

五、高山滑雪基本技术分类

(一)行走技术

1. 平地走滑

运动员在平整的雪面上呈穿板站立姿势,如同在陆地上行走一样,左右雪板交替向前迈动,左右雪杖在体侧交替撑动,身体微前倾,落地的前雪板承重,后雪板起到蹬踏的作用,移动步伐逐渐由小变大,前雪板逐渐由走动变为滑动,上体保持同步变化。在平地走滑时,运动员也可以只穿一只滑雪板,不穿板的脚在雪面连续蹬动,推进滑行。

2. 横板移动

运动员在滑行过程中保持雪板平行,重心放置于左脚雪板,向右抬起右脚雪板(向左亦然),右脚雪板落地后,身体重心跟随右脚雪板一起横移,当重心完全移动到右脚雪板后,左脚雪板随即跟随过来,保持双板平行。这是一种经常被用到的移动技术。

3. 登坡

登坡是指滑雪者穿着雪板登上山坡的技术动作。主要分为双板平行阶梯式登坡、八字登坡两种类型。

双板平行阶梯式登坡是指雪板平行横在山坡上,靠雪板侧向移动登上山坡的技术动作;八字登坡是指运动员面向山坡,两个雪板呈外八字形,使用雪板内刃刻住雪,两板交替用力向山上攀登的技术。

4. 平地变向

平地变向分3种,分别是以板头为轴的逐步变向、以板尾为轴的逐步变向和原地180度变向。前两种方法相对简单,而原地180度转向则有一定的难度,需要一定的柔韧性。

5. 踏步转弯

踏步转弯和跨步入弯很像,但比跨步入弯更高级,要求跨出去的那块板先外刃着地,随即迅速完成由外刃到内刃的转换,内板要快速跟上,并且外刃先着地,内板跟上的瞬间滑雪者的重心已经在内板的外侧。

6. 蹬冰式滑行

运动员以基本站姿出发,外旋双板呈V形,左板用内刃刻住雪面,以左板为支点,用力向右前方蹬出。运动员右板向右前方滑出,身体重心跟随右板移动,右板慢慢立刃,然后以右板为支点,用力再向左前方蹬出。运动员在蹬板的过程中,用双杖辅助撑地,推进会变得更高效。如果节奏控制得好且撑杖能配合很好的话,这种移动方式就是最省力、最快速和最适合长距离移动的方式。

(二)滑降技术

1. 双板平行直滑降

双板平行直滑降技术是指双板平行,面对山下直线下滑的技术。双板平行直滑降的技术重点是通过腿部的屈伸来调节重心的变化,并保持正确的滑行姿势。运动员在滑行时双板平行稍分开,上体稍前倾,髋关节、膝关节、踝关节稍屈,重心在两板中间,两脚用力,身体呈稳定的稍蹲姿势,保持腿部处于随时可以屈伸的状态,目视前方,两臂自然垂放两侧,肘稍屈,肩部始终处于放松状态。

2. 犁式滑降

犁式滑降是板尾外展,用两只雪板的内刃刻住雪面,雪板呈内八字形从山上直线下滑的技术动作。犁式滑降在滑行过程中可以通过调节八字的大小和改变立刃的强度来控制滑行的速度以及阻力的大小。当犁式滑降的板尾分开的宽度、立刃和用刃的强度达到一定限度时,滑行就会停止。因此,有人把犁式滑降称为犁式制动滑降。犁式大小的变化是依靠同蹬同收进行控制的。

3. 横滑降

横滑降是指双雪板横在山坡上,沿垂直滚落线方向自上而下进行的滑行。运动员在滑行过程中双板平行,两膝微屈,两眼目视山下,使身体侧对滑下方向,上体向山下侧扭转形成反弓形,山上侧板稍向前约半脚,再通过调节两雪板与雪面的角度向山下滑行,滑行时注意重心变化,要及时调整。

4. 斜滑降

斜滑降和横滑降要点是一样的,唯一的区别是重心的摆放,横滑降是居中的,而斜滑降是靠前或靠后,靠前就是往前的斜滑降,靠后则是往后的斜滑降。一般来说,重心应该放在脚趾或者脚跟,不用放得太靠前或靠后,否则稳定性会差很多。

(三)转弯技术

1. 犁式转弯

犁式转弯技术是高山滑雪转弯技术的基础技术。犁式转弯是在犁式直滑降的基础上,通过重心向一侧雪板移动或加大一侧雪板的蹬雪力量来改变方向。此转弯技术虽为基础性转弯技术,却有相当高的使用价值,对进一步学习、掌握其他雪上转弯技术具有重要意义。

2. 半犁式转弯

半犁式转弯是指两个雪板中一个雪板呈犁式滑降板形,另一个雪板呈直滑降板形,转弯过程中呈犁式滑降板形的雪板一般称为主动板,呈直滑降板形的雪板一般称为辅助板。

运动员转弯时主动板腿由弯曲逐渐伸展,重心上移、加压、立刃,辅助板腿开始收腿,从滚落线滑出,逐渐进入下一个转弯准备,加大主动板蹬雪力量,收板结束。半犁式转弯是半犁式连续转弯的基础。通过半犁式转弯的练习,主要掌握重心移动、用力顺序、雪板蹬出的方向等技术。

3. 双板平行式转弯

双板平行式转弯是指两雪板保持平行状态时进行的转弯,具体是指通过腿的强有力的回旋动作和双板立刃所完成的较高质量的转弯。

4. 跳跃式转弯

跳跃式转弯是指借助雪包或自身力量跳起,通过双腿的蹬伸和对地形的利用,两个雪板离开雪面进行变向后,雪板着雪的转弯技术动作。

5. 蹬跨式转弯

蹬跨式转弯是由双板滑行向右(左)侧蹬出开始,左(右)雪板向左(右)侧跨出着雪、右(左)雪板蹬雪后向左(右)雪板靠拢,形成双板平行向右(左)侧切入的转弯技术。

6. 卡宾式转弯

卡宾的英文carving原意是"雕刻""切开"。卡宾是指运动员在滑行过程中用山上侧板的外刃和山下侧板的内刃同时刻住雪面。这样的技术滑出的转向弧没有一点搓雪痕迹,这样的转弯技术称为卡宾技术。

用卡宾滑雪板滑雪可以使转弯动作的转弯半径变小,并且不出现脱滑。转弯半径的大小取决于雪板的板刃侧弧半径、雪板立刃、加压强度、倾倒角度、雪板坚硬度的大小以及雪道状况。越小的转弯半径和越快的速度会给滑雪者带来越大的负荷,会很快超出滑雪者的生理承受能力,增加滑雪者的危险。

（四）减速和停止技术

1. 犁式制动停止

在滑行中使雪板呈犁式状态,重心稍向后移,形成稍后坐姿势的同时将两雪板板尾蹬开,逐渐加大刮雪力量,逐渐加大板尾向外侧的立刃和蹬出力量,直到停止。

2. 双板平行转弯停止

减速或停止是运动员通过对雪板的控制,使雪板在与前进方向形成一定的角度或完全横对前进方向的同时,通过增加立刃的强度以增加摩擦力来完成的。

六、高山滑雪比赛解说案例

解说冬奥会高山滑雪比赛项目,不仅要了解比赛的规则、运动员的相关信息,在解说的过程中还要注意以下几个方面:首先,解说员在解说该项目时节奏处理要相对紧凑,避免出现对运动员个人信息介绍过长,忽略了对其技术动作的专业性点评。其次,做好解说的衔接与过渡,前一位选手的回放结束,镜头切换至下一位选手时,解说员应立即开始对正在比赛的选手进行介绍。再次,在比赛过程中,解说员要以计时点的数据为基础,着重对选手线路选择、速度把控、转弯的角度与力度进行简短点评,或者将正在比赛的选手在4个计时点的表现与榜首选手进行对比,帮助观众了解选手成绩变化的状态。最后,高山滑雪比赛项目具有偶然性与不确定性,在冬奥会比赛现场,比赛上演"大反转"的情况时有发生。面对此类突发情况,解说员要具备良好的应变能力,能够通过慢镜头的回放,提出自己的见解,避免解说时出现低级错误或无话可说的尴尬情景。另外,作为户外项目的高山滑雪,难以避免会受到外部环境的影响,解说员在解说过程中既要关照到会影响运动员发挥的外部环境因素,又要注意自身的音量不被现场环境音所遮盖,进而影响解说的效果。

本节我们以中央广播电视总台解说员洪钢在2018年平昌冬奥会高山滑雪男子大回转决赛第一轮比赛的解说为案例[①],供解说高山滑雪项目比赛的初学者参考与学习。

---

① 高山滑雪男子大回转决赛 第一轮[EB/OL].(2018-02-18)[2023-01-03].http://2018.cctv.com/2018/02/18/VIDEbIZ1t6f7xq6DXhjaDmwa180218.shtml.

中央电视台,中央电视台,观众朋友您好,欢迎大家收看我们在韩国平昌为您带来的第23届冬季奥林匹克运动会。今天,高山滑雪项目将要决出第7块金牌,大家看到的是男子的大回转比赛第一轮。现在比赛的是法国的选手潘图罗,潘图罗在之前进行的全能比赛里已经获得了一枚银牌。在大回转这个项目上,潘图罗也是具备相当强的实力的,来看看他的比赛情况。大回转的比赛当中(运动员)也是连续通过红色、蓝色交替布置的旗门,它的技术难度从转弯来看是比小回转相对来说节奏更为单一,但在滑降当中,考验选手不断地变换重心、换刃来左右转弯,通过每一个旗门的能力。大回转和回转一样都是属于高山滑雪当中的技术系列,潘图罗的成绩是1分08秒90。技术系列的比赛在奥运会中比两轮,选手通过在两轮比赛的总用时相加,谁用时少,谁的名次靠前。最后的时间计算到百分之一秒。

潘图罗发挥得非常出色,在刚才慢动作看到这几个转弯,他的重心转换、换刃都非常流畅,而且能够很快地在最准确的时间进弯和出弯。潘图罗的成绩应该还是不错。现在镜头上给到的是奥地利的名将希尔舍,他也是今天这场比赛夺冠的热门之一。虽然报名参加比赛的选手非常多,今天大回转的比赛第一轮一共有110名选手进行比赛,但是按照这个项目的特点,比赛的规则是给世界上最优秀的运动员创造最好的比赛条件,让他们能够更好地发挥自己的技术水平,所以在比赛当中,第一组是实力最强的,就是第1到第15位出发的这些选手,那么在这些选手当中又分成两组,1到7的选手是在1到7名当中,就是世界比赛积分排名前7位的选手先出发,他们这7个人的出发位置是通过抽签决定的,然后8到15,又抽签决定第8到第15位的出发……

瑞典的奥尔松在上一届比赛也参加了奥运会,他是排在第14,这是上届比赛的情况,那么在今天一上来之后,从前几个计时点来看,他比潘图罗发挥得要更为出色。看看最后冲过终点的情况,最后(冲)过终点(的时间)是1分09秒31,比潘图罗要慢了一点。这个比赛要比两轮,所以第1轮的成绩排在前30的运动员将在第2轮比赛倒序出发,从第31名开始到最后,第1轮有成绩的运动员在第2轮就将按顺序出发。在大回转比赛和超大回转当中都是一样,选手在过旗门的时候,如果他们滑出最精确的转弯线路,那么肩部正好撞这个回转杆过旗门。因为重心有的时候,尤其是在比赛里面看的就更是这样,选手在过旗门的时候,雪板和双脚还是在旗门杆内侧,但是整个身体重心和身体的大部分躯干都已经到了旗门杆的外侧。

现在这是法国的选手法夫尔,法夫尔和前面已经结束比赛的潘图罗是一对比较好的朋友,潘图罗每一次成绩都比他好,法夫尔就开玩笑说"我最烦的事情就是他每回都比我滑得好",看看今天这场比赛法夫尔能不能战胜自己的队友。

大回转的男子比赛的高度差是250米到450米,女子比赛是250到400米。这次比赛在龙坪高山滑雪中心,这个比赛的赛道它的高度差是440米,赛道的长度1.6公里左右。今天的比赛一共设53个旗门,法夫尔最终的成绩是1分09秒06,现在还是潘图罗排在第一,因为这些选手他们都是世界顶级的运动员,通过每年每站世界杯比赛,他们彼此之间非常熟悉,而且(这)是一个非常稳定的比赛体系,可以看到选手在转弯的时候,整个小腿几乎是和雪面贴到了一块,而通过膝关节和踝关节还有髋关节,使身体成为一个巨大的反弓,维持住平衡,保持重心。他们立刃的角度都非常大,在转弯的时候能够获得一个特别小的转弯半径。

这还是希尔舍,希尔舍在之前已经获得了全能的冠军,在回转项目上,他的实力几乎是无人能及的,但比赛当中也会有一定的偶然,那么在大回转项目当中,希尔舍也是这次比赛夺冠的热门。希尔舍将是第5个出发,第4个出发的是希尔舍的队友,同样来自奥地利的菲乐。菲乐是第1次参加奥运会,他在去年的世锦赛当中也参加了这个项目,但当时没有成绩,没有能够完成比赛,是因为高山滑雪比赛(运动员)在滑行过程当中,每个旗门都要通过,只要有一个旗门失误,丢一个门就没有成绩……

在长达70分钟的比赛过程中,洪钢用翔实的解说为观众呈现了2018年平昌冬奥会高山滑雪男子大回转决赛第一轮比赛的实际赛况,让国内观众认识了来自不同国家的高水平运动员,领略到了高山滑雪大回转项目的魅力。

解说不需要在有限的时间里面面俱到,需要留白。对于高山滑雪这一项兼具速度与力量之美的运动项目来说,解说员结合画面重点,有效解说该项运动的技术动作要点、难点以及运动员的完成情况,准确形象表述比赛过程中的亮点,如"身体成为巨大反弓""立刃的角度都非常大",使观众能更直观地收看比赛。适度增加的背景信息避免观众观赛时感到枯燥乏味,解说员在介绍时并不是通篇介绍,而是选取了几位较有代表性的参赛选手进行简要介绍,如潘图罗、希尔舍的强劲实力,菲乐首次参加奥运会的经历等。运动员在大回转项目比赛中需要进行一定的战术选择,例如采取哪类转弯技术等需要引起解说员的重视,解说员尽可能用简短的语言向观众介绍清楚。解说员在解说中也会提及赛场以外的信息,如法夫尔和潘图罗的私交,通过这样的内容介绍可以拉近与观众的距离。

第二节　越野滑雪解说

一、越野滑雪比赛解说概述

越野滑雪(Cross – Country Skiing)作为最基础的雪上传统项目,在第一届冬奥会上便被列入正式比赛项目。它起源于北欧,故又称北欧滑雪,是冬季项目中历史最悠久的传统大项。越野滑雪对运动员身体的适应能力、运动能力和技术均有较高要求,由于赛程长,需要大量体力,越野滑雪被称作"雪上马拉松"。越野滑雪设项众多,根据赛程距离和技术要求的不同,一共有12个小项。其中包括短距离竞速赛、长距离追逐赛和接力赛等。越野滑雪运动员需要在丘陵起伏的山地上按照规定线路滑行,我国具有开展滑雪运动的自然条件,许多山脉的长积雪期为越野滑雪运动的开展提供宝贵资源。2022年北京冬奥会越野滑雪的比赛场地是张家口市崇礼区的国家越野滑雪中心,该中心占地面积106.55万平方米,滑雪赛道距离明长城遗址最近处仅十几米,冬奥会越野滑雪全部12项比赛的金牌在此产生。

越野滑雪有传统技术与自由技术并重的特点,因此解说员在解说时也需要介绍运动员所采取的技术形式。整个解说过程要与画面相统一,且具有激情与现场感。越野滑雪的赛道坡道数量多、坡度小,占有赛道三分之一比例的上坡路段大多是决胜坡,因此,上坡的竞争异常激烈,选手位置频繁发生改变。比赛规定,当后方运动员超越前面选手的时候,前面运动员需要让道,选手的换位容易让人眼花缭乱,因此,在越野滑雪运动的解说过程中,尤其是上坡路段,就更需要解说员全神贯注,认真观察和还原现场情况,看清决胜坡的位置,从而使解说更具有针对性与目的性。

二、越野滑雪比赛发展简史

(一)世界越野滑雪发展史

越野滑雪的历史可以追溯到5,000年前。这一运动起源于挪威,作为人们在寒冬中出行的一种可靠方式,逐渐传播到斯堪的纳维亚半岛和俄罗斯。随着时间的推进,越野滑雪从最初人们的狩猎方式及交通方式,逐渐发展成为一种锻炼身体的方式,并最终成为一项体育竞技项目。中世纪时期越野滑雪被赋予军事属性,1226年挪威内战期间,两名侦察兵通过长距离的越野滑雪完成军事任务,被认为是现代越野滑雪的雏形。直到现在,挪威每年还会举行越野马拉松滑雪赛,长度56公里,与当年侦察兵所滑的路程相同。19世纪初,一批北欧和西欧居民移民美国,越野滑雪作为一种生活方式紧随而至。

19世纪50年代,当使用两根滑雪扦的传统滑雪方式真正确立后,选手的成绩突飞猛进。19世纪60年代,专门铺设滑道的机器出现,为越野滑雪的进一步发展提供了条件。

1924年,法国夏蒙尼举办第1届冬季奥运会,越野滑雪被列为比赛项目。从此,它一直在冬奥会的正式比赛项目之列。1936年加米施-帕滕基兴冬奥会增设男子4×10公里接力赛;1952年奥斯陆冬奥会增设了女子10公里赛;1956年科蒂纳丹佩佐冬奥会增设了女子4×5公里接力赛、男子30公里赛;1964年因斯布鲁克冬奥会增设女子5公里赛;1984年萨拉热窝冬奥会增设了女子15公里赛;1992年阿尔贝维尔冬奥会增设了男子10公里赛、女子30公里赛。

如今,越野滑雪运动在欧洲、亚洲、北美洲、南美洲、大洋洲等60多个国家和地区发展壮大,其中挪威、瑞典、芬兰、俄罗斯、意大利等欧洲国家的运动水平处于领先地位。

(二)中国越野滑雪发展史

在我国滑雪项目当中,越野滑雪是体校数量以及参与人数最多的项目。我国于1961年第一次参加国际滑雪比赛,即在波兰举行的社会主义国家友军冬季运动会上,参加了滑雪巡逻等比赛。在之后的1986年第1届亚洲冬季运动会上,中国越野滑雪女队获得4×5公里接力金牌。而后,在第2、3届亚冬会上,中国队也取得了较好的成绩。2004年2月14至15日自由式滑雪空中技巧世界杯在黑龙江龙珠二龙山滑雪场举行,这是国际雪联首次在中国举办世界高水平滑雪赛事。中国后来也陆续地举办了各种滑雪节,吸引了众多国内外优秀运动员参加。同时,我国还加强了"引进来"的战略举措:邀请国际著名专家与教练来举办讲座与执教,有效地增强了我国运动员对越野滑雪项目的认识,也提高了比赛成绩,为我国滑雪项目走向国际大舞台奠定了基础。

在越野滑雪这一项目上,北欧国家百花齐放,而我国也不乏后起之秀。2007年,在第7届亚冬会越野滑雪女子短距离自由技术比赛中,中国运动员王春丽获得金牌。小将池春雪曾在2016年挪威举行的第二届冬季青奥会上获得女子5公里自由式越野滑雪银牌,这是中国首次在这个分项上获得"奥运"级别的奖牌。中国开展越野滑雪项目较晚,实力与世界高水平选手仍然存在较大差距。

三、越野滑雪的场地与装备要求

(一)比赛场地

越野滑雪场地由开始区、赛道、更换区、接力区、结束区等组成。场地选在气温长时间保持在0℃以下的高纬度或者高山地区。场地大小由主办方设定,赛道长度因项目不同而有别。一般要求比赛雪道修建在起伏的地形区域,平地、上坡、下坡约各占1/3。雪道宽度一般应大于2.5米,雪面要经过机械或人工捣固、踏压,厚度至少10厘米。

1. 开始区

开始区是起点线后的50米内,被划分成数条赛道,并有以雪车压出的"雪槽",轨道深度2—5厘米,间隔必须在1.2米以上,同一轨道的两条轨道痕迹宽度为17—30厘米。

2. 赛道

赛道由上坡路段、波动式路段、有变化下坡路段三部分组成,具体长度根据项目距离和场地条件决定。

上坡路段:上坡斜度在9%—18%之间(1∶11—1∶5.5),垂直高度差至少10米。还有部分短距离上坡斜度在18%以上。

波动式路段(上下坡、左右转弯):运用当地地形的短上下坡路段,垂直高度差为1—9米。

有变化下坡路段:需要使用多种下坡技术,下坡的坡度应小于8°,转弯处雪道角度应大于135°。

越野滑雪不同项目和滑行技术对线路设计的要求有所不同。传统技术单项比赛的雪道应尽可能设在线路中间。雪道要设置雪槽,两条雪槽间距为17—30厘米,深度2—5厘米。当使用两条雪道时,其间隔的距离应为1—1.2米(以两条雪槽中间为准)。自由技术比赛线路应压好,线路的下坡路段要开设雪槽。所有线路均可使用1次以上,但15公里以下比赛的雪道的主要线路最多可以使用2次。雪道应根据比赛项目分别设立蓝、紫、黄、红、绿或橙黄色的醒目标志,以指示运动员滑行的方向及路线。冬奥会和世界锦标赛还要设立距离标志。冬奥会和世界锦标赛中,赛道的最高点限制在海拔1,800米以内。

3. 更换区

当比赛项目必须或允许更换滑雪板时会设有更换区。更换区有数个小区,以选手背号作为区分,在选手自己的更换区内放有另一对滑雪板以便更换。选手进入区域完成更换后再回到赛道的距离必须比直接滑行赛道不经过更换区的距离长。更换区的入口至少4米宽,出口至少6米宽。这是为了让选手在通畅的情况下顺利进入和离开该区域。其中滑雪混合两项赛只允许更换1次滑雪板,30公里以下的项目允许更换3次滑雪板,超过30公里的项目则允许更换5次滑雪板。

4. 接力区

团队项目中设有30米长的接力区,接力区与普通赛道的不同之处在于其正对的是观众看台,人们可以在这里看到选手们的精彩交接瞬间。

5. 结束区

结束区是终点线后的50—100米。结束区必须被划分成数条赛道且可明确区分。在终点线前的10—15米设有一条控制线,选手在通过控制线前不可脱下滑雪板。

(二)器材装备

1. 滑雪板

滑雪板包括自由式技术滑雪板(图6-15)和传统式技术滑雪板(图6-16)两种。不同滑行技术对滑雪板的要求不同。自由式技术滑雪板的长度为1.75—2米,板的整个底部均用滑行蜡。传统式技术滑雪板略长,长度为1.95—2.1米,板底前后1/3使用滑行蜡,中部1/3为防滑蜡。

图6-15 自由式技术滑雪板

图6-16 传统式技术滑雪板

2. 滑雪杖

在自由式技术中，滑雪杖一般更长、更坚硬，高度应达到滑雪者的下巴或嘴部位置；在传统式技术中，站立时应保证滑雪杖能延伸到腋下（图6-17）。滑雪杖的底部圆盘起助推作用。

3. 雪蜡

滑雪者对雪蜡的选择会极大地影响滑行速度。雪蜡（图6-18）的选择取决于雪和气候条件。雪蜡的种类有两种：滑行蜡和防滑蜡。滑行蜡用于减小滑雪板和雪之间的摩擦力，提高速度；防滑蜡可以增加滑雪板和雪之间的摩擦力，防止打滑。二者的合理搭配是取胜的关键因素之一。

图6-17 滑雪杖对比图

4. 滑雪服装

滑雪服装一般包括保暖滑雪服、滑雪手套、滑雪帽。训练或竞技滑雪服装有连体滑雪服（图6-19）或分体滑雪比赛服。标准的越野滑雪服应以质轻、保暖、防风雪、舒适合身、不妨碍行动又尽量减小风的阻力为宜。专业的越野滑雪内衣是由化纤、氨纶面料制成的，具有良好的延展性和透气性。运动员如果穿着棉质内衣，须及时更换，以免出汗后身体又潮又冷。

图6-18 雪蜡

滑雪帽（图6-20）可根据自身的条件进行选择，多为针织滑雪帽。针织滑雪帽以弹性较好的绒线帽为最佳，长度以能遮到耳朵为宜，要能紧贴头部及耳朵部位，这样即使剧烈运动也不易松脱。滑雪手套（图6-21）不仅需求保暖、防寒，而且要求耐磨、柔软，便于活动。

 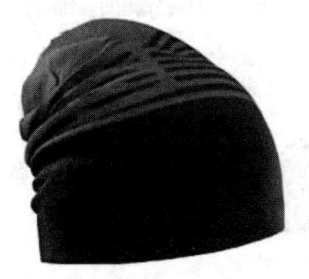 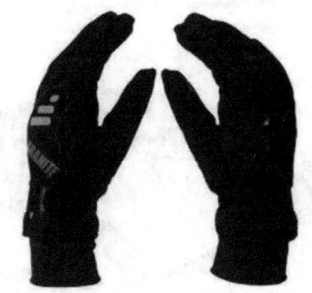

图6-19　连体滑雪服　　　图6-20　滑雪帽　　　图6-21　滑雪手套

5. 滑雪鞋

越野滑雪鞋根据滑雪技术分为传统式滑雪鞋、自由式滑雪鞋和双追滑雪鞋三种。

传统式滑雪鞋：在采用传统技术滑行时，人们通常穿鞋帮较低的鞋。这样既保证了有一定的支撑，也能让脚踝有最大的活动范围，从而达到理想的滑雪动作。

自由式滑雪鞋（图6-22）的鞋帮应该高出踝骨，以形成一定的支撑，同时要保证踝关节能自如地活动，以确保任何时候都能以最佳姿势站在雪板上。

双追滑雪鞋：如果不想受项目限制来选鞋的话，也可以选用一种双追鞋（也称多用鞋），这种鞋适用于自由式和传统式两种技术要求。

图6-22　自由式滑雪鞋

6. 固定器

固定器（图6-23）也叫上脱离器，是连接滑雪板和滑雪靴的一个重要部件，它对滑雪者的人身安全起着重要的保护作用。现在的固定器都具有当运动员摔倒时能自动使雪鞋与滑雪板脱落的功能，达到保护运动员不受伤害的目的。

7. 护目镜

滑雪护目镜（图6-24）类似于户外风镜，外框由软塑料制成，能紧贴面部，防止进

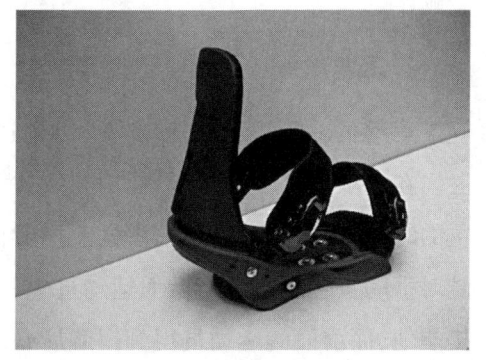

图6-23　固定器

风；镜面由镀有防雾、防紫外线涂层的有色材料制成。护目镜能有效防止雪面反光对选手的眼睛的伤害。

8. 其他设备

越野滑雪比赛还配有维护设备，如雪橇车、铁锹和雪道设置器等，在比赛之中放置在赛场边，用于在恶劣天气或线路事故发生时修复赛道。

图 6-24　护目镜

四、越野滑雪比赛各项目简介

越野滑雪比赛项目一共有 12 个小项，各小项之间的区别主要在于：第一，男女同一项目的赛程公里数不一样；第二，使用的技术要求不一样。与高山滑雪不同，越野滑雪的赛道上没有人工设置的障碍，越野滑雪比赛更多的是体能和耐力的比拼。下面将比赛规则相同的男女两小项并到一起介绍。

（一）越野滑雪男子 15 公里（传统技术）
　　　越野滑雪女子 10 公里（传统技术）

1. 项目概述

此项目属于个人赛，男子赛程 15 公里，女子赛程 10 公里，比赛全程使用传统技术，运动员间隔出发。比赛场地选在地形多变的森林地带等，由上坡路段、波动式路段、有变化下坡路段构成越野滑雪精彩多变的赛道，个人赛的成绩将影响追逐赛的出发顺序。

2. 比赛规则

运动员一般间隔 30 秒出发，以到达终点的时间确定名次，用时最少的运动员获胜。在这项比赛中，运动员使用传统技术在固定的雪道中完成比赛。在超越前面运动员的时候，运动员可以跳出雪槽改道滑行。特别需要注意的是，下坡和平地雪道，是超越对手的黄金赛段。当后面运动员想要超越前面运动员时，可以踩前面运动员的雪板提醒他，而前面的运动员得到提醒后必须让出雪道，否则便是犯规。

(二)越野滑雪男子双追逐(15公里传统技术+15公里自由技术)
越野滑雪女子双追逐(7.5公里传统技术+7.5公里自由技术)

1. 项目概述

该项目集体出发,男子赛程30公里,女子赛程15公里,前半程使用传统技术,后半程使用自由技术,先到终点者胜。需要注意的是,由于使用两种技术,滑雪板也需要准备两副,在赛道中点进行更换。

2. 比赛规则

不同国家的所有运动员列队同时出发,道次由抽签决定。双追逐比赛全程是由一个人完成的。在比赛进行一半时,运动员进入指定区域,迅速变换技术和滑雪板。选手进入更换区完成滑雪板更换后再回到赛道的距离必须比直接滑行赛道不经过更换区的距离长。而赛道每一圈的长度和圈数由主办方建立的赛场大小决定,每隔一段时间选手绕行过一次运动场,第一个到达终点的运动员获胜。

(三)越野滑雪个人短距离(男、女)

1. 项目概述

此项比赛属于个人短距离冲刺赛,比赛距离男子1—1.8公里,女子0.8—1.6公里,具体距离由主办方裁定,先到终点者胜。赛道虽短,类型却多样,基本包含了三种主要的场地类型。在冬奥会上,这项比赛并不固定使用自由式或传统式技术,每一届冬奥会都会轮换。与中长距离比赛不同,短距离比赛非常考验运动员的爆发力。

2. 比赛规则

比赛为淘汰制,选手间隔出发,抽签决定比赛顺序,比赛从资格赛轮开始,每隔10/15/20/30秒出发一位运动员,资格赛前30名选手晋级四分之一决赛,从四分之一决赛、半决赛到A组决赛,每一组6位选手。其中每组前两名和待定选手中最快的两人晋级下一轮,直到A组决赛中有6位选手竞争最后的金牌。相关比赛规则如图6-25所示。

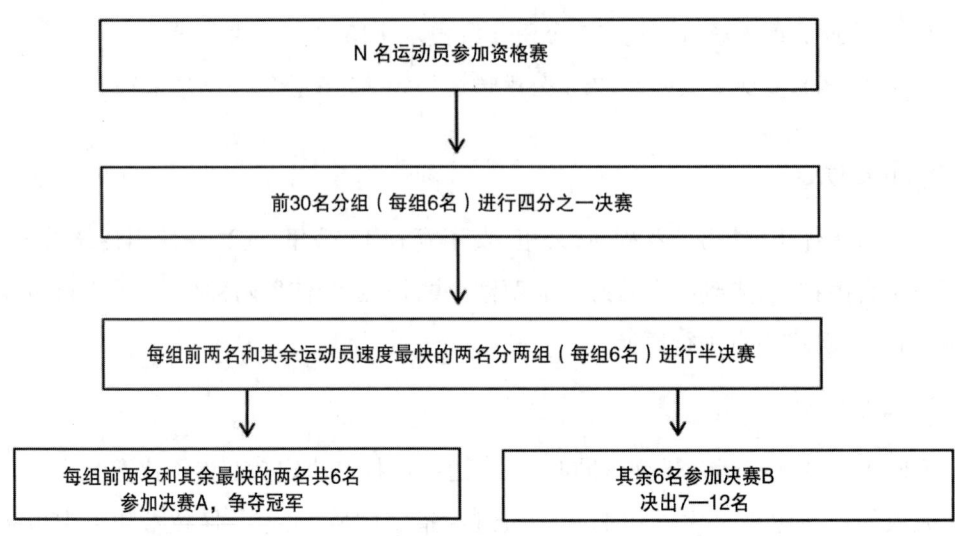

图 6-25 越野滑雪个人短距离（男、女）比赛规则

(四)越野滑雪团体短距离(传统技术)(男、女)

1. 项目概述

团体短距离赛需要每队两名选手交替进行短距离竞速接力,选手集体出发,比赛为淘汰制,两名运动员轮流在雪道滑行,每人滑行3次,总共滑行6圈,率先冲过终点的队伍获胜。这项比赛对于两名选手的体力、爆发力和默契要求都相当高。

2. 比赛规则

选手每次绕短距离赛道连续滑两圈之后交接给队友,每名选手需要完成6圈滑行,男子赛道每圈1—1.8公里,女子赛道每圈0.8—1.6公里,最先到达终点的队伍获胜。所有的参赛队伍会分成两组进行半决赛,半决赛每一组有10—15支队,每场半决赛当中成绩最好的5支队晋级决赛。每组的前两名加上待定中成绩最好的6支队,总共10支队伍将进入最后的决赛。

运动员在比赛中轮流滑行时必须遵循正确的交换顺序,且不能影响或阻碍其他队伍。

（五）越野滑雪男子 4×10 公里接力（2 传统技术 +2 自由技术）

越野滑雪女子 4×5 公里接力（2 传统技术 +2 自由技术）

1. 项目概述

每队派出 4 名选手参赛，第一位选手集体出发，每位男子队员滑行 10 公里，团体共完成 40 公里赛程，女子赛程减半。长距离接力赛考验的是每一位运动员的耐力和爆发力。该项比赛赛程虽长但不失观赏性。

2. 比赛规则

每位男子队员滑行 10 公里，团体共完成 40 公里赛程，女子赛程减半。两名运动员在交接时需要触碰到对方的身体才被视为有效接力。第一位选手集体出发，道次由抽签决定，第一、二名选手采用传统式技术，第三、四名选手采用自由式技术。率先冲过终点线的队伍获胜。

（六）越野滑雪男子 50 公里集体出发（自由技术）

越野滑雪女子 30 公里集体出发（自由技术）

1. 项目概述

运动员需要独自完成长距离赛程，男子 50 公里，女子 30 公里。这项比赛是"冰雪界马拉松"，如此长距离的比赛不仅是对运动员体能的极大挑战，也是对选手毅力的考验。

2. 比赛规则

在 50 公里集体出发自由技术比赛中，所有运动员同时出发，道次由抽签决定。女子进行 30 公里比赛，男子进行 50 公里比赛。比赛中每 10—12 分钟，运动员会更换雪板或者补充水分，率先到达终点者夺冠。

五、越野滑雪基本技术分类

越野滑雪技术在比赛要求下分为两大种类，一种为传统技术，另一种为自由技术。传统技术运用的技术动作通常有一步交替、两步交替、同时推进，运动员双脚踏着雪板基本处于平行状态。传统技术是在一条固定的雪道里滑雪，正常滑行状态下不允许出现蹬冰动作，如遇转弯可进行蹬冰动作，但是不能超过三步，否则会被判定犯规。自由技术的技术动作为蹬冰步、八字登山,双脚呈外八字,类似于滑冰的姿势,采用自由技术滑行的速度通常比采用传统技术滑行的速度要快,运动员不受技术动作限制可以自由发挥技术动作,而且更节省体力。

1. 二步交替滑行

二步交替滑行是运动员的双脚与双手各做两次蹬动及撑杖动作而构成的周期性滑行技术,往往是运动员比赛开始后的第一个动作。动作的主要结构是在单腿支撑滑行的基础上、对侧的手臂持杖下插的同时,支撑腿即下压蹬动,在雪杖后撑和支撑腿蹬动的同时,摆动腿前移落板完成身体重心转换,对侧的手臂带杖前摆、蹬动腿后摆呈单脚支撑滑行动作,并准备开始下一个动作的循环。

2. 同时推进滑行

同时推进滑行技术是在双板稳定滑行的基础上,运动员运用上体下压和双杖后推的合力,推动身体向前滑行的技术动作。这项技术主要用于平坦地带和缓下坡地段,运用同时推进滑行技术可以充分发挥上肢和腰腹部的力量,产生最快的滑行速度,并在滑行中使腿部肌肉得到相对的休息。

3. 跨一步同时推进滑行

在双板滑行的基础上,运动员可在双杖向前摆动过程的同时,配合一只腿加力蹬动,在身体重心转换至另一只板上时开始压杖后推,在双板平行滑进时,用双杖下压合力后推使身体向前滑行,这种由一个单蹬步加双杖同时推进配合的技术叫跨一步同时推进滑行,主要应用于雪质滑度良好的缓上坡或雪质滑度不好的缓下坡地带。

4. 直滑降

下坡滑行时,在线路平坦、宽阔、视野良好的地带,运动员可选择直滑降技术。滑降时,腿部弯曲在150度左右,上体前倾,后背与雪面平行,两杖夹在腋下,两肘靠近膝关节,整个身体呈"蛋"形姿势,以在滑降时最大限度减小风阻,身体重心放在脚的后部。

5. 踏步式转弯

踏步式转弯是利用两板交替蹬动与踏步转换并配合两杖的撑动进行转弯的滑行技术,主要在平坦地带或速度可控的下坡地带改变滑行方向时采用,甚至可以在转弯时利用蹬动和撑杖加速滑行,这也是越野滑雪最常用的转弯技术动作。

6. 犁式制动

犁式制动技术动作构成与犁式滑降相同,只是在运用犁式滑降动作时,两板开的角度加大,两腿加力蹬动,运用两板内刃刻住雪面,直至滑行停止。

7. 双板平行式制动

双板平行式制动技术动作构成与双板平行式转弯动作相同,只是在运用该项技术制动时,当双板与滑行方向成 90 度角时,用转向板里脚的外刃和外脚的内刃用力刻住雪面,达到停止滑行,完成制动。

8. 徒手滑行

徒手滑行技术一般应用于滑行速度较快(如秒速超过 8 米),但撑杖已不能用上力、还要继续加速时,如超越对手或终点冲刺时。徒手滑行时的雪杖可随两臂的前后摆动或夹在腋下,只是利用腿部快速蹬动、配合摆臂和身体前冲惯性的合力来加快滑行速度。

9. 单步双撑杖(一步一杖)

单步双撑杖技术是自由滑行技术中应用最多、速度快、频率高的滑行动作,也是自由滑行技术中最重要的基础动作。该项技术的主要特点是每一个单脚蹬动作配合一次双撑杖滑行,可充分利用单脚蹬动力、双杖后撑和体重的惯性力的合力加快滑速,并可达到滑行动作的最快频率。

10. 二步双撑杖(二步一悠)

这项滑行技术是在一只脚蹬动时两杖前摆、另一只脚蹬动时两杖向后压推的同时将身体向前滑出,在两腿的蹬动和两杖后撑过程中,可以最充分地将身体重心的惯性力运用到加速滑行中,因而可有效地达到最快的滑行速度。该项技术主要应用于雪质较好、滑行线路宽阔平坦的平地或缓下坡地带。

11. 两步双撑杖(刨镐)

两步双撑杖技术主要应用于上坡滑行。这项技术对雪杖的要求更高,即撑杖时间要长,力量要大,坡度越陡越是如此,第一步蹬动时上体前移插杖,第二步蹬动时撑杖,坡度越陡频率越快。技术动作看起来类似于劳动中的刨镐动作,因此通常也叫刨镐技术。

六、越野滑雪比赛解说案例

（一）越野滑雪比赛解说要求

在进行越野滑雪比赛的解说时，除了需要介绍一些基本信息，如参赛选手的个人基本信息、比赛现场（场地地形、比赛赛程等），还要注意以下方面。

在比赛技术层面的解说中，解说员要展现出越野滑雪比赛项目的技术应用。在越野滑雪的短距离比赛中，解说员要强调运动员的速度以及运动员的技术转换次数；在长距离比赛中，解说员要强调运动员的技术运用，例如：平地滑行、上下坡滑行、转弯阶段等。

解说员的解说内容要详略得当，比赛过程时间短、变化多，要想在短时间内解说好就必须有重点。在越野滑雪中，比赛后半程的上坡、平地阶段决定了短距离比赛的胜利；急陡坡、陡坡、平地阶段决定了男子长距离比赛的胜利；急陡坡、缓坡阶段决定了女子长距离比赛的胜利。这些重要的比赛阶段是解说的重点。

（二）越野滑雪比赛解说案例

雪上项目解说要加大知识普及力度，注意扫盲，深入浅出。在雪上项目现场，观众往往陷入紧张或亢奋的情绪中，解说员此时一定要注重把控有声语言的容量。若解说员依旧喋喋不休地描述现场，在一定程度上干扰观众，极易引起观众的反感。做到心中有数，就要做到知识与现场的有机结合，既有背景知识普及，又要传递现场稍纵即逝的紧张刺激感与快感。在对越野滑雪技术使用的介绍时，鉴于越野滑雪的赛道设计，选手们在平地、上坡、下坡阶段的滑行技巧会有所不同，因此解说员在技术层面的解说上要张弛有度，捕捉其最精彩的瞬间，否则会让观众产生疲惫感。

越野滑雪分长距离和短距离比赛，长距离最长可达50公里，相当于滑了一场马拉松赛。鉴于体育解说员拥有话语语境的优先权，在越野滑雪长距离的比赛中，解说员应注重"在场感"，努力提高观众对越野滑雪项目的兴趣。在用巨星的故事填充大块空白时间、做好一名"空白填补者"的同时，也要将解说重点置于对运动成绩的追逐和赛场内激烈竞争环境的描述中，设置赛场上激烈对抗的语境，调动自身情绪，唤起观众兴奋度，从而对观众欣赏比赛产生比较积极的影响。当观众认为欣赏越野滑雪比赛是一种享受时，越野滑雪解说就有了它应有的价值。

北京冬奥会越野滑雪男子个人短距离半决赛解说片段①：

经过了第一个上坡路段之后，选手们也没有拉开特别大的距离，基本上还是以集团的形式前进。比赛仍旧有着比较大的变数，男子选手的瞬时爆发能力都是非常强的，尤其是专注于短距离项目的比赛，选手们可以在非常短的距离之内完成爆发式的超越。直到进入最后一个弯道之前，我们都很难去预判这一组当中谁会拿到前两名。进入最后一个上坡，这是选手们最好的发力时机，科莱博已经开始发力了，试图从外道来进行超越，在滑降之后他其实是排在倒数第2位，但现在他已经来到了第1位。科莱博超强的上坡冲刺能力、超强的爆发力让他直接来到了领先的位置，在上坡结束之后他还能持续发力。马上要进入到最后一个U形弯。这个时候选手们要避免发生剐蹭，不要倒地。

北京冬奥会越野滑雪双追逐决赛解说片段②：

在前面的15公里是采用传统式的滑行，而在后15公里将是自由式（的滑行），怎么来理解这两种不同的滑法呢？传统式就像游泳里边的蛙泳，而自由式更像自由泳，所以进入后边15公里的速度会比前面15公里的速度更快一些，在前面的15公里更加注重这个节奏……传统技术需要选手蹬踏雪板使雪板的底面产生对雪面的压力，以此来获得前行的动力。选手不可以控制雪板向左右两侧滑，而是在雪道上预置好的雪槽里来进行滑行，有的时候我们看这个画面特别像走路。自由技术不需要选手更换雪板，而是通过雪板雪刃在雪面上滑行，（即通过）雪板左右（摆动）来进行滑行，以此来获得前进的动力，有点类似于滑冰。

刚才（选手们）经历了一个小小的滑降。滑降不是要求你有多快，它跟我们看到的高山速降是完全不一样的。速降的比赛是看你滑降的速度有多快，那个是决胜的，而越野滑雪的比赛当中，最终在山地丘陵当中的一些滑降其实是为了下一个上坡或者说下一个陡坡去做一个连接，它是一个整体的概念，所以不一定非要在滑降时候速度很快，但是一定要做好连接。

我们镜头刚才是想聚焦来自挪威的1号选手科莱博，但是这个时候12号选手——来自捷克的诺瓦克冲了上来，把这个镜头给挡住了……利用这段时间我们也为

---

① 北京冬奥会越野滑雪男子个人短距离［EB/OL］.（2022-04-29）［2023-01-03］. https://tv.cctv.com/2022/04/29/VIDExEZ0OWFmWm6EwB81S6Zq220429.shtml.

② 越野滑雪 男子双追逐决赛［EB/OL］.（2022-02-22）［2023-01-03］. https://w.yangshipin.cn/video?type=0&vid=z000071k272&channel=ysyy_aoyun.

各位介绍一下参加这场比赛的4位中国选手,因为我们这4位中国选手这个位次排得比较靠后,所以我们的镜头一直没有捕捉到。陈德根,是2001年5月24号出生的一位00后的年轻小将……刚才是经历了一个小小的失误!我们看,这是一个环形的赛道,在这个时候(选手)速度没有控制住,由于离心力就把选手给甩了出去,这是这个赛道的难度所在……在这4位选手当中最有经验的是尚金财……我们的中国选手在这个项目当中跟国际上的顶级的水平还是有一定的差距,这个是我们需要去承认的……

尼斯卡宁也是整个家族年龄最小的一位男生,他在这个单项当中也是非常具有实力的。其实在欧洲还是非常普遍的,每一个运动员都是一个大家族当中的一分子,他们的生活就是滑雪,他们的生活就是事业,事业也是生活,而且他们的兄弟姐妹祖父祖母都是滑雪的高水平运动员或者国际高手,(这)都是一种传承。

以上两段解说各有特点,可作为范本,有一定的借鉴意义。

第一部分,我们可以看出解说员注重烘托现场的激烈氛围,营造激烈对抗、紧张刺激的语境。而越野滑雪比赛的人数又很多,考验着解说员的记忆力与观察能力。比如:"科莱博已经开始发力了,试图从外道来进行超越,在滑降之后他其实是排在倒数第2位,但现在他已经来到了第1位。"除此之外,解说员还进行了专业的赛事分析和赛事预判。比如:"科莱博超强的上坡冲刺能力、超强的爆发力让他直接来到了领先的位置,而且在上坡结束之后他还能持续发力。马上要进入到最后一个U形弯。这个时候选手们要避免发生剐蹭,不要倒地。"

第二部分,解说员将现场描述与知识普及巧妙结合。首先,在观众看来,传统技术、自由技术差不太多,而解说员将传统技术、自由技术与蛙泳、自由泳进行类比,化繁为简、深入浅出,让观众明了。其次,解说员将越野滑雪和高山滑雪比赛区分开来,高山滑雪的滑降项目是拼速度的比赛,选手最快速度甚至可以达到140千米/时,但在山地丘陵中进行的越野滑雪比赛,强调的是整体概念,要求在每一段路或是每一个上坡之间做好衔接。当然,除了深入浅出向我们介绍比赛的规则以及相关背景知识之外,解说员重点讲述了体育明星与家族传承的故事:"他们的生活就是滑雪,他们的生活就是事业,事业也是生活,而且他们的兄弟姐妹祖父祖母都是滑雪的高水平运动员或者国际高手,(这)都是一种传承。"这是非常有必要的,因为在所有冬季项目之中,越野滑雪比赛时间最长,更需要解说员将大片空白时间填补,以减少观众长时间观赛的疲劳感,提高比赛的趣味性。最后,更为可贵的是,解说员在向我们普及背景知识、讲述运动员故事时,仍不忘描述现场:"我们看,这是一个环形的赛道,在这个时候(选手)速度没有控制住,由于离心力就把选手给甩了出去,这是这个赛道的难度所在。"解说员将现场描述与选手失误原因分析相结合,让比赛张弛有度,引人入胜。

借着中国举办冬奥会这股"东风",发展冰雪运动文化在未来很长一段时期内将成为中国体育的重要课题,越野滑雪作为冬季运动的重要项目,其在欧美发展的经验极具借鉴价值。中国不仅需要在历史传承、旅游开发、承办赛事、传播赛事信息等方面付诸努力,也需要培养大量优秀越野滑雪解说员,这样才能够成功地铺设一条越野滑雪文化发展道路。

第三节 自由式滑雪解说

一、自由式滑雪比赛解说概述

自由式滑雪(Freestyle Skiing)从20世纪中叶开始在美国发展壮大,1992年被正式列为冬奥会比赛项目,是以滑雪板和滑雪杖为工具,在专门的滑雪场上,通过完成一系列的规定动作和自选动作而进行的一种雪上竞技项目。自由式滑雪项目包括空中技巧(男、女)、雪上技巧(男、女)、U型场地技巧(男、女)、坡面障碍技巧(男、女)、障碍追逐(男、女)和大跳台(男、女)等小项。不同小项各具特色,另外还有空中技巧混合团体,共13个项目。其中,大跳台、空中技巧混合团体为北京冬奥会新增比赛项目。

2022年北京冬奥会自由式滑雪项目的大跳台比赛在北京赛区的首钢滑雪大跳台进行,其余小项在张家口赛区的云顶滑雪公园进行,共产生13枚金牌。首钢滑雪大跳台由赛道、裁判塔和看台区域3个部分组成,赛道长164米,最宽处34米,最高点60米。选手从大跳台滑下后,将完成空翻、回转等技术动作。首钢滑雪大跳台位于首钢老工业园区北区,大跳台周边老厂房和工业构筑物经过修缮与改造,具备赛事配套服务功能,充分考虑首钢工业遗存的利用价值。北京冬奥会后,首钢滑雪大跳台成为永久性保留和使用的滑雪大跳台场馆,可承办国内外大跳台项目体育比赛,成为专业运动员和运动队训练场地、青少年后备人才选拔基地、赛事管理人员训练基地等,直接服务于中国冰雪运动发展。同时,首钢滑雪大跳台也成为向公众开放的北京冬奥会标志性景观地点和休闲健身活动场地,变身服务大众的体育主题公园。云顶滑雪公园场地位于河北省张家口市崇礼区境内,地处太行山和燕山交会的大马群山之中,云顶滑雪公园包括U型场地技巧、坡面障碍技巧、雪上技巧、空中技巧、障碍追逐、平行大回转共6种赛道,雪道总体数量共41条。云顶滑雪公园不仅是自由式滑雪及单板滑雪国家队的训练基地,也为大众冰雪运动提供了优质场地。

作为冬奥会体育运动项目中重视技巧和难度的运动种类,自由式滑雪观赏性很强,选手比赛时采用的动作富有表现力且难度很高,动作在完成时,速度较快。鉴于此,自由式滑雪运动项目解说的总体特点是:赛前介绍赛事特点与规则、比赛场地、参赛选手等相关信息。在技巧性比赛中,解说员主要通过5个方面进行解说,分别是完成度、难度、跳跃的高度、动作多样性和新颖性。动作具体是什么、难度是多少,是重点解说内容。在以速度快慢决定比赛成绩的比赛项目中,解说内容包括选手的起跳、速度和追逐。整个解说过程语速保持适中,动作专业用语多,根据赛场实时情况进行调整,解说应具有激情与现场感。

二、自由式滑雪比赛发展简史

(一)世界自由式滑雪发展史

自由式滑雪起源于20世纪60年代的美国,1971年世界上第一次正式的自由式滑雪比赛在美国新罕布什尔州举行。国际雪联1975年起举办世界杯自由式滑雪赛,1986年首届自由式滑雪锦标赛在法国阿尔卑斯山的蒂恩镇举行。1992年起,自由式滑雪被列入冬奥会比赛项目,项目有男、女雪上技巧(1992年列入),男、女空中技巧(1994年列入),男、女雪上芭蕾分别于1988年、1992年被列入冬奥会表演项目。2010年温哥华冬奥会首次增设男女趣味追逐赛。2014年,索契冬奥会增设男、女坡面障碍技巧和男、女U型场地技巧4个小项。2022年北京冬奥会增设男、女自由式滑雪大跳台项目和空中技巧混合团体项目。

同其他雪上项目相比,自由式滑雪的发展道路有两个明显特点。一般来说,一项运动的发展通常由业余级比赛开始,而自由式滑雪则相反,在最初举行的比赛中都是一些职业高手参加,直至1979年获得国际雪联的承认,才出现了业余级比赛。第二个特点就是诞生较晚,但孕育、发展和形成的过程却很长。早在19世纪末,挪威滑雪运动奠基人、著名极地探险家弗里德乔夫·南森在其所撰写的《高山滑降技术初级教令》一书中,就提出对运动员完成回转动作的数量及优美程度进行评分。高山滑雪诞生时,自由式滑雪就开始萌芽。

纵观历届冬奥会自由式滑雪奖牌榜,加拿大、美国包揽了近3届冬奥会的冠亚军,实力强大。在2022年北京冬奥会上,瑞士、瑞典、新西兰、美国、德国等西方国家都取得了十分优异的成绩。在自由式滑雪男子障碍追逐赛中,瑞士选手包揽冠亚军;在自由式滑雪女子障碍追逐赛中,瑞典选手夺得金牌;自由式滑雪男子坡面障碍技巧赛则由美国包揽金银牌。

(二)中国自由式滑雪发展史

自由式滑雪也是我国备战 2022 年北京冬奥会的重点项目。20 世纪 80 年代,自由式滑雪运动被引入我国,经过多年发展和积淀,1998 年女子运动员徐囡囡在长野冬奥会上获得空中技巧银牌,实现了我国雪上运动项目冬奥会奖牌零的突破。2006 年男子运动员韩晓鹏获得自由式滑雪空中技巧金牌,实现金牌零的突破。在 2018 年平昌冬奥会自由式滑雪男子空中技巧比赛中,贾宗洋获得亚军。2021 年 1 月 30 日,世界极限运动会(X Games)在美国阿斯本滑雪场揭幕。首次参赛的谷爱凌连战两场,斩获女子自由式滑雪超级 U 型场地冠军和大跳台第三名。目前,我国在自由式滑雪空中技巧、U 型场地、坡面障碍技巧等项目上具备较强的竞争力,在冬奥会上承担着争夺奖牌的重任。

在 2022 年北京冬奥会自由式滑雪比赛中,我国取得了优异成绩。谷爱凌斩获自由式滑雪女子 U 型场地技巧和自由式滑雪女子大跳台的两枚金牌,在自由式滑雪女子坡面障碍技巧比赛中获得银牌。齐广璞在自由式滑雪男子空中技巧比赛中获得金牌。老将徐梦桃连续三次冲击冬奥会金牌,终于在北京冬奥会自由式滑雪女子空中技巧比赛中获得金牌。在自由式滑雪空中技巧混合团体比赛中,徐梦桃、齐广璞、贾宗洋获得银牌。

三、自由式滑雪装备要求

(一)自由式滑雪坡面障碍技巧、障碍追逐

1. 头盔

滑雪头盔一般由外壳、主体、内衬、调节器、固定装置、插扣、雪镜扣和一个保护下巴的铁架构成。滑雪头盔自身防风性和保暖性较高,在滑行过程中能起到很好的保暖作用。

2. 滑雪镜

滑雪镜具有较强的防雾性和防紫外线性,能够在比赛过程中阻止水汽、冷风等对眼睛的伤害,同时滑雪镜的镜框也能够最大限度地保护运动员的脸部。

3. 滑雪板

由于自由式滑雪运动比较剧烈,冲击力较大,滑雪板必须坚固、耐用,同时还要具有轻便的特点。

4. 蜡

为提高滑行速度、防止板刃生锈以及水汽侵入板芯,运动员会在滑雪板板底打蜡。滑雪板所用的蜡在形态上通常可以分为固体蜡、液体蜡、膏状蜡、粉状蜡几种,从打蜡方式上还可分为生蜡以及加热后再涂的热蜡两种类型。

5. 固定器

能够将滑雪鞋固定到滑雪板上,对运动员自如使用雪板滑行起重要作用。

6. 滑雪靴

运动员着跳台靴,它一般是用皮革制成的,靴鞡较高且前倾大,有利于运动员进行跳跃和空中飞行前倾等姿势。

7. 滑雪杖

滑雪杖材质较为坚硬,其长度不得超过身高。运动规则对运动员两手握杖的部位有严格限制,要求运动员手的上部不得超过端顶下部 1 厘米。

8. 滑雪服

滑雪服有连体和分身两类运动服,要求具备良好的弹性和防水性。滑雪服面料一般多用戈尔特斯(GORE—TEX)和尼龙。滑雪服的外层采用高防水、透气、防风且耐磨、抗撕裂的面料。内层保暖材料通常采用保暖性较好的丝绵或杜邦棉,全面提升滑雪服的保暖和透气排汗能力,以便为运动员提供一个良好的保暖条件。滑雪服的颜色比较鲜艳,一方面可以增加滑雪时的动感,另一方面也可以增强辨识度从而保障运动员的安全。

9. 手套

手套应面料结实,具有一定的抗磨、抗切割、抗撕刮的能力。外表使用皮革、化纤或者橡胶材料来达到防水的效果。

10. 护具

护具包括护甲、护臀、护膝、护腕等装备。由于赛道雪质偏硬,运动员穿戴护具可以减少摔倒时对身体的冲击和伤害。

(二)空中技巧

空中技巧所用的滑雪板除要安装脱落器以外,还必须安装停速器或止滑器。

(三)雪上技巧

国际雪联曾经对雪上技巧的滑雪板进行规定:男子的不得短于190厘米、女子的不得短于180厘米(男、女身高不足160厘米者允许缩短10厘米)。现在的新规定是滑雪板的长度取决于运动员的身高和技术特点。滑雪板应安装脱落器、停速器或止滑器。

(四)U型场地技巧

由于自由式滑雪U型场地技巧有正滑动作和倒滑动作,该项目所用的滑雪板两头翘起,便于运动员更为灵敏地完成动作。

(五)自由式滑雪大跳台

与跳台滑雪不同,自由式滑雪大跳台的滑板两头翘起且长度更短。这种滑雪板具有坚硬、稳定等特点。

四、自由式滑雪比赛各项目简介

自由式滑雪比赛项目共13项,包括12个单人项和1个团体项。各小项的区别主要在于场地、规则、评判标准的不同,下面将比赛规则相同的男女小项合并到一起介绍。

(一)自由式滑雪空中技巧(男、女)

1.项目概述

自由式滑雪空中技巧运动始于20世纪初。1928年美国人约翰·卡尔顿(John Carleton)成为世界上第一个穿着滑雪板完成雪上空翻动作的运动员。1958年瑞士滑雪教练阿尔特·费尤雷尔(Art Fyurrer)在滑跳中完成空翻和转体动作。空中技巧运动员使用的滑雪板长度有要求,男子为1.6—1.7米,女子为1.5—1.6米。场地由出发区、助滑坡、过渡区一、跳台、过渡区二、着陆坡和停止区组成。运动员从一个坡度为20°—25°,长度为65—74米,高25米的斜坡(助滑坡)开始向下滑行,通过过渡区后滑向跳台(起跳区)。跳台长20—28米,宽24米,高2米到4米,坡度从50°到70°。比赛设置三座跳台,分别为一周台、两周台和三周台。着陆坡角度为38°,长30米。停止区长30米,宽35米。

图6-26 徐梦桃在自由式滑雪女子空中技巧决赛中夺冠(图片来自新华社)

比赛时每人试跳两次。裁判员根据运动员完成动作的质量评定空中动作分和着陆动作分,两者相加再乘以动作难度系数,即为一次试跳的得分。两次试跳得分相加,得分多者名次靠前。

2022年北京冬奥会,四战冬奥的徐梦桃成功挑战4.293的高难度动作,最终以108.61分夺得冠军(图6-26)。这也是中国女选手第一次在冬奥会该项目上摘金。从1998年徐囡囡夺得银牌开始,中国女子运动员努力了24年,终于实现了金牌零的突破。细数过去4个周期的坚持与备战,徐梦桃的身体早已伤痕累累。为了备战北京冬奥会,她做了双腿半月板手术。这枚来之不易的金牌背后,是徐梦桃走过从受伤到康复的漫长周期、坚持到底得来的。

同样四战冬奥会的齐广璞成功完成了难度系数高达5.0的世界最高难度动作,拿到了129分并最终夺冠。身披国旗、泪水肆意流淌的齐广璞,终于实现了冬奥会金牌的梦想。在6人的决赛中,有5人选择了5.0的动作难度,齐广璞技压群雄,证明了自己是当之无愧的空中技巧"难度王"。

在2006年的第20届冬奥会自由式滑雪男子空中技巧决赛上,中国选手韩晓鹏以250.77分夺得金牌,实现了中国雪上项目冬奥会金牌的零的突破,创造了新的历史。时隔16年,中国男子运动员再次登上冬奥会最高领奖台。

2. 竞赛方法

自由式滑雪空中技巧,分为腾空、空中动作、着陆三个阶段,分别占总得分的20%、50%和30%。

裁判员根据国际雪联确立的标准独立评定运动员的技术表现。每跳的分数乘以难度系数决定该跳的总分。运动员两次跳跃的最终得分由每跳总分相加决定,两次试跳得分相加,得分多者名次靠前。空中技巧比赛通过两轮预选选出12名选手进入决赛,决赛分三轮进行。第一、二轮比赛后,成绩最好的6名运动员直接晋级决赛第三轮。第三轮排名即为最终排名,决出奖牌归属。

（二）自由式滑雪雪上技巧（男、女）

1. 项目概述

自由式滑雪雪上技巧是沿斜坡自由滑降,在雪上表演技巧的一项运动。此项目最初只是将高山滑雪和杂技集于一身,经过一系列演变逐渐走向成熟。比赛在一条陡峭的、多雪包的线路上进行滑行,强调技术性转动、速度和雪上腾空时的技术动作。

1992年,法国阿尔贝维尔冬奥会首次将自由式滑雪雪上技巧增设为正式比赛项目。2006年,中国开展雪上技巧比赛项目,由沈阳体育学院组建了空中技巧专业队,2007年正式开始训练和比赛。

雪上技巧的场地多建在陡峭的斜坡上,赛道长200—270米,宽15—25米,坡度为24°—32°。在雪上陡坡线路上速降,并且在雪包和跳台上进行一系列的回旋和空中的动作,是自由式滑雪雪上技巧的主要内容。

为了考验选手们的雪上滑行避障技巧与回转能力,赛道上会设置许多密集的雪包和跳台,运动员需要从布满雪包的赛道上疾速滑行,并在跳跃点完成跳跃、空翻、转体与造型。

雪上技巧场地上的雪包至起跳点距离为4—5米;跳台起跳点至着陆区起始处距离有15米;跳台高度50—60厘米;着陆坡区坡度大于26度。另外,赛道上设有9个旗门,均等间隔布置,旗门宽0.75米、高1.2米,选手需要在碰到旗门时压倒旗门并迅速转弯。这里考验选手迅速转弯的频率与反应能力。

2. 竞赛方法

自由式滑雪又称"雪上杂技"。这是运动员在设置一系列雪包的陡坡线路上进行回旋动作、空中动作以及滑降的比赛。运动员从布满雪包的陡坡赛道上疾速滑降,并在两个跳台完成跳跃,最终以滑行技术分（60%）、空中动作分（20%）和计时成绩（20%）相加决出名次,这是技巧和速度的双重比拼。以回转动作和空中动作质量分以及计时成绩分相加评定名次,得分多的人名次靠前。

(三)自由式滑雪障碍追逐(男、女)

1. 项目概述

自由式滑雪障碍追逐(Ski Cross)是一项竞速项目,选手需要在各种地形障碍构成的赛道上进行比赛,以通过终点线的顺序决定最终排名。这个项目的赛道复杂多变,对选手的滑行技术和应变能力有着很高的要求。

自由式滑雪障碍追逐于20世纪中叶在美国诞生,并迅速发展起来。2010年,温哥华冬奥会首次将自由式滑雪障碍追逐设为比赛项目。

奥运会赛道的规格:标高差130—250米;长度1,050米(±150米);平均倾斜度12°(±2°);斜坡宽40米;跑道宽度6—16米。场地包括出发坡、波浪包、半壁弯、小跳台等障碍地形。

2. 竞赛方式

障碍追逐赛分为预赛、八分之一决赛、四分之一决赛、半决赛和决赛。比赛又分为男子赛和女子赛,男子、女子各32名运动员。运动员首先进行一轮个人预赛,即每人独自滑行,并按其滑行时间进行排名。按排名将运动员每4人一组,分为8组进行比赛,每组前两名进入下一轮,即32进16、16进8。进入八强的运动员最终分成两组比赛,每组前两名进入大决赛(Big Final)决出第1—4名,每组后两名进入小决赛(Small Final)决出第5—8名。

在正式比赛中,任何运动员与竞争对手的故意接触都会导致其被取消资格,最终由运动员通过终点线的时间长短决定名次。

(四)自由式滑雪U型场地技巧(男、女)

1. 项目概述

自由式滑雪U型场地技巧与单板U型场地技巧不同,相较单板U型场地技巧,它是一项运用双板在U型池中做一系列动作技巧的雪上项目。自由式滑雪U型场地技巧这一项目相对而言也更为年轻。选手从倾斜的半圆筒形斜坡往下滑,并展现跳跃、回转等空中技巧的项目。在北京冬奥会自由式滑雪女子U型场地技巧决赛中,中国队选手谷爱凌以95.25分的绝对优势收获个人第2金(图6-27)。

云顶滑雪公园U型场地技巧赛道,建成于2016年12月17日,长180米,垂直落差 48 米,宽 25 米。运动员利用滑雪板,在规定的 U 形场内借助滑坡助滑起跳,利用身体和双脚来控制方向,在空中完成各种高难度动作。

2. 竞赛方法

U 型场地技巧比赛分为男子、女子两个组别。运动员在 U 型的滑道内通过滑行展示各种跳跃、旋转技巧,主要技术动作有跃起抓板、跃起非抓板、倒立、跃起

图 6-27 谷爱凌在北京冬奥会自由式滑雪 U 型场地技巧比赛中夺冠(图片来自《人民日报》)

倒立、旋转等。裁判员以百分制对运动员完成动作的高度、回转、技巧、难度等整体效果进行评分,5 名裁判分数的平均分为该选手本轮比赛的最终分数。资格赛时,运动员进行两轮次比赛,按最高分数进行排名,取前 12 名运动员进入决赛。决赛时,运动员进行 3 轮次比赛,根据 3 轮比赛中的最好分数排定最后名次。

(五)自由式滑雪坡面障碍技巧(男、女)

1. 项目概述

自由式滑雪坡面障碍技巧是在由铁轨、桌子、箱子、墙壁等各种障碍及跳台构成的赛道上进行的比赛。选手可在各种障碍中进行选择。冬奥会赛道高度差最少为 150 米,平均坡度应达到 12°,赛道宽度至少应为 30 米,至少由 6 个赛段(地形+跳跃)、3 个跳台构成。

当选手高速通过赛道上的各种障碍时,需要在一系列固定的道具上着双板连续完成花式动作、飞行、跳跃、翻腾,展示自己高超的技巧和创意,依据累计得分排名(图6-28)。

2. 竞赛方法

裁判主要基于完成度、难度、跳跃高度、动作的多样性和新颖性 5 个判分因素进行打分。以 5 名裁判的平均分作为

图 6-28 谷爱凌在北京冬奥会自由式滑雪女子坡面障碍技巧资格赛中(图片来自《北京日报》)

运动员的最终得分。比赛分为资格赛和决赛。资格赛时,每个选手滑两轮,取最好成绩,最多由前24名男选手/前12名女选手进入决赛;决赛时,每个选手滑两轮,取最好成绩,决出冠军。

(六)自由式滑雪大跳台(男、女)

1.项目概述

自由式滑雪大跳台是指穿双板从大跳台沿斜坡自由滑降,在空中表演技巧的一项运动。而单板滑雪大跳台是运动员穿单雪板从高处滑下而跃入空中表演绝技的运动,两者有明显不同。自由式滑雪大跳台是北京2022年冬奥会7个新增项目之一。2022年2月8日,自由式滑雪女子大跳台决赛中,谷爱凌在第三跳顶住巨大压力,用极高难度的动作,一举实现反超,给领先自己的对手造成强大心理压力,最终以188.25分夺冠。这是她获得的首枚冬奥会奖牌(图6-29)。

图6-29 谷爱凌夺得自由式滑雪女子大跳台冠军(图片来自新华社)

北京冬奥会自由式滑雪项目的大跳台比赛在北京赛区的首钢滑雪大跳台进行。与空中技巧比赛相比,自由式滑雪大跳台比赛相对更具自主性,动作更具技巧性、变换性,同时观赏性更强。

2.竞赛方法

自由式滑雪大跳台是在一个仰角的跳台上,完成跳跃翻转、展现飞行美感的比赛。裁判主要从5个方面对动作进行打分:完成度、难度、跳跃高度和动作的多样性与创新性。该项目规定跳台宽度为5米,高度2米,跳台起跳角度为25°。裁判员依据选手起跳的高度与远度、空中实现技术的难度以及落地滑行的姿态来打分,并确定进入下一轮比赛者,最终通过决赛排出名次。

(七)自由式滑雪空中技巧混合团体

1.项目概述

自由式滑雪空中技巧混合团体是2022年北京冬奥会的新增项目。这项比赛中,运动员的表现极易受到天气的影响,要根据雪况和风速、风向,随时调整自己的滑行速度,被称为只有一次机会的"空中舞者"。

在 2022 年北京冬奥会上,共有中国、白俄罗斯、加拿大、俄罗斯奥运队、瑞士和美国 6 支队伍参加比赛,每支队伍由 3 名运动员组成。决赛共分两轮,3 名参赛选手依次进行比赛,第一轮成绩排前 4 名的队伍将晋级到最后的决战。2022 年 2 月 10 日,北京冬奥会自由式滑雪空中技巧混合团体决赛,以徐梦桃、贾宗洋和齐广璞出阵的中国队摘得银牌。

2. 竞赛方法

每队派出两男一女三名参赛选手,进行单人空中技巧比赛,小组得分累加,通过两轮预选,选出得分前 12 名选手(即来自 4 个不同国家或地区的 4 组团体)进入决赛。决赛分 3 轮进行,第 1 轮比赛中获得第 1—8 名的选手进入第 2 轮,而在第 2 轮比赛中获得第 1—4 名的选手进入最终的第 3 轮决赛。

五、自由式滑雪基本技术分类

(一)助滑技术

运动员从坡度为 20 多度、长度为 60—80 米的助滑道滑下,以 50—70 公里/时的速度滑向跳台。

直降滑雪法,即直线滑行。双脚踏在滑雪板上,面向即将滑行的方向站立,滑雪板的上下左右一定要保持平行,两板间的距离与肩膝保持同宽,上体与膝部微微前倾,两臂自然下垂稍稍前屈,两握杖手自然置于大腿前侧,杖尖置于身后侧下方距地面 30—40 厘米,前后略呈八字形,起滑时双臂前屈上扬,然后用力将杖尖撑于两侧板后地面,开始滑行。滑降时两滑雪板给力必须平均,滑行时运动员目视前方,身体放松。

(二)起跳技术

运动员从台端起跳的时候要具有一定的向后翻转的角速度和线速度。根据台端翻转的周数可分为一周台(空翻一周)、两周台(空翻两周)、三周台(空翻三周)。

站姿的锁定:到了起跳区,意味着运动员不能再调整速度,必须锁定站姿,这个站姿我们称为"猩猩站姿",意思是姿态类似大猩猩,或者类似搬箱子的动作。这个动作是最稳定的,便于运动员发挥核心力量,运动员要进行足够的前压和下压,眼睛直视台

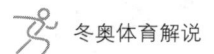

沿，双板距离与肩同宽，这样起跳最稳定。

主动起跳，用眼睛的余光看前固定器，一到台沿就开始做一个"站起来"的动作。站起来就可，不要用力地去蹬，如果用力蹬对于初学者会出现两个副作用：一是不自觉地用手往上提导致身体重心落后；二是双脚用力不一致导致出台歪斜或者双板不同步。另外，在起跳瞬间注意力不是在脚上，而是在腰腹就是核心肌肉群上，在大脑中要形成一个腰腹发力将身体发射到空中的意念。

（三）空中翻转技术

运动员腾起后在身体重心沿抛物线轨迹向前移动的同时，身体还要绕重心向后翻转，这就是空中翻转技术。运动员在绕横轴翻转的同时还要绕纵轴进行旋转。目前世界上女运动员采用两周台的最高难度——在绕横轴翻转两周的同时绕纵轴旋转4周。男运动员采取三周台的最高难度——在绕横轴翻转3周的同时绕纵轴旋转5周。

基本动作代码的含义：

"f"代表向前、"b"代表向后。

"F"代表直体翻腾一周转体一周（360度）。

"dF"代表直体翻腾一周转体两周（720度）。

"tF"代表直体翻腾一周转体三周（1,080度）。

"L"代表直体翻腾一周。

"P"代表屈体翻腾一周。

"T"代表团身翻腾一周。

bL：一周台动作，向后直体翻腾一周。

bFF：两周台动作，向后直体翻腾一周转体一周（360度），接直体翻腾一周转体一周（360度）。

bFdFF：三周台动作，向后直体翻腾一周转体一周（360度），接直体翻腾一周转体两周（720度），接直体翻腾一周转体一周（360度）。

数字表示运动员转体圈数，像1,080、1,440等都是360度的整倍数，转体圈数越多，选手在难度方面就能够拿到更多的分数。

700、900是因为运动员在实践中，根据自己的习惯和训练结果，让自己身体先做一定度数的偏转，实践下来，运动员普遍沿偏45度到60度斜方向的轴作向后翻转体。

谷爱凌在2021—2022赛季滑雪大跳台世界杯比赛中，完成了英文完整名称叫"Double Cork 1,440"的动作。用专业术语来解读就是"两周偏轴转体1,440"，Cork就是偏轴转体的意思,指不沿雪板正前方做出的斜空翻转体。当时,谷爱凌是首位在世界杯这样的顶级比赛中完成这个难度动作的女运动员。从当时谷爱凌的动作看,第一圈做的就是偏轴斜向空翻转体,这就是第一个 Cork,第二圈为简单的身体旋转,第三圈做出第二个 Cork,第四圈转体落体。因此,她其实是做出了两个斜向后的偏轴空翻,身体在空中转体4周。

2022年的自由式滑雪女子大跳台比赛中,谷爱凌所做出的1,620动作是向左转,较对手法国选手1,620右转,难度系数更大。

空中翻转技术还包括以下内容。

横向停留法:上体自然站立,两板间距与肩同宽,平等跳在下滑方向的垂直线上,上面的脚外侧和下面的脚内侧蹬地。

犁式停留法:双杖撑向身侧山下方向(距离超过雪板前半部,略比肩宽)。当雪杖撑住产生反作用力后,再将原横侧的雪板渐渐移动成犁式状态。上体前倾,两膝内倾,两板内刃用力刻住场地,雪杖便可松开。

后空翻:沿水平轴向后的完整翻转。

团身后空翻:运动员起跳开始沿横轴向上向后转,上体和下肢伸展,随后上体和下肢在腰部呈团身姿势,整个身体向后翻转360度,最后运动员要伸展身体准备着陆。

直体后空翻:运动员起跳开始沿横轴向上向后翻转,上体和下肢伸展,整个身体向后翻转360度,最后运动员要伸展身体准备着陆。

屈体:身体开始从伸展位到腰部屈曲位,腿伸直。

自由姿势:"半团身"姿势,介于团身和直体之间的动作姿势,多见于偏转。

180度转体:身体绕垂直轴在一种"自由"姿势中转体180度,但在结束时的转体180度身体必须为直体。

转体:运动员身体沿主旋转轴和副旋转轴的转体动作,所有的转体(包括单周空翻里的多圈转体)动作必须以直体状态完成。

直体后空翻加转体:运动员起跳开始所进行的主旋转是沿横轴向上向后的翻转动作,另外的附加旋转是起始于上体沿纵轴的转体动作,上体和下肢呈直体状态,上下肢在沿各自旋转轴翻转的过程中保持完全伸直,整个身体向后分别在主旋转轴和副旋转轴上同时翻转,最后运动员要伸展身体准备着陆。

自由式滑雪难度系数和空中技巧难度计算法则如表6-1、6-2所示。

表6-1 自由式滑雪国际规则中常见动作的难度系数表①

序号	代号	动作名称	难度系数
1	bL	直体后空翻	2.050
2	bF	直体后空翻转体360度	2.300
3	bLT	直体后空翻接团身后空翻	2.600
4	bLL	直体后空翻两周	2.900
5	bFT	直体后空翻转体360度接团身后空翻	2.850
6	bLF	直体后空翻接直体后空翻转体360度	2.900
7	bFF	直体后空翻转体360度接直体后空翻转体360度	3.150
8	bLTT	直体后空翻接团身后空翻接团身后空翻	3.200
9	bdFT	直体后空翻转体720度接团身后空翻	3.225
10	bLdF	直体后空翻接直体后空翻接转体720度	3.275
11	bLFT	直体后空翻接直体后空翻转体360度接团身后空翻	3.500
12	bLPF	直体后空翻接屈体后空翻接直体后空翻转体360度	3.500
13	bLTF	直体后空翻接团身后空翻接直体后空翻转体360度	3.500
14	bdFF	直体后空翻体转720度接直体后空翻转体360度	3.525
15	bFdF	直体后空翻转体360度接直体后空翻转体720度	3.525
16	bLFF	直体后空翻接直体后空翻转体360度接直体后空翻转体360度	3.800
17	bdFdF	直体后空翻接直体后空翻转体720度接直体后空翻转体720度	3.900
18	bFFF	直体后空翻360度接直体后空翻转体360度接直体后空翻转体360度	4.050
19	bLdFF	直体后空翻接直体后空翻转体720度接直体后空翻转体360度	4.175
20	bFdFF	直体后空翻360度接直体后空翻转体720度接直体后空翻转体360度	4.425
21	bdFFF	直体后空翻720度接直体后空翻转体360度接直体后空翻转体360度	4.525
22	bFFdF	直体后空翻360度接直体后空翻转体360度接直体后空翻转体720度	4.525
23	bFtFF	直体后空翻转体360度接直体后空翻转体1080度接直体后空翻转体360度	4.900
24	bdFFdF	直体后空翻720度接直体后空翻转体360度接直体后空翻转体720度	4.900

① 门传胜,马毅.自由式滑雪裁判规则解读[M].北京:人民体育出版社,2017:55.

表 6-2　空中技巧难度计算法则①

叠加内容	对应难度的分值
基础难度	2.0
第二周	0.55
第三周	0.60
直体姿势（每周）	0.05
直体转体 360 度	0.25

六、自由式滑雪比赛解说案例

解说冬奥会自由式滑雪比赛项目,不仅要了解比赛的规则、运动员的相关信息,还要注意以下几个方面:首先,解说员在解说该项目时节奏处理要相对紧凑,避免出现对运动员个人信息介绍过长,忽略了对其技术动作的专业性点评。其次,做好解说的衔接与过渡,前一位选手的回放结束,镜头切换至下一位运动员时,解说员应立即开始对正在比赛的选手进行介绍。再次,比赛过程中,解说员要以运动员动作整体完成度为基础,着重对运动员技巧、速度把控与完成度进行简短点评,帮助观赛者了解运动员成绩变化的状态。最后,自由式滑雪比赛项目具有很强的技巧性和观赏性,解说员要深刻了解这项运动,能够通过慢镜头回放,提出自己的见解,避免在解说时出现低级错误或无话可说的尴尬情景。此外,作为户外项目的自由式滑雪,难以避免受到外部环境的影响,解说员在解说过程中既要关照到影响运动员发挥的外部环境因素,又要注意自身的音量不被现场环境音所遮盖,进而影响解说的效果。

本节我们以中央广播电视总台解说员邵圣懿在 2018 年平昌冬奥会自由式滑雪男子雪上技巧决赛第一轮比赛的解说为案例②,供解说自由式滑雪项目比赛的初学者参考与学习。

中央电视台,中央电视台,观众朋友们大家好!我们现在是在韩国平昌的凤凰雪上公园为您现场直播 2018 年平昌冬奥会的精彩滑雪赛事,我们接下来将会看到的是自由式滑雪男子雪上技巧的决赛。决赛总共有 20 名选手参加,它分成 3 轮来进行,分

---

① 门传胜,马毅.自由式滑雪裁判规则解读[M].北京:人民体育出版社,2017:56-57.
② 自由式滑雪男子雪上技巧决赛[EB/OL].(2018-02-12)[2023-01-03]. http://2018.cctv.com/2018/02/12/VIDEc6wqCt4Hb9IF2lboosot180212.shtml.

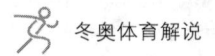

别是20进12,12进6,6名选手再比一轮。

大家可以看一下,选手喝的这个水——地上拿起来的饮料,已经是冻成了硬邦邦的冰坨。确实今天平昌极冷,今天现场的温度,刚才显示的是零下11摄氏度,雪温是零下19度,这样的天气条件对选手来说挑战非常大,所以所有的选手,我们看,在比赛当中都穿上了非常厚的这种防寒御寒的服装。

这是比赛的7名裁判,雪上技巧比赛的7名裁判5名打滑降分,也就是我们说的穿雪包的这个分数,还有两名裁判,大家可以看名字后面标着"AIR",他们是打这两个空中动作,也就是两次空中起跳的分数由这两名裁判来打分。滑降方面的5名裁判的打分,去掉最高分,去掉最低分,取中间3名裁判的分数来得出平均值。

过去几天,我们也是为您转播了这个比赛,您可能对这个比赛的基本规则有一些了解了,比赛是在一条长度250米的雪道上来进行,(雪道)布满了雪包。雪包彼此之间的距离是3.5米左右。每个雪包高度是1到1.5米。雪道的下滑度是27度,还是挺陡的。

比赛的打分分成3个部分,选手的总分60%来自滑降,也就是我们说的穿雪包,看你线路走得是否准确,身体姿态是否保持得好,另外20%来自两个空中动作,还有最后20%来自用时。

……

接下来出场的是日本选手远藤尚,他今年27岁了。远藤尚在这个资格赛第2轮比出了第7名,他应该是目前日本发挥非常稳定的选手之一,他和堀岛行真是实力比较强的,空中动作往往难度比较高。看看这一次第2个跳台,向后翻腾一周转体两周直升机,好的。用时24秒42,非常好。这条赛道呢,它的用时基准线是24秒27,也就是说,如果你恰巧24秒27撞线的话,你将会得到20分的80%也就是16分,那如果你用时比这个短,你的得分就更高,用时比24秒27要长一点儿,就要相应地扣减一点儿时间得分。远藤尚也是第三次参加冬奥会了。他的最好成绩是2010年温哥华(冬奥会)的第7名,远藤尚呢,有一个非常"迷信"的习惯,他总是在比赛的当天有一个固定的时间段来洗脸,这是他的一种仪式,他必须保持这样的习惯。这是他给自己带来好运的方式。82.72分,漂亮! 远藤尚这个成绩进下一轮是没有任何悬念的,这已经锁定了进入12强的一个名额。

……

接下来是东道主选手崔载宇,韩国这个项目上最强的选手,今年23岁。他也是唯一一个进入决赛的韩国男子选手。他目前生活在加拿大,他在加拿大已经生活了十年的时间。漂亮,向后翻腾一周转体三周。崔载宇每一次在第一跳台做的动作的难度都很高,这儿有点儿颠起来了,危险!危险!调整得不错。向后翻腾一周,转体两周抓板。他的第一个空中动作难度非常高,他在资格赛第二轮比出了80分以上的成绩。所以崔载宇是拿到了在第二轮的第一名,拿到了80分以上的成绩。(回放)看看这次啊,他总是在第一个跳台选择难度很高的三周,这个三周就导致他落地之后的调整空间很小。这实际上是机遇与挑战并存的一件事儿,是把双刃剑,如果你在第一个跳台跳得好,落地又稳的话,那可能是大大地加分,但如果在第一个跳台因为跳三周去冒险,影响了你后边儿滑降的话,那是得不偿失的。但是比赛就是这样,你没有万全的选择,只能够去挑战。78.26,不错!这个成绩进前12名应该是有相当大的机会。

在长达50分钟的比赛过程中,邵圣懿用翔实的解说为观众呈现了2018年平昌冬奥会自由式滑雪男子雪上技巧决赛第一轮比赛的实际赛况,让国内的观众认识了来自不同国家的高水平运动员,领略到了自由式滑雪雪上技巧项目的魅力。解说员不需要在有限的时间里介绍得面面俱到,但是需要给初次观赛的观众进行一个比较简短明晰的规则介绍。邵圣懿并没有完全按照选手的比赛节奏来进行解说,而是穿插了运动员的身份、之前的成绩以及比赛规则这些内容,这些都是必要的。对于这项平均时间不到半分钟的比赛,更应该抓住现场画面,通过选手与选手之间的对比(包括但不限于选手动作的难度系数、整体完成度以及时间得分)来向观众解释:为什么第二个选手的分数比第一个选手的分数低?同时按照选手的比赛节奏进行解说,适当穿插一些其他方面的介绍会更好,也避免观众在观赛时感到枯燥乏味。邵圣懿在比赛当中那种强烈的表达欲和激情澎湃的状态,对于这样一种集速度与观赏性于一体的项目来说也是非常加分的,这是每一个想要成为体育运动解说员的人需要模仿和学习的。

孙思辰和张辉球解说的2022年北京冬奥会自由式滑雪女子坡面障碍技巧资格赛第二轮①,也可以供我们参考学习。

孙思辰:好,马上我们就将看到的是资格赛的第二轮,首先出发的仍旧是中国选手谷爱凌,目前暂时排在第11位,第一轮的得分是57.28分。

张辉球:我想在第二轮当中爱凌可以在道具区上,采取一定策略或者是降低一定

---

① 北京2022年冬奥会:自由式滑雪女子组坡面障碍技巧资格赛[EB/OL].(2022-02-12)[2023-01-03]. https://v.qq.com/x/cover/mzc0020078faxps/g0042384jgl.html.

的动作难度,或者是提升一定质量。看到这个450,难度是转体上,抖了一下,丝毫没有降低难度的这个意思。倒滑上,正滑下,完成第2个道具区。第3个道具区,正滑右转上反转的270下,配上自己的倒滑动作,倒滑的前空翻的900。

孙思辰:漂亮!

张辉球:非常难的一个倒滑动作,动作的质量也是非常地完美,正滑左转的Cork720。

孙思辰:看一看最后一个跳台。

张辉球:最后是右转方向的900。

孙思辰:漂亮!太漂亮了!

张辉球:这一套动作无可挑剔。

孙思辰:这是谷爱凌的正常水准,在第二次资格赛出发当中终于完美地展现了出来。

张辉球:丝毫没有受到第一轮成绩的影响,充分地发挥了自己的能力。

孙思辰:谷爱凌依旧拥有着一颗大心脏。有的时候越是在看上去不利的条件和情况之下,(她)越是能够拿出超高水准的发挥。就像刚才的第二次出发的第一个道具区,上来直接450度的转体上杆,非常勇敢的选择,但她非常完美地完成了。

张辉球:确实是这样,应该也是大概所有选手当中啊,第一个上450的选手,我们也见到她的能力所在,更是看出她心理的强大。这个跳台动作结合了非常高质量的抓板,她最后结合了一个别克抓板,也就是一只手呈日式抓板、同侧手呈抓板尾的这个双抓板的动作。难度极高的一个动作。

孙思辰:没错儿。

张辉球:爱凌非常轻松,在现场已经开始进食了,看得出来她自己是非常地轻松,云淡风轻。对于她来说,资格赛确实只是小试牛刀。

张辉球:边品尝着美食啊,边等待着自己的分数,这是一种非常好的感觉。

孙思辰:是的。享受比赛的过程,第二次出发79.38分,目前暂时排在第三位,已经处在了一个非常有利的晋级形势当中,前12名的选手将直接入围明天的决赛。

在这段解说中,孙思辰主要负责比赛的背景和选手成绩的介绍,张辉球主要负责比赛动作技巧的解说,两人配合默契,相得益彰。孙思辰对比赛当中的动作技巧不太了解,但评价与总结十分到位;张辉球作为解说嘉宾能够精准地分析选手的具体动作,两个人配合起来形成了一个非常全面的解说,可以让受众非常清晰地了解比赛的走势。然而,张辉球在解说过程中过多地使用"啊""呃"这样的语气词,会让受众有一些拖沓的感觉。解说员在解说的过程中应该注意避免使用过多的语气词。总体来说,他们两个人的解说配合得很好,分工明确,这是十分值得学习的。

第四节 跳台滑雪解说

一、跳台滑雪比赛解说概述

跳台滑雪(Ski Jumping)起源于挪威,是速度、力量与技术相融合的极致展现。跳台滑雪是以滑雪板为工具,在专设的跳台上以自身的体重通过助滑坡获得加速度,比拼跳跃距离和动作姿势的一种雪上竞技项目。跳台滑雪主要以 K 点为距离分的评分原点,起评分为 60 分,根据实际跳跃落点加分或减分,距离分加上飞行姿势分、出发门分值和风力补偿分就是选手最后得分。选手脚着专用滑雪板,不借助任何外力,从起滑台起滑,在助滑道上获得加速度,从跳台末端飞出后,身体前倾与滑雪板成锐角,沿抛物线在空中飞行,最后落在山坡上。

跳台滑雪比赛共设置个人标准台(男、女)、个人大跳台(男)、男子团体大跳台、混合团体标准台共计 5 个小项,其中女子标准台是 2014 年索契冬奥会才被纳入冬奥会的比赛项目,混合团体标准台则是 2022 年北京冬奥会新增的 7 个小项之一。2026 年米兰—科尔蒂纳丹佩佐冬奥会将增设女子个人大跳台项目。

国家跳台滑雪中心承办了 2022 年北京冬奥会跳台滑雪比赛。国家跳台滑雪中心是我国首座符合国际标准的跳台滑雪场地,也是张家口赛区冬奥会场馆群建设中工程量最大、技术难度最高的竞赛场馆。跳台剖面因与中国传统吉祥物"如意"的曲线契合,因此被形象地称为"雪如意"。它也是目前世界上最先进的跳台滑雪场地,拥有落差 136.2 米的大跳台和落差 114.7 米的标准台两条赛道,更是世界上首个在顶部出发区设置大型建筑物的跳台滑雪场地。

跳台滑雪与自由式滑雪都是从跳台起跳,飞行一段时间后落地,但是前者比的是跳跃姿态和距离,后者比的是跳跃的技巧。跳台滑雪的动作技术由助滑、起跳、飞行、着陆 4 个部分组成,简称"跳雪"。从助滑到落地,该项目要求运动员动作连贯,同时跳出完美的距离,每个环节都计入分数。空中飞行和落地的过程,最能体现跳台滑雪的魅力。在落差 100 多米的山地自由飞翔,需要运动员对身体有精准的掌控力,能够克服恐惧、对抗重力。跳台滑雪非常刺激,让观众绷紧神经。鉴于此,跳台滑雪项目解说要求解说员对复杂多变的自然环境、精细入微的技术分类以及纷繁复杂的评分规则都了如指掌。在整个解说过程中,解说员需要以运动员动作技术描述为主,语速保持适中,注重现场感和节奏感。

二、跳台滑雪比赛发展简史

跳台滑雪是滑雪运动的一个独立分支,在国际体育分类学上被列为滑雪运动。1860年挪威德拉门地区的两位农民在奥斯陆(当时称克里斯蒂安尼亚)举行的首届全国滑雪比赛上展现了跳台飞跃动作,后来该动作逐渐成为一个独立项目并得到发展。1879年,首届跳台滑雪比赛在奥斯陆举行。1883年跳台滑雪比赛被列入霍尔门科伦滑雪大奖赛。19世纪末,跳台滑雪先后传入瑞典、瑞士、美国、法国、意大利和波兰等国家。跳台滑雪在1924年被列为首届冬奥会比赛项目。首届世界跳台滑雪锦标赛于1925年举办。跳台滑雪场地由助滑坡、着陆坡、停止区组成。1964年,第9届冬奥会统一跳台级别标准为70米和90米两种。随着对空中滑翔技术要求的提高,跳台标准也相应有所调整,标准台的台高必须在85米至109米之间,大跳台的台高必须大于100米。2022年北京冬奥会标准跳台高度设定为90米,大跳台高度设定为120米。

从奖牌分布来看,凭借着得天独厚的训练环境,欧洲人在这个项目上具有绝对的统治力。例如,2018年平昌冬奥会,挪威、奥地利和芬兰在奖牌上遥遥领先。

我国的跳台滑雪运动起步于20世纪80年代初,到2003年,中国才正式成立了跳台滑雪队——吉林市成立的跳台滑雪队。相比于欧美强国,在跳台滑雪方面,中国是个"年轻"的国家,到目前为止,只参加过3届冬奥会跳台滑雪比赛。我国运动员李洋参加2006年都灵冬奥会,获得第44名,无缘决赛。到了2018年平昌冬奥会,我国女子运动员常馨月以第20名的成绩亮相决赛,她成为首位闯入冬奥会跳台滑雪决赛的中国选手。在2022年北京冬奥会上,我国派出运动员董冰和彭清玥参加了本项目的女子个人标准台,分别获得第31名和第38名,未能进入决赛轮。

三、跳台滑雪装备要求

(一)跳台雪板

跳台雪板宽不超过11.5厘米,长2.3—2.7米。早年跳台雪板多用纯木料制成,每副雪板重约 8 千克。如今雪板由高强度尼龙纤维等合成材料制成,重量轻,弹性和韧性强。跳台雪板的板底装有方向槽,以增强滑行时的稳定性。

(二)跳台固定器

跳台固定器用于连接滑雪板和滑雪鞋。它可以在运动员摔倒时让滑雪鞋和滑雪板脱离,保护运动员不受伤害,因此又叫脱离器。它包括前固定器、弹簧弓、弹簧弓调整器和缓冲胶垫。前固定器原多为铁质,现材质改为高强度尼龙或塑料。前固定器的作用是固定鞋尖。弹簧弓由钢丝制成,弹性很强,不易拉断。固定鞋跟的部分是弹簧弓,可因鞋抬起的角度改变而被拉长并产生张力,起到固定鞋跟的作用。弹簧弓与弹簧弓调节器相连接的那部分是无弹性的软体钢丝,套在调节器上,弹簧弓调节器固定在前固定器之前,其螺丝扣可松可紧,松则鞋跟可抬起较高,紧则鞋跟抬起较低。

(三)跳台连身服

跳台连身服是由高强海绵和尼龙经过特殊工艺加工而成的连体服装。跳台连身服质地柔软而挺拔,穿着舒适合体,可保持良好的形体,海绵厚度适中且富有弹性,既可保暖又可缓冲因摔倒而产生的冲撞力;表层的尼龙面光滑耐磨,既可减小因摔倒而产生的摩擦力又可减小空气阻力。它一般颜色鲜艳,在雪地上异常显眼。

(四)跳台鞋

跳台鞋为高质牛皮面和硬底制成,鞋后腰置入弧形钢片,鞋靿前倾与鞋脸形成一定角度。

(五)跳台头盔

跳台头盔体积较其他头盔小些、轻些,侧面没有耳孔。

(六)跳台手套

跳台手套为五指分开的手套,制作原料通常为天然皮革和合成材料,其外层面料则需要选择防水的材质。

(七)跳台风镜

跳台风镜的镜框较窄且软,紧贴面部,运动员戴上风镜时既防风雪又便于观看前下方。

四、跳台滑雪比赛各项目简介

在跳台滑雪项目中,运动员需要沿着坡度为35度到37度的滑道,以每小时超过90公里的速度下滑,使身体跃入空中,尽力飞行一段距离后稳定着陆。滑降与飞行过程中运动员的优美动作被看作跳台滑雪的精髓。冬奥会跳台滑雪分为男子个人标准台、男子个人大跳台、男子团体大跳台、女子个人标准台和混合团体标准台这5个小项。其中标准台起跳高度为1,635米,到达高度1,528米;大跳台起跳高度1,650米,到达高度1,528米。跳台滑雪场地如图6-30所示。

跳台滑雪的规则主要分为得分规则和晋级规则。

其中跳台滑雪的得分由距离分、姿势分、助滑分、风速分4个部分构成。

得分公式为:

得分 = 距离分 + 姿势分 ± 助滑分 ± 风速分

运动员的距离分:运动员如正好着陆到K点,即得到60分,在标准台比赛中,每比K点远1米多得2分,反之,当运动员着陆点短于K点距离时,以60分为基准扣分,每短1米,标准台扣2分。大跳台的各项要求和评判标准与标准台的各项要求大致相同,但是与标准台不同的是,运动员的跳跃距离以K点为标准,每1米为1.8分,运动员的得分以K点距离分数(一般为60分)加减距离分的方式进行计算。距离分计算采取"2舍3入法",如60.20米计为60米,60.30米则计为60.50米,60.70米计为60.50米,60.80米计为61米。

运动员的姿态分:裁判主要根据运动员的起跳姿势、飞行姿势和着陆姿势以及飞行中滑雪板的稳定性来评判,由5位裁判打分,每位裁判最高能打20分。当裁判打分完成后,去掉最高分和最低分,取剩下的3个中间分之和,满分为60分。

运动员的助滑分:主要根据比赛当天的环境调整运动员的出发门,最大限度地保证运动员的安全。滑道分界线为0分(通常选手会从这条线出发),助滑距离长则减分、助滑距离短则加分。

运动员的风速分:比赛过程中,如果在选手的身后吹过来的风是顺风,选手就会提前着陆,因此有一定的加分;与之相反,逆风则要减分。

(一)男子/女子个人标准台

比赛从资格赛开始,世界杯赛排名前10名的选手不需要参加资格赛,直接晋级决

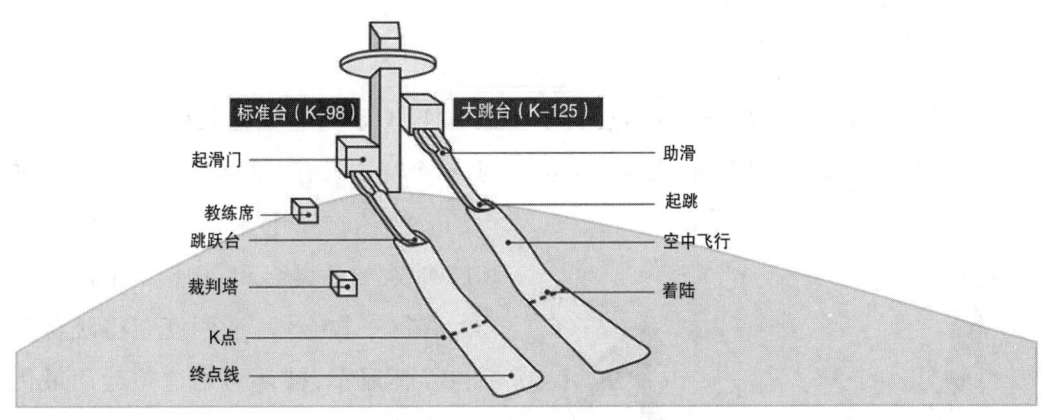

图 6-30 跳台滑雪地示意图

赛。剩下的选手都要在资格赛中争夺 40 个决赛名额。决赛共有两跳,第一跳 50 个人全部参加,取成绩最好的 30 人参加第二跳。第二跳的顺序是按照第一跳的成绩从低往高倒序进行。比赛规则规定,飞行距离及各阶段的技术动作完成情况,两项满分各为 60 分。比赛规定每人跳两次,得分总和多者为胜。在 2018 年平昌冬奥会上,常馨月先是以 69.6 分的成绩顺利晋级第二轮决赛,后在第二轮中又将分数提升至 85.3 分,以总分 154.9 分排名第 20 位(图 6-31)。这项比赛的滑降与飞行等动作都非常具有观赏性(图 6-32)。

图 6-31 常馨月在 2018 年平昌冬奥会的比赛画面(图片来自中新网)

图 6-32 俄罗斯选手科尔尼洛夫·丹尼斯在 2010 年温哥华冬奥会的比赛画面(图片来自新华社)

(二)男子个人大跳台

男子个人大跳台的规则和标准台男子单人一样,只不过它是在大跳台上进行的。大部分跳台滑雪世界杯都是在大跳台上进行的,一个赛季只有一两站是在标准台上进行的。波兰选手卡米尔·斯托赫曾在2014年索契冬奥会和2018年平昌冬奥会上夺得三枚金牌,还两度夺得跳台滑雪世界杯冠军,被认为是这项运动最优秀的运动员之一(图6-33)。

图6-33 波兰选手卡米尔·斯托赫在2018年平昌冬奥会的比赛画面(图片来自新华社)

(三)男子团体大跳台

在这项比赛中,每支队伍有4名选手。比赛分为两轮,第一轮比赛每个团队第一个人跳,所有队第一个人跳完后,每队第二个人跳,然后是每队的第三个人、第四个人。每支队4名选手合计得分为总分。排在前八名的队伍才能参加第二轮比赛,第二轮比赛的出发顺序和单人比赛相同,最终根据第二轮比赛成绩排出名次。

男子团体大跳台比赛中,一队共有4位运动员,运动员根据先后顺序出发,每个运动员都会有两跳,根据"姿势分"和"距离分"进行评分,每队8次得分合并(图6-34)。

(四)混合团体标准台

按照惯例,男子团体赛采用大跳台,而混合团体赛则采用标准台。混合团体是2022年北京冬奥会新增的7个小项之一,其中每队两男两女。

混合团体比赛也是设置两轮比赛(首轮加决赛轮)。首轮比赛排名前八的参赛队伍进入决赛轮。决赛轮共计4小轮,参赛队伍每小轮派出1名运动员;3

图6-34 2018年平昌冬奥会跳台滑雪男子团体大跳台亚军德国队(图片来自新华社)

小轮赛完后,最后 1 小轮按照参赛队伍的排名倒序出发。

五、跳台滑雪基本技术分类

(一)助滑

助滑是为了在起跳端形成更快的初速度,以延长空中飞行距离的一种技术。运动员沿着 35°—37°的助滑道下滑加速,在顺着助滑道的倾斜面前进时,运动员两腿尽量深蹲,上体前倾成流线型姿势,力求与雪面大致平行,以最大限度地减小空气阻力。

(二)起跳

起跳是整个技术动作的关键,起跳动作的好坏决定着运动员的成绩。当运动员以每秒 25 米以上的速度下滑至台端的起跳板(它与助滑道成 9°—11°角仰起)时,运动员向上奋力一跳,身体被抛向空中。掌握起跳最佳时机的水平如何,是衡量运动员技术水平高低的主要标准。起跳用力的方法与跳高或跳远都不相同,确切地说,它不是跳而是两腿快速下蹬的动作。运动员顺着助滑道快速滑行,一般当雪板尖到达台端时立即起跳,上体向前伸展。

(三)空中飞行

运动员只有保持大胆、沉着、稳定和善于控制雪板的空中飞行姿势,动作准确、规范,才能获得理想的成绩。在跳台滑雪中,人体与雪板在空间的运动轨迹是从跳台到着陆坡面上空为一条抛物线,因此,运动员在确定飞行动作的角度和方向时必须符合这条轨迹与着陆坡面相互作用的规律,并按照规律做好规范动作,这样才能保证空中飞行动作的质量。为了减小前进的空气阻力和增加升力,运动员的上体应充分伸展,身体应与双滑雪板平行,与水平面成 8°—10°的倾斜角并维持平稳,上体与下肢间稍有曲折,两滑雪板平行并与脚底成锐角上仰,两臂伸直贴放于身体两侧,沿着抛物线轨迹向前飞落。

(四)着陆

经过助滑、起跳和空中飞行,最后再成功完成正确的着陆动作,使整套动作连贯一致,一气呵成,运动员便可获得高分。着陆时,运动员应保证弹性和稳定性,两脚呈弓箭步前后分开,身体重量分别落于两脚,雪板后跟略领先于板尖着陆,两腿屈膝作缓冲,两臂左右平伸,以维持身体平衡。落地后,运动员保持平衡姿势顺利滑到终止区,全部动作即算完成。

(五)终止区滑行

在下滑通过K点(着陆坡转为平地处)后,尚需保持平稳滑行并可作适当的制动减速动作(有的场地此段为逆坡滑行自动减速),最后以急停动作停止在终止区。

六、跳台滑雪比赛解说案例

在跳台滑雪项目中,运动员是沿着跳台的倾斜助滑道下滑,借助速度和弹跳力,使身体跃入空中。解说员需要注意以下几个方面:第一,避免介绍运动员个人信息过长,而忽略对运动员技术性的专业点评;第二,解说员在运动员的比赛过程回放时要注意技术的深刻剖析;第三,要特别注意相关技术的解说。在很多时候,跳台滑雪现场具有危险性和不确定性,因此解说员需要随时调整应对的状态。面对突发情况,解说员要有良好的心理素质和应变能力。

本节我们以中央广播电视总台解说员陈滢在2018年平昌冬奥会跳台滑雪男子个人标准台决赛的解说为案例①,供初学者学习。

中央电视台,中央电视台,观众朋友您好,欢迎您收看在韩国平昌举行的跳台滑雪男子决赛第一轮,现在已经进行到了36发。今天的比赛一共有50发,也就是有50位运动员进行他们的表演,目前成绩排名第一的是来自日本的选手。刚才给大家介绍过的瑞士名将阿曼目前暂列第二,他的分数是119.4。

现在我们看到的画面就是等待出发的选手,站在他们起跳的出发台的一列。刚才在切入直播信号之前,我们看看风速,我们看到现场各个点有测风点,如果风太大的话我们就需要等风小一些,直到现场允许出发的绿灯亮起才可以开始比赛。

……

这个项目是从出发台开始无助力地向下俯冲,离开了起跳点之后,身体腾空,然后一直向前飞行。分数由两部分构成,一部分是距离分数(按距离的远近打分),一部分是完成的姿态的好坏,它的阶段分为起跳、飞行、着陆。在这个项目上,在这些年实力

---

① 跳台滑雪男子个人标准台决赛[EB/OL].(2022-02-10)[2023-01-03].http://2018.cctv.com/2018/02/10/VIDEDBLUTQD0cN1k5vxk5QMb180210.shtml.

强劲的是斯洛文尼亚、德国,还有挪威,挪威是这个项目的发源地。

斯洛文尼亚选手布雷维克即将出发,他是36发,今年25岁,身高1米77,索契奥运会他是个人项目的亚军获得者,他职业生涯中这是第三次奥运会了……其实它不能算是竞技项目,有表演成分在里面。当灯变成绿色的时候就可以出发了。现在看来还不行,选手还得挪回去。每个测风点每秒的风速过大了以后,比赛就要暂停,所以对于运动员来说,要适应比赛的节奏……选手准备出发了,好事多磨。他把雪板塞入助滑道,无助力地向下俯冲,深蹲,奋力跃起。这个绿色的线雪地上是没有的,这是现场灯光打上去的,这条线被用来判断运动员大概飞行的距离。刚才助滑,现在起跳,它是整个项目的技术关键点,这个起跳的好坏直接决定你的成绩,跳了98.5米,106.2分。

下面是德国选手盖格,他是37发,今年24岁,身高是1米81,这是他职业生涯第一次参加奥运会,德国也是跳台滑雪的强国,尤其是男队……每次我们看到这个项目的选手在离开起跳点之后在空中飞行的情形,都会非常羡慕,他好像帮我们实现了人类在空中飞翔的梦想……这个项目还是很练人胆量的,盖格重新准备出发,现在开始助滑,他要获得最快的加速度,这样才能在起跳之后在空中获得一个非常充分的延长时间和距离。运动员他滑的时候是深蹲的,上身呈一个流线型姿势,争取跟这个雪面基本平行。以现在这种姿势前进的话,可以减小身体和风的阻力之间的摩擦力。现在的雪板是一个V字状,可以增大空中的面积,使你的飞行达到一个更长的时间。

……

下面是波兰选手胡拉,飞行速度是83.5千米/小时,哇哦!现场的观众还没有等到分数出来就已经开始为他欢呼!确实飞得够远,看他的双手,这个姿势从容不迫,他的这种备降和降落的姿势非常规范,有的运动员在降落时非常仓促,胡拉准备降落的时候真的是和飞机准备降落的一系列动作一样。131.8分……因为这个项目是在一个纯天然的环境中进行,它的风力、风向、温度、雪质,每一天每个场地都会有变化,所以它只有最好成绩没有世界纪录。

挪威运动员斯特杰恩,第40位出发的选手,今年29岁……对于表演项目,现场会放一些节奏强劲、明快的舞曲,运动员听起来很兴奋,观众听起来也会很嗨。斯特杰恩在个人大跳台中拿过第四,在挪威团体赛中获得过第二,好,我们来看看风速……斯特杰恩,现在出发,可以看得出来,距离近了一些,这个身体姿势跟刚才跳得特别好的目前领先的选手相比,(我们)看得很清楚,波兰的选手背、肩、臀都是一条线,这名选手就明显有些弯曲,姿势就不是那么的好看。

本节节选了2018年平昌冬奥会男子个人标准台决赛的解说。

在将近30分钟的比赛中,陈滢的解说跟画面贴合得很到位。在比赛背景方面,当比赛暂停时,中间出现空档,陈滢就讲述比赛的规则和运动员的背景信息等,这需要解说员熟练掌握此项目的优势国家、运动员和规则等信息。对于画面的解释,陈滢不仅注意运动员的准备情况,而且关注选手比赛之后的距离点分数,更会分析选手的动作技巧。在选手比赛回放的过程中,她紧跟画面切换的内容,更是时刻关注周围风力和风向的变化以及运动员的状态,用通俗易懂的解说让观众联想到这项运动与生活有某些相似之处。例如,当波兰选手胡拉出场后陈滢对他备降的姿势评价为"准备降落的时候真的是和飞机准备降落的一系列动作一样"。还有陈滢解说挪威选手坦德时说:"飞行的时候,身体尽量往下压雪板,尽量呈现V字状,两手打开像一个平衡的机翼一样。"当画面给到观众席时,她也向电视机前的观众解释此刻观众席上的人们表现兴奋的原因。

在整个比赛过程中,解说员需要充分准备比赛背景信息,注重解释画面和描述现场细节。跳台滑雪项目的关键在于风的变化,解说员要对各项数值很敏感,因为各项数值是影响最后成绩的因素。本场解说详略得当,对比赛背景的介绍、对画面的解释等方面值得参考。

第五节 单板滑雪解说

一、单板滑雪比赛解说概述

单板滑雪(Snowboard)是一项以一块滑雪板为工具,在规定山坡线路上快速回转滑降,或在特设的U型场地内凭借滑坡起跳,在空中完成各种高难度动作的雪上竞技项目。根据其特点及技术方式,单板滑雪运动主要分为两大类:一类是速度系列的单板滑雪运动项目,主要包含平行大回转(男、女)和障碍追逐(男、女),另一类是技术系列的单板滑雪运动项目,包含U型场地技巧(男、女)、坡面障碍技巧(男、女)、大跳台(男、女)。此外,单板滑雪运动项目还包括障碍追逐混合团体(男女混合项目),共11个小项。

在2014年索契冬奥会中,单板滑雪比赛场地为罗萨-胡特极限公园,该场馆在举办单板滑雪比赛时可容纳观众6,250人。在2018年平昌冬奥会中,单板滑雪比赛场地分别为平昌山脉场馆群中的阿尔卑西亚跳台滑雪中心、凤凰雪上公园。2022年北京冬奥会中,单板滑雪比赛场地为北京赛区的首钢滑雪大跳台以及张家口赛区的云顶滑雪公园。其中,北京赛区的首钢滑雪大跳台承办的是单板滑雪大跳台项目。首钢滑雪大跳台由赛道、裁判塔和看台3个部分构成。赛道长164米,最宽处为34米,最高点为60米。该赛区共计产生这个项目的2枚金牌。张家口赛区的云顶滑雪公园承办单板滑雪项目的平行大回转、障碍追逐、U型场地技巧、坡面障碍追逐等比赛项目,共计产生9块金牌。云顶滑雪公园位于河北省张家口市崇礼区境内,占地面积为119.2万平方米。云顶滑雪公园的最高点海拔为2,042米,单板滑雪赛道长度为1,380米,赛道宽度最宽达到45米,平均坡度为6.6度到15.2度。云顶滑雪公园是目前中国难度最大、坡度最大、着陆区最长、起跳最高的赛道。

单板不是由双板发展而来,而是与冲浪、滑板有异曲同工之妙。与双板滑雪的传统感相比,单板滑雪属于极限运动的一类,运动员在速度中快感飙升,在心跳中挑战自我。单板滑雪的滑法也与双板滑雪不同,它是将两脚牢牢地固定在板子上,由身体重心来控制板子的滑行,即使摔倒后板子与脚也无法分离,这就增加了它的危险性。解说员应充分掌握技术分析的技巧,以达到对失误原因做到精准、快速的分析。在解说单板滑雪比赛项目时,解说员不但要了解国际雪联制定的比赛规则、运动员的相关信息,还要注意比赛实况,随比赛实况及时调整解说词。同时,解说员切忌对技巧的解说过于冗长,或者仅仅点出技巧而不做具体解释。由于单板滑雪具有自由、时尚、惊险等特点,解说员在解说时还应充满激情,语速较快,干脆利落,语言节奏随时根据比赛情况进行调整,最终给观众带来身临其境的感觉。

二、单板滑雪比赛发展简史

单板滑雪起源于20世纪60年代的美国密歇根州,是雪上运动的一个分支。诞生初期,由于运动员控制雪板的能力较差,经常出事故,导致当时许多滑雪场禁止单板滑雪。1976年,以美国为中心的北美单板协会成立。1980年,美国滑雪联盟组织制定了第一个单板滑雪竞赛规则。1987年,国际单板联盟成立。1987—1988年,每年多站的世界杯比赛开始举办,其中,在欧洲和北美洲各举行两站。1988年,业余单板滑雪协会(USASA)在美国成立,并统一了竞赛项目和规则。1989年,国际单板滑雪协会(ISA),协同日本、北美和欧洲一些国家单板滑雪爱好者与职业单板滑雪联盟共同组织比赛。1990年2月,首届全美单板滑雪锦标赛举办。从1993—1994年赛季开始,单板滑雪世界杯改由国际雪联领导。1994—1995年,为进一步推动单板滑雪运动的开展,国际雪联在举办世界杯比赛的同时,还在意大利奥朗、德国赖特因温克尔和伦格里斯、美国森瓦利和舒格洛夫、日本的苗田、奥地利的基茨比厄尔和米尔巴赫等地举行了 13 次国际单板滑雪赛。1994 年,国际雪联决定从 1996 年开始举办世界单板滑雪锦标赛,每两年举行 1 次。1995 年,鉴于单板滑雪的发展,国际奥委会决定将单板滑雪纳入奥运会,设男子及女子大回转和 U 型场地技巧 4 个小项,并认定国际雪联为世界单板滑雪运动的管理者。1998 年,在日本长野冬奥会上,单板滑雪的高山大回转和 U 型场地技巧成为正式比赛项目。在 2002 年盐湖城冬奥会上,平行大回转取代了个人大回转项目。2006 年,都灵冬奥会增设单板滑雪障碍追逐赛。在 2014 年索契冬奥会上,坡面障碍技巧被列入冬奥会正式比赛项目。在 2018 年平昌冬奥会上,大跳台首度出现在冬奥会赛场。2022 年北京冬奥会新增了一个项目——障碍追逐混合团体赛,这也是唯一一个单板滑雪团体项目。

我国的单板滑雪 U 型场地技巧队于 2003 年组队。2005 年 9 月,我国第一次派出队员参加世界杯比赛,孙志峰在比赛中名列第 8;同年,在世界大学生冬季运动会上,中国选手潘蕾为中国队赢得国际比赛的首枚单板滑雪比赛银牌。2007—2008 赛季,刘佳宇两次、孙志峰一次夺得世界杯金牌。2008 年,单板滑雪平行大回转队组建。2009 年 1 月,在韩国举行的世锦赛中,中国队夺得 U 型池团体和个人冠军,实现历史性突破。2010 年,在温哥华冬奥会中,刘佳宇排名第 4、孙志峰排名第 7;在 2014 年的索契索冬奥会中,男运动员张义威排名第 6,女运动员蔡雪桐排名第 6;2016—2017 年我国先后组建了障碍追逐、坡面障碍技巧及大跳台队,实现了单板滑雪全项开展的目标。2018 年,刘佳宇获得平昌冬奥会单板滑雪 U 型场地技巧比赛项目的银牌。目前,中国单板滑雪队代表人物为刘佳宇、蔡雪桐、苏翊鸣等。在 2022 年北京冬奥会中,中国选手苏翊鸣在单板滑雪男子大跳台决赛和单板滑雪坡面障碍技巧决赛中,分别获得金牌和银牌。在 2022 年北京冬奥会的单板滑雪男子大跳台决赛上,中国选手苏翊鸣以 182.50 分的成绩夺冠,为中国队赢得本届冬奥会第 6 枚金牌。这是中国队历史上首次获得单板滑雪项目金牌。17 岁的苏翊鸣也成为冬奥会历史上最年轻的单板滑雪男子大跳台金牌获得者。

三、单板滑雪装备要求

单板滑雪装备一般可以分为三类:一是滑雪所需的配件,如滑雪板、固定器;二是保暖设备,如滑雪服、手套等;三是安全护具,包括头盔、护肘等。

(一)单板滑雪板

单板滑雪板一般分为三类。

第一类，竞技型板。竞技型板一般用于专业的雪道滑雪，适合回转比赛。板比较窄，板腰部分尤其窄，板尖部分略微向上翘起。

第二类，多功能型板。它既能够用于雪道滑行，也可以用于深雪滑行。此板前后端都向上翘起，方向性明确。

第三类，自由式板。它适用于旋转、跳跃等技巧。

单板滑雪板的选择主要看以下几个方面。第一，单板长度。合适的滑雪板长度与滑雪者的身高相关。身体站直，使滑雪板与身体平行，滑雪板的高度到使用者的下巴为宜。初学者比较适合选择短一点的滑雪板，因为操作起来比较方便。对于喜欢高速滑雪的人，建议选择长滑雪板，长度以竖立时高出头顶为宜。单板的选择还要以体重为参照，体重越大的人使用的滑雪板越长，同时还要考虑滑雪板的硬度、板型和用途等多个方面。单板越短越灵活，适用于技巧动作；单板越长越稳定，适用于快速滑行。第二，单板宽度。女性和脚小的男性要用窄滑雪板，脚较大的男性则需要宽滑雪板。基本原则是，当滑雪者站在滑雪板上时，靴子应该与滑雪板两侧齐平或者稍稍超过其边缘。

（二）滑雪鞋与固定器

单板的鞋分为软鞋和硬鞋两种。硬鞋同高山滑雪鞋非常相似（硬的外壳及柔软的内鞋套），只在竞速比赛平行大回转中使用；舒适轻便的软鞋适合于技巧类项目。

鞋的选择应遵循以下原则。第一，合脚。运动员在选择鞋子的时候要多次试穿，直到选出一双最合脚的鞋。第二，要保证良好的血液循环。在保证紧凑合脚的同时，运动员还必须保证良好的血液循环。由于滑雪时穿的袜子较厚，运动员在试穿鞋子的时候一定要换一双厚些的袜子，然后再穿上鞋子，将脚后跟紧靠鞋子的后跟，然后系上鞋带。第三，要保证脚后跟不会移动。脚后跟上提，转动脚尖，检查脚后跟是否会随之上提。第四，要保证配件齐整与专业。

与滑雪鞋同样重要的是固定器。单板滑雪的固定器通常分为绑带式固定器、卡扣式固定器和可脱落式固定器。其中运用最广泛的就是传统的绑带式固定器。卡扣式固定器方便穿戴，但安全性有所降低。可脱落式固定器是竞速板的专用固定器，它可以让滑雪者在高速滑行中摔倒时与雪板脱离以避免受到伤害。挑选固定器，最好带着滑雪鞋。穿着鞋子蹬入固定器，做前后探身运动，注意鞋子是否稳定地将脚固定在适当的位置。把滑雪鞋放在固定器中，滑雪鞋与固定器靠背完全贴合是最好的。同样的道理，运动员在系固定器绑带时，绑带扣要扣得刚刚好。绑带不要太松，要让滑雪鞋在固定器中保持固定不会晃动;绑带也不能太紧,太紧不但会勒疼脚,也容易磨损固定器的绑带。

(三) 滑雪帽

滑雪帽一般用弹性较好的细绒线织成,目的是保护耳朵,轻便且不影响视线。如果还感觉冷风特别刺激,可换成只露出双眼的头套,再配上一副全封闭型滑雪镜以保护眼睛。

(四) 手套

单板滑雪不需要雪杖,因此手套不须防磨,只须保暖防寒,一般用天然皮革和合成材料制成,外层面料一定要防水。

(五) 护具

护具包括头盔、护腕、护肘、护臀。

四、单板滑雪比赛各项目简介

冬奥会单板滑雪比赛项目共有5个小项:平行大回转、障碍追逐、U型场地技巧、坡面障碍技巧和大跳台。

平行大回转和障碍追逐都属于竞速类项目,但两者主要区别在于是否存在地形障碍。U型场地技巧、坡面障碍技巧和大跳台都属于技巧类项目,三者区别在于场地不一样:U型场地技巧在特定U型池赛场上;坡面障碍技巧则设置了障碍,选手可自主选择适合赛道;大跳台的场地则是在跳台赛道上进行表演。

(一) 平行大回转

1. 项目概述

单板滑雪平行大回转(图6-35):选手在平行设置的两个旗门赛道(蓝旗、红旗)同时出发,向下滑降,先行到达终点的运动员为胜。赛道规格:标高差为120—200米;全长400—700米(建议采用

图6-35 奥地利选手本亚明·卡尔在北京冬奥会单板滑雪男子平行大回转比赛中

550 米);至少设置 18 个旗门(建议设置 25 个);蓝旗赛道与红旗赛道之间应保持 20—27 米的距离;平均坡度为 16 度(±2 度);坡道宽度至少 40 米;预赛时,运动员在蓝旗赛道与红旗赛道上各滑行一次,两次预赛成绩相加后,排名前 16 位的选手晋级决赛。预赛第 2 轮比赛的出发顺序为第 1 轮比赛选手到达终点的顺序。

2. 竞赛方法

单板滑雪平行大回转(男女同标准)的竞赛方法如下:

(1)计时赛赛制。两名选手在平行设置的两个旗门赛道(蓝旗、红旗)同时出发,向下滑降,先行到达终点的运动员为胜。

(2)资格赛赛制。两轮时间之和,时间较少者胜,前十六名晋级决赛。

(3)决赛采用单场淘汰制。

单板滑雪平行大回转决赛竞赛规则如表 6-3 所示。

表 6-3 单板滑雪平行大回转决赛竞赛规则

八分之一决赛	八组	每组两人	成绩较好者晋级
四分之一决赛	四组		成绩较好者晋级
半决赛	两组		成绩较好者晋级大决赛,另一名运动员晋级小决赛
小决赛	一组		争夺铜牌
大决赛	一组		争夺金牌

(二)障碍追逐

1. 项目概述

在单板滑雪障碍追逐(SBX)比赛上,4—6 名运动员组成 1 组,以坡面、回转、旋转、跳跃的方式通过由多种地形和障碍物组成的赛道(图 6-36)。赛道包含一系列障碍,有跳台、凹槽、波浪道、断崖、半壁等,最先通过终点线的选手为胜。追逐赛的冬奥会赛道规格:标高差 130—250 米;赛道长 1050 米(±150 米);平均坡度 12 度(±2 度);坡宽 40 米;赛道宽 6—16 米;以 2 轮预赛的时间进行排名,

图 6-36 法国选手梅兰·叙尔热(左)、加拿大选手埃利奥特·格伦丁(中)和澳大利亚选手亚当·兰伯特(右)在比赛中

前 32 名或 26 名晋级决赛,每组由 4—6 名运动员构成,其中的前 2—3 名晋级参加下一轮比赛。

2. 竞赛方法

单板滑雪障碍追逐(男女同标准)的竞赛方法如下:

(1)计时赛赛制。选手在各种地形障碍构成的赛道上竞速,按通过终点线的顺序确定排名。

(2)资格赛赛制。前 32 名直接晋级决赛。

(3)决赛。单板滑雪障碍追逐决赛竞赛规则如表 6-4 所示。

表 6-4　单板滑雪障碍追逐决赛竞赛规则

八分之一决赛	八组	每组前两名晋级
四分之一决赛	四组	每组前两名晋级
半决赛	两组	每组前两名晋级大决赛,后两名晋级小决赛
小决赛	一组	5-8 名排名赛
大决赛	一组	1-4 名排名赛

(三)单板滑雪障碍追逐混合团体

1. 规则

每场比赛由 4 支队伍组成,每支队伍派出一男一女两名运动员参赛,男子运动员先出发。他们的冲线成绩将决定自己队友出发门的打开时间,最终的名次则由女子运动员的冲线成绩决定。

2. 评判标准

(1)计时赛赛制。4 名选手在各种地形障碍构成的赛道上竞速,男子先出发,女子后出发,按运动员通过终点线的顺序确定排名。

(2)晋级。四进二,二进一。

(3)决赛。单板滑雪障碍追逐混合团体决赛竞赛规则如表 6-5 表示。

表 6-5　单板滑雪障碍追逐混合团体决赛竞赛规则

障碍追逐混合团体	四分之一决赛	每组(4 组,每组 4 人)前两名晋级
	半决赛	每组(2 组,每组 4 人)前两名晋级
	决赛	决出金银铜

(四)U型场地技巧

1. 项目概述

U型场地技巧：运动员从倾斜的半圆筒形斜坡向下滑，展现跳跃、回旋等空中技巧。

单板滑雪U型池赛场地为U型滑道，长150—170米、宽19—22米、深6.7米，平均坡度18度。滑板稍软、较宽，靴底较厚。比赛时运动员在U型滑道内边滑行边利用滑道做各种旋转和跳跃动作(图6-37)。

图6-37 北京冬奥会单板滑雪男子U型场地技巧决赛现场，平野步梦在比赛中

2. 竞赛方法

根据高度、回转、技巧、难度系数等打综合表演分，满分为100分。6名裁判独立打分，去掉最高分、最低分，剩下的4个得分的平均分为该轮成绩，最好成绩为最终成绩。

(1)资格赛。每个选手滑两轮，取最好成绩，前12名直接晋级决赛。

(2)决赛。每个选手滑3轮，取最好成绩决出冠军。

(五)坡面障碍技巧

1. 项目概述

单板滑雪坡面障碍技巧：坡面障碍技巧是在由铁杆、桌子、箱子、墙壁及跳台构成的赛道上进行的一项比赛，运动员可在多种地形中选择适合自己的赛道进行表演(图6-38)。该赛道场地高150米以上，宽30米以上，坡度12度以上。其道具区有轨道、跳台、坡面等道具，道具区地形+跳跃不少于6个；跳台

图6-38 中国选手苏翊鸣在北京冬奥会单板滑雪男子坡面障碍技巧决赛中

区有多种跳台且跳台类型不少于3个。

2.竞赛方法

根据高度、回转、技巧、难度系数等打综合表演分,满分为100分,6名裁判独立打分,去掉最高分、最低分,剩下的4个得分的平均分为该轮成绩,最好成绩为最终成绩。

(1)资格赛。第一轮:前六名直接晋级决赛;第二轮:剩余运动员的前六名晋级决赛。

(2)决赛。每个选手滑3轮,取最好成绩,决出冠军。

(六)大跳台

1.项目概述

单板大跳台:大跳台场地分为助滑区、起跳台、着陆坡和终点4个部分。一般起跳台高40米,雪道长138米,宽8米。

选手从高处滑下来,在大跳台前进行跳跃后,表演空翻、回转等空中绝技。

2.竞赛规则

该项目依据4个标准打分,即难度、完成度、高度、落地。比赛有6名裁判,满分为100分。去掉最高分、最低分,剩余4个得分的平均分为该轮成绩。

(1)资格赛。每个选手滑两轮,取最好成绩,前12名直接晋级决赛。

(2)决赛。每个选手滑三轮,取较高的两轮成绩之和,决出金银铜。

五、单板滑雪基本技巧分类

(一)平地蹬板训练技巧

单板滑雪是两只脚站在一个板子上,共同完成滑雪板操控的过程。所谓平地蹬板训练,就是先将滑雪者的一只脚固定在板上,另一只脚放在雪地上控制重心,避免摔倒,两脚轮换。按照此方法进行10分钟左右训练,即可找到运动的感觉。

(二)背坡滑雪技巧

在滑雪场地中,特别是一些高级的滑雪场所,往往会有不同坡度、高低起伏的多个赛道,要想灵活地穿梭于这些赛道之上,滑雪者必须掌握一定的背坡滑雪和面坡滑雪技巧。

所谓背坡滑雪,就是指雪坡的脊在运动员的身后。在解说过程中,解说员要关注运动员在直线滑动中的脚部和小腿动作,运动员的脚和小腿肌肉需要高度放松,只依靠大腿的力量进行滑动。运动员应能够控制好板子的滑行与停止,并且能够站在雪地上,通过调整左右脚的用力,往左走时左腿弯曲,往右走时右腿弯曲,保持上身放松,两臂自然下垂,使滑板的行走路线形成一定的夹角,板子在雪地上走"之"字形。运动员在整个过程中要始终保持重心的平、直、稳,在解说过程中发现运动员摔倒,一定是因为其出现了左摇右晃、脚尖用力的情况。

(三)面坡滑雪技巧

所谓面坡滑雪,就是指雪坡的脊在运动员的面前。不论是直线滑雪还是走"之"字形,其技巧与背坡滑雪一致,只不过在面坡滑雪时,要压的是单板的后刃。运动员在遇到紧急情况时,可以后腿前蹬,让板子平行推雪,从而有效地降低速度,直至停下。

(四)转弯技巧

滑雪者由面谷转向面山时,首先要逐渐放掉滑板上的压力,保持身体与膝盖的平直,身体略微前倾,在滑板垂直向下滑动的过程中,逐渐向脚趾前端施加压力,并压低身体重心、弯曲身体,拉动后脚脚趾带动滑板旋转,使滑板转为面山。滑雪者由面山转向面谷时,动作要领基本同上,只不过应调整为后脚跟发力。

(五)抓板技术

抓板技术是单板滑行中的技术。抓板不是一个独立的技术,是黏着在空中飞跃、转体、空翻等技术动作上的技术。抓板动作不仅能够帮助滑雪者在空中保持身体的稳定,使运动员在空中时保持身体紧凑,与雪板融为一体,还能使身体在空中展现精彩的姿态。运动员在腾空时应保持身体平衡,目视落地方向,尽量向上抬腿,不要弯腰向下。解说需要了解以下抓板技术专业名词的含义:

1. 前手抓板

Mute:前手抓板的前刃中部。

Japan:前手绕膝抓板的前刃中部,屈体脸朝下方。

Melanchollie:前手抓雪板后刃中前部,雪板与雪面垂直。

Lien：前手抓板的后刃中部，身体后倾。

Method：前手抓板的后刃前部，身体与地面水平。

Jessie：前手抓板的后刃中部，蹲姿。

Tweak：前手抓板的后刃前部。

Nose Grab：前手抓板尖，雪板与雪面垂直。

2. 后手抓板

Indy：后手抓板的前刃中部。

Crail：后手绕膝抓板的前刃中部，后腿屈、前腿伸，板尾低，板尖高。

J. T.：后手绕膝抓板的前刃中部。

Roast Beef：后手绕膝抓板的前刃中部。

Stale Fish：后手抓板的后刃中部。

Tail Grab：后手抓板尾。

3. 双手抓板

Double Grab：双手同时抓板的前刃中部。

Rocket：双手交叉抓板的板头部分。

六、单板滑雪比赛解说案例

在解说单板滑雪比赛项目时，解说员不但要了解国际雪联制定的比赛规则、运动员的相关信息，还要注意比赛实况，解说词随比赛实况进行调整。要注意以下几个方面：首先，比赛开始前，解说员可以适当对比赛规则和选手信息进行介绍。单板滑雪都是室外项目，不同比赛场地信息各不相同，可以在比赛开始前介绍，也可以在比赛过程中根据比赛实况引出相关信息（如同下文的解说案例）。介绍背景的语言宜简不宜繁，简单介绍即可。其次，各分项目比赛规则、解说重点不尽相同，主要有以下几个注意事项：第一，单板滑雪比赛中，U型场地技巧、坡面障碍技巧和大跳台动作技巧居多，解说员要敏锐把握运动员动作，为观众讲解该动作得分点、技术难度等信息。需要注意的是，切忌对技巧的解说过于冗长，或者仅仅点出技巧而不做具体解释，切忌过于关注某一个技巧讲解而忽视运动员整体表现，导致解说枯燥乏味，不能吸引观众。第二，平行大回转和障碍追逐是竞速类项目，往往比赛时间短、情况多变，解说员要敏锐把握赛场情况变化，避免出现"一定""肯定"等词语，为解说留有余地。比赛中偶尔会出现几位选手几乎同时越过终点的情况，在没有确定晋级情况时，不要凭肉眼自行判断，以免造成误会。再次,以障碍追逐比赛为例,在解说过程中,应对运动员的出发时间、线路选择、弯道转弯、过旗门动作、当前排名等进行详细解说。最后,比赛结束后对晋级情况做总结。需要注意的是,无论是技巧比赛还是竞速比赛,在回放时,都要抓住运动员的精彩瞬间,此时可以为观众带来详细的解读,丰富在实时解说时没有讲解到的部分。

单板滑雪比赛有较强的观赏性,紧张与刺激并存,解说员需要保持高昂状态,调动观众观看比赛的积极性。与此同时,解说员也要合理控制情绪,避免情绪过高而喧宾夺主,影响观众的观看体验。

本节我们以中央广播电视总台解说员邵圣懿在2018年平昌冬奥会单板滑雪男子障碍追逐八分之一决赛的解说为案例①,供解说单板滑雪项目比赛的初学者参考与学习。

中央电视台,中央电视台,观众朋友们好!我们现在是在韩国平昌的凤凰雪上公园,为您带来2018年平昌冬奥会的赛事转播。我们即将看到的是单板滑雪男子障碍追逐赛八分之一决赛现场。这个比赛很简单,40名选手分成8组,每组5个人进行比赛,每组选手的前三名将进入下一轮比赛,也就是四分之一决赛。5名选手同时出发。单板滑雪障碍追逐赛是一项竞速比赛,也就是谁先到终点谁就获胜。

在第一组选手当中,有来自法国的上一届冬奥会冠军皮埃尔·沃尔蒂尔。他也是这个项目本届冬奥会中实力最强、最有希望去争夺冠军的选手。在凤凰雪上公园的这条赛道全长是1,277米,海拔落差228米,相当于下了60层楼的高度。这条赛道上总共设置了23个障碍,障碍形式多样,有雪坡,也有弯道。现在领先的选手就是来自法国的选手沃尔蒂尔。大家可以看到,几位选手身上穿的背心颜色不一样,分别是红、绿、蓝、黄、白。这个颜色代表了选手们在资格赛中的成绩,红色代表着在这个小组资格赛中排名第一的选手。好的,比赛结果已经产生了。这个小组前三名晋级的选手是休斯、沃尔蒂尔和来自奥地利的选手沙里尔。对沃尔蒂尔来说,最后阶段有些降速,但是没关系,在八分之一决赛里只要拿到小组前三就可以顺利晋级……

第一组晋级的3位选手(有)来自澳大利亚的休斯、来自法国的沃尔蒂尔和来自奥地利的沙里尔,这3位选手进入四分之一决赛。从2006年都灵冬奥会开始,过去3

---

① 2018平昌冬奥单板滑雪男子障碍追逐赛[EB/OL].(2018-02-15)[2023-01-03]. https://v.qq.com/x/cover/nueon4pc1h84xth/t0025tsusmd.html.

届冬奥会上男子这个项目,美国队塞斯·沃斯科特获得了两次冠军。他在2006年和2010年分别两度夺冠。4年前在索契,沃尔蒂尔拿了冠军。

　　来看看第二组出发的选手。这组有加拿大名将凯伦·希尔,还有来自奥地利的选手哈梅勒。依旧是5个人中的前3名晋级。比赛开始!这次出发反应时间差不多,最大的时间差距只有0.08秒。现在哈梅勒处于领先,这是来自奥地利的选手。他占据了一个非常好的身位。他现在尽量争取扩大自己的领先优势。现在领先0.35秒。像这样的领先优势,其他选手很难用身位去对他形成干扰,就是很难和他接触。但是哈梅勒在过每个障碍的时候也需要把握好他的路线来保持他的领先优势。这段时间他的领先优势好像被缩小了。来自加拿大的凯伦·希尔正在追他。来自瑞士的选手柯布莱特追上来了!稍微有一点身体接触,但是还好,没有故意的身体接触。接近终点了。终点前是3个大坡!前三名现在排位比较稳定,前三名已经产生,哈梅勒、凯伦·希尔和柯布莱特。这3名选手还是稳稳地拿到了前三成功晋级。其实这场比赛大家可以发现,如果一开始占据了领先优势,其他选手想追上去一般是追不上的。只要在过每一个障碍的时候不出现明显的失误,那就可以把这个差距越拉越开,其他选手很难通过抢位来争夺。

　　这个比赛,可能对于中国的观众来讲比较陌生,因为我们没有获得冬奥会的参赛席位。这个比赛对于中国的运动员来说,太遥远了。当然这也是未来4年在北京冬奥会来临之前,我们也要尽力突破和进步的一个项目。这个项目还是欧洲人和美国人、加拿大人玩得比较好。它属于一个极限运动的项目,所以在中国的开展(进度)也是非常缓慢的。当然我们知道单板滑雪这个项目在这次冬奥会上,刘佳宇拿到了U型场地的银牌。这也是中国的单板滑雪在冬奥会的一个巨大突破。这实际上也显示我们目前在单板滑雪这个项目上,在一些小项上完成了突破,确实对于中国非常薄弱的雪上项目来说,我们是以点带面,先是单点突破,然后再多点开花,之后是全面发力⋯⋯

　　我们刚刚说,中国没有在这届冬奥会上获得这个项目的参赛席位,但其实对于整个亚洲来说,这个项目的开展都是非常落后的。看一下冬奥会的40位选手的参赛名单,也没有来自亚洲的选手,都是欧美选手。主要重心还是在北美洲的美国、加拿大两个国家和欧洲国家选手⋯⋯

　　邵圣懿在将近35分钟的比赛过程中,用轻松幽默的语调为我们讲解了8场紧张刺激的比赛实况。他在每场比赛开始时,都会介绍运动员的国家、历史成绩等信息,语言精练。障碍追逐的每场比赛都是几名选手一同出发,解说时他以某一位选手为主,讲解他的动作、路线、排名变化。邵圣懿以这位选手为参照,由点及面,将每位选手的比赛情况都做了介绍。除了为观众讲解比赛实况之外,他还在间隙为观众介绍了比赛规则和"破风"的概念,在回放时抓住重点,讲解选手的成功原因。邵圣懿提及了单板滑雪运动在我们国家的发展情况,并对我国的单板滑雪运动提出了美好愿望,让我国观众在了解到其他国家运动员的高水平之外,也对我国的发展状况有了清晰的认识。他站在观众的角度思考,补充了关于身体接触的评定标准。邵圣懿的讲解浅显易懂,语气轻松,张弛有度,内容详略得当。这段解说既让观众欣赏了比赛,又普及了单板滑雪运动的知识,是很好的学习范本。

第六节　冬季两项解说

一、冬季两项比赛解说概述

冬季两项(Biathlon)是越野滑雪和射击两项运动相结合的项目。比赛时,运动员身背专用小口径步枪,脚穿滑雪板,手持滑雪杖,沿着标记的滑道按正确的方向和顺序滑完预定的全程,每滑行一段距离进行一次射击。射击脱靶有罚时和罚圈两种方式,用时最短到达终点者获胜。在比赛中,越野滑雪采用自由式,立射时,选手必须先停下脚步,将雪杖放在地上才能射击;卧射时,选手需要将肘部支撑在地上射击。发展至今,冬季两项现设个人赛(男子 20 公里,女子 15 公里);短距离赛(男子 10 公里,女子 7.5 公里);追逐赛(男子 12.5 公里,女子 10 公里);集体出发赛(男子 15 公里,女子 12.5 公里);接力赛(男子 4×7.5 公里,女子 4×6 公里);男女混合接力赛(男子 2×7.5 公里+女子 2×6 公里)。

2022 年北京冬奥会冬季两项比赛场馆为国家冬季两项中心,位于张家口市崇礼区太子城区域东北侧山谷赛道,总长 8.7 公里,沿山体自然地形而建,自北向南依次布置靶场、赛道与起终点区、场馆技术楼等,分为竞赛主赛道、残奥坐姿赛道及训练赛道等。这里承办冬奥会的冬季两项比赛,产生 11 块冬奥会金牌;承办冬残奥会冬季两项和越野滑雪的全部比赛项目,产生 38 块冬残奥会金牌。冬奥会后,该中心除用于中国国家队的训练外,还成为旅游景点。

冬季两项不仅要求运动员对两项运动都具有较高的熟练度,更要求运动员在由动转静、由静转动的节奏变化的瞬间掌控两种运动。它充满激情,也颇具观赏性,因此,在该项目的解说中,应多关注选手在比赛过程中所运用的技巧和展现的效果。在比赛开始前,解说员要向观众分别进行滑雪和射击项目特点的介绍,由于比赛各分项的比赛距离、出发方式等各不相同,因此需要进行详细说明。在比赛过程中,解说员要注重赛况分析,穿插选手信息和项目背景等,要注意实时追踪赛场变化,并及时向观众反馈。

二、冬季两项比赛发展简史

冬季两项起源于18世纪的斯堪的纳维亚半岛。据记载,这一项目可追溯到古代的滑雪狩猎。在挪威、瑞典等北欧国家的一些4,000年前的石刻品中,刻有两人足蹬雪板、手持棍棒在雪地中追捕动物的情景,这被认为是冬季两项运动的远古形态。

中世纪,欧洲的军事体系引入了滑雪。随着热兵器时代的来临,滑雪射击技能成为北欧高寒地区国家军队训练的一项重要内容。据记载,1767年挪威举办了最早的滑雪射击比赛。世界最早的滑雪射击俱乐部于1861年在挪威特吕西尔创立。挪威军队于1912年在奥斯陆组织了一场以"为了战争日"为名的滑雪射击赛。后来,滑雪射击赛逐渐在欧美各国家开展,成为一种体育运动项目。

从首届冬奥会起,滑雪射击项目以表演项目的形式出现在1924年、1928年、1936年和1948年冬奥会上。由于第二次世界大战所导致的战后敏感心理,这一运动从1952年起在冬奥会的舞台上消失。1960年,男子20公里冬季两项个人赛重新回归冬奥会并成为比赛项目,在这一届冬奥会上正式出现现代冬季两项的名称。1968年,冬季两项这一大项中加入了男子四人接力;1980年,加入男子追逐赛。女选手第一次参加世界性冬季两项比赛是在1984年冬季两项世界锦标赛上。1992年冬季两项女子项目正式进入阿尔贝维尔冬奥会。2006年,都灵冬奥会首次出现男子15公里集体出发赛和女子12.5公里集体出发赛。男女混合接力赛于2014年进入索契冬奥会。

目前,挪威、德国、法国、瑞典等国在冬奥会冬季两项运动中居于世界领先地位,其中德国运动员在2018年平昌冬奥会冬季两项赛事中取得了3块金牌。

1960年,解放军滑雪队在我国率先开展冬季两项运动。1980年,中国运动员首次参加第13届冬奥会冬季两项比赛。

三、冬季两项器材装备

（一）滑雪装备

冬季两项的滑雪服和滑雪鞋等装备均与越野滑雪相同。滑雪板的最小长度为运动员身高减去 4 厘米。尾部最高点距地面不得超过 3 厘米，重量每副不得少于 750 克。滑雪杖重量及形状不限，长度不得超过个人身高。

（二）射击装备

运动员在滑行时须全程背着步枪，背负时枪口向上且不可装有子弹，只能在进入射击位置后装上子弹。

冬季两项比赛用步枪一般比夏季奥运会步枪项目 66 厘米—71 厘米的步枪短，便于背负携行。

与夏季奥运会射击项目使用的单发装填步枪不同，冬季两项使用的运动步枪有弹仓，运动员每次最多可装填 5 枚子弹。

冬季两项使用的运动步枪是栓动步枪，按照规则可以使用旋转后拉式枪机，但为了快速射击，现在多使用直拉式枪机或者肘节式枪机。操作冬季两项专用步枪直拉式枪机，仅用手指前后拨动就可退壳、上膛。肘节式枪机向后拉动拉机柄时会带动一个类似手肘的机构运动，驱动枪机开闭锁。

步枪的重量需高于 3.5 千克，口径为 5.6 毫米。射击时可以使用单眼眼罩。步枪的口径不可大于 8 毫米，不可以使用自动步枪，不可安装光学瞄准镜。枪口初速最大值为 380 米/秒。

四、冬季两项比赛各项目简介

冬奥会冬季两项比赛项目共分为 5 项，主要是个人赛、短距离赛、追逐赛、集体出发赛和接力赛。每一项的区别主要在于：第一，比赛的距离不同；第二，出发间隔的方式不同；第三，参赛人数不同。

（一）个人赛

1. 项目概述

个人赛是最早出现的冬季两项项目。参考国际冬季两项联盟的基本介绍，个人赛比赛距离为男子20公里,女子15公里。出发方式为分别出发,每名选手出发间隔为30秒或1分钟。4次射击顺序为卧射、立射、卧射、立射。男子比赛每次射击间距为4公里,4次射击分别在4公里、8公里、12公里、16公里处,赛道总爬升高度为600—800米。女子比赛每次射击间距为3公里,4次射击分别在3公里、6公里、9公里、12公里处,赛道总落差高度为400—600米。

2. 竞赛方法

在比赛过程中,选手需要绕行赛道5圈,进行4次射击,每次射击各5个目标,每当一个目标未被击中时,选手的总时间便会被加上一个固定的时间值,罚时通常为1分钟。个人赛采用个别选手计时。选手到达射击区时可以自由选择射击道,但一般都会依照到达射击区的顺序排列,最先到达射击区的选手会在第一射击道,以此类推。最终完成比赛时间最短者获胜。

个人赛中,惩罚相对其他项目更重,其他项目的绕行150米惩罚赛道一般一圈只须花费21至26秒,而个人赛中脱靶罚时为1分钟,因此,在个人赛中,射击准确度是相当重要的。

(二)短距离赛

1. 项目概述

参考国际冬季两项联盟的基本介绍,短距离比赛的距离为男子10公里,女子7.5公里。出发方式为分别出发,每名选手出发间隔为30秒或1分钟。两次射击顺序为卧射、立射。男子比赛每次射击间距为3.3公里,两次射击分别在3公里和7公里处,赛道总爬升高度为300—450米。女子比赛每次射击间距为2.5公里,两次射击分别在2.5公里和5公里处,赛道总爬升高度为200—300米。

2. 竞赛方法

在比赛过程中,选手需绕行赛道3圈,进行两次射击,每次各5个目标,每当一个目标未被击中时,选手须在射击结束后在150米长的惩罚赛道滑行1圈才能继续比赛。和个人赛相同,短距离赛也是采用个别选手计时,射击道选择与个人赛相同。时间最短者获胜。

短距离赛由于距离较短,又只有两次射击,滑雪速度显得相对重要。

（三）追逐赛

1. 项目概述

比赛距离为男子 12.5 公里，女子 10 公里。在短距离赛中排名前 60 名的选手将获得参加追逐赛的资格。在追逐赛中，选手的出发顺序由短距离赛的排名决定，选手的出发间隔也根据他们在短距离赛中的成绩决定。追逐赛以前一次短距离比赛的成绩为基准进行换算，第一名的选手最早出发，其余的选手则根据与第一名选手的时间差距以秒为单位四舍五入，得到的时间即与第一名选手出发时间的间隔。4 次射击顺序为卧射、卧射、立射、立射。男子比赛每次射击间距为 2.5 公里，4 次射击分别在 2.5 公里、5 公里、7.5 公里、10 公里处，赛道总爬升高度为 350—500 米；女子比赛每次射击间距 2 公里，4 次射击分别在 2 公里、4 公里、6 公里、8 公里处，赛道总爬升高度为 200—400 米。

2. 竞赛方法

在比赛过程中，选手需要绕行赛道 5 圈，进行 4 次射击，每次各 5 个目标。脱靶处罚规则与短距离赛相同。射击道选择与个人赛相同。到达终点用时最少者获胜。

（四）集体出发赛

1. 项目概述

参考国际冬季两项联盟的基本介绍，集体出发赛的距离为男子 15 公里，女子 12.5 公里。出发方式为同时出发，4 次射击顺序分别为卧射、卧射、立射、立射。男子比赛每次射击距离间距为 3 公里，每次分别在 3 公里、6 公里、9 公里、12 公里处，赛道总爬升高度为 400—600 米，女子射击距离间距为 2.5 公里，每次分别为 2.5 公里、5 公里、7.5 公里、10 公里处，赛道总爬升高度为 150—250 米。

2. 竞赛方法

选手在竞赛过程中需要绕行赛道 5 圈，进行 4 次射击，每次各 5 个目标，每当一个目标未被击中，选手在射击结束后需要在 150 米长的惩罚赛道滑行一圈才能继续比赛。集体出发赛是选手一起出发，选手在一个广大的出发区依背号横向排列，通常一横列为 10 个人。在进行第一次射击时，选手需要在与自己背号相同的射击道射击。之后的射击则依照到达射击区的顺序排列。最终率先到达终点者获胜。

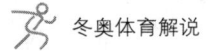

集体出发赛被追过一圈的选手也需要在下一次射击前退出比赛。

(五)接力赛

1. 项目概述

参考国际冬季两项联盟的基本介绍,集体出发赛以接力方式进行,男子每人滑行 7.5 公里,女子每人滑行 6 公里,每队共 4 位选手。比赛中每队第一名,选手同时出发。两次射击的顺序为卧射、立射。男子比赛每人每次射击间距为 2.5 公里,两次射击分别在 2.5 公里、5 公里处,赛道总爬升高度为 200—300 米。女子比赛每人每次射击间距为 2 公里,两次射击分别在 2 公里、4 公里处,赛道总爬升高度为 150—250 米。

2. 竞赛方法

在比赛过程中,每人需要绕行赛道 3 圈,进行两次射击,每次各 5 个目标。在接力赛中选手每次射击有 5 颗子弹和 3 颗备用弹,在 5 颗子弹使用完后若有目标未命中可以使用备用弹射击,但备用弹需要逐一手动装填,每射击一次就要装填一次。若在 8 颗内命中 5 个目标则不须绕行惩罚赛道。若有目标未命中,运动员则需要在 150 米长的赛道中滑行惩罚的圈数才能继续比赛。与集体出发赛相同,每队第一位选手须在第一次射击时在与自己背号相同的射击道射击。最后用时最短的队伍获胜。

(六)混合接力赛

冬季两项混合接力赛是较新出现的项目,同样以接力方式进行,第一、二位选手为女性,每人滑行 6 公里,第三、四位选手为男性,每人滑行 7.5 公里。其余的规则与接力赛相同。

五、冬季两项技术分类

(一)滑雪技术

滑雪技术已在第六章第二节越野滑雪部分进行介绍,此节不再赘述。

（二）射击技术

1.适时调整射击前的心率

冬季两项的训练场地和比赛场地各不相同，选手可以根据不同的场地，观察进入射击场前的坡度情况，大多数运动员都是在接近射击场时降低滑行速度，主动加大呼吸深度，慢慢吸进，然后呼出，使呼吸平稳下来，心率降到140—150次/分钟开始射击。另外，运动员也可以根据自己的实际情况，采用全程85%—90%的力量滑行，以适应射击的需要。

2.姿势调整

运动员依据射击技术的规范动作要求，在落位后迅速完成击发预备姿势和动作。射击姿势分为卧姿射击和立姿射击。

卧姿时要注意呼吸节奏的调节，使身体各部分骨骼形成一个稳定的一体化刚性结构来保持发射差角的高度一致。

运动员在立姿射击时，支撑臂应当收到枪的下方，肘部抵住胸腔，控制呼吸。

3.呼吸调整

选择适合自己的呼吸习惯。选手在射击前和射击中可根据自己的呼吸习惯调整屏住呼吸的时间长短，一般的呼吸技术方法是吸气时可放开口做深、快的吸气动作，呼气时可做小口慢、稳的呼气动作。

4.注意合理的运枪技术

在动作准备程序上，运动员要坚持预压动作在前、瞄准动作在后，运枪射击动作平稳的技术要求。

5.突出做好瞄扣配合训练

瞄扣配合是射击中最关键的动作，要加强瞄扣技术环节的基本功训练，瞄扣技术是冬季两项射击的关键环节，体现在动作的自信性和果断性。因此，扳机预压要确实，扳机扣响应均匀用力，食指快速回位。

六、冬季两项比赛解说案例

冬季两项的解说环节，需要注意多方面的要点。首先，解说员要给观众讲解比赛的主要规则及历史,让观众能够对背景有足够的了解,应注意把控内容,使其简略得当,要对个别国家的名将进行重点介绍,例如运动员的背景、成就等,让观众能够有一个关注重点,同时在讲解时要注意信息传播的准确性、简洁性。其次,冬季两项主要以"滑"与"射"为主,解说员在解说时需要掌握相应的滑雪技巧和射击技巧知识。主要有以下几个注意事项:第一,在个人短距离竞速比赛中,主要侧重于第一轮的卧姿射击,运动员如若脱靶就会导致加罚,这对于整场比赛的得分是极其不利的。准备时间短、射击间隔短、射击连贯命中率高,这是高水平射击的要求。在短距离竞速赛中,运动员心率的调整也是至关重要的,因此,解说员不仅要介绍好射击技巧,也要点明运动员心率的迅速调整。第二,在个人追逐赛中,对于速滑的要求更加高,运动员要在依次出发后做到拉大彼此之间的距离,解说员要注意生动描述追逐赛,将滑雪的技巧介绍给观众。同时,对于关键的赛点解说员要着重描述,在冬季两项的比赛中每一个环节都可能出现反转,尤其是在越野滑雪后的射击中,往往前期占据优势并不意味着整场占据优势,如若脱靶过多也会导致比赛落后。解说员要将赛事生动地描述出来,在镜头切换时要衔接好,自然、从容地将比赛介绍给观众。最后,解说员的节奏和用语也要有一定的要求,解说时需要注意自己的情绪调动和语调的运用,尽量避免过多的专业术语,多使用通俗易懂的语言。

下面我们以中央广播电视总台解说员邵圣懿在2018年平昌冬奥会冬季两项混合接力比赛决赛中的解说为案例①,以供大家参考学习:

中央电视台,中央电视台,观众朋友大家好,我们现在是在韩国的平昌为您介绍2018年平昌冬奥会的精彩赛事,接下来我们将会看到的是冬季两项男女混合接力的比赛。这个比赛是20支队伍来参赛,分别是两名女子选手各滑6公里,两名男子选手各滑7.5公里。比赛马上就要发枪了。比赛发枪!您现在看到的平昌冬奥会冬季两项男女混合接力比赛已经开始了。在第一排出发的是3支实力最强的队伍,挪威、意大利和德国。德国在本届冬奥会上已经拿到了3块冬季两项个人项目的金牌,其中两名选手拿到了3块金牌,挪威拿了一块金牌,而意大利虽然还没有金牌入账,但是他们的实力也非常强。这个出发排位是根据现在这些队伍在接力这个项目当中世界杯的积分排名来定的。20支队伍分成7排出发,每排3支队伍,最后一排是两支队伍。这

---

① 冬季两项 混合接力决赛[EB/OL]. (2018-02-20) [2023-01-03]. http://2018.cctv.com/2018/02/20/VIDERQ4BFhPjdC1usyv2GWQw180220.shtml.

个冬季两项的比赛,实际上我们有些观众观看过的话,应该对它基本有一个概念,那就是越野滑雪加上射击。所谓冬季两项,就是越野滑雪和射击两项的结合,所以大家可以看到选手蹬着雪板来进行越野滑雪,但同时背上都背着一杆小口径的自动步枪。这个比赛的枪重量是在4公斤左右……女子选手的这个赛道单圈是2公里,男子选手赛道略有不同,单圈2.5公里,所以实际上不管是男女选手都是各滑3圈,那么在滑3圈的过程当中有4次射击。射击的顺序是一样的,两卧两立,先是两次卧姿(射击),然后是两次立姿(射击)。冬季两项的混合接力是这个大项当中非常年轻的一个项目,它是4年前在索契才第1次进入冬奥会的正式比赛。4年前在索契是挪威队拿到了这个项目的冠军,而捷克拿到了银牌,意大利是铜牌得主。在第一棒,现在在0.9公里的计时点,德国选手辛茨是处在第一的位置,但挪威队(选手)和她并驾齐驱。挪威队第一棒是奥尔斯布,挪威队仍然是今天晚上实力最强、最有希望冲击金牌的一支队伍。这支队伍的4名选手,个人能力都很强,都曾经在个人项目拿过冬奥会的奖牌,这个实力就非常强了。

挪威队4年前在索契夺冠的时候,有他们的老将,也是冬奥会六朝元老比约达伦来压阵。比约达伦也是冬奥会或者说冬季两项这个项目的传奇,个人参加过6届冬奥会,拿了8块冬奥会的冬季两项金牌,13块奖牌。有比约达伦在4年前的索契压阵,挪威队无人能敌。4年之后,现在实际上有很多队伍可以对挪威队发起挑战,包括德国、法国、意大利都是有机会,所以今天这个比赛,实际上还是有很大的看点,有很大的悬念。

刚才说了挪威队4名选手都有个人的冬奥会的奖牌入账,像现在滑第一棒的奥尔斯布,她在本届冬奥会上拿到冬季两项女子7.5公里短距离的银牌,挪威队的强是强在一个团体实力里。现在奥尔斯布上来了,应该是超到了第一的位置。现在选手马上就要进入第一次射击。现场的观众席就设在这个射击位附近,所以观众对这个环节的热情是非常高涨的,射击实际上是冬季两项最刺激最好看的一个环节。这个混合接力的比赛也是一样,脱一靶的话是罚一圈,150米的惩罚圈来滑一圈……滑150米的惩罚圈,基本上就相当于耽误20秒钟,所以你要脱一靶,相当于你要多花20秒,这个成绩就要比别人慢20秒钟,这是非常大的一个挑战。好,选手现在进入第1次射击了,选手要迅速调整心率,第1次射击是卧姿射击,我们之前给您介绍过冬季两项运动员,有一项超人的能力,就是快速地调整心率,在越野滑雪的时候他的心率是180跳、190跳,但是进入射击位的时候,他们要在半分钟的时间里,马上把心率降到每分钟120,通过快速的积极的呼吸调整(来达成),这是非常非常难的,因为你必须把心率调整下来,你才可能去打准……

哦！挪威队奥尔斯布脱两靶。维托齐是意大利的名将,看看她脱了几靶,她好像出了点问题,她这个枪打得非常慢。哦,意大利队第1个射击轮次是没有脱靶的,这个表现很好。挪威队出师不利,奥尔斯布脱了两靶,这次一下子就耽误将近40秒钟。意大利的维托齐23岁,虽然年轻,但是她4年前实际上就已经参加了冬奥会,也是意大利队的一个经验比较丰富的队员。她现在处在第一的位置,因为她第一个射击轮次是没有脱靶,法国队也是5枪全中,德国队同样5枪全中,哈萨克斯坦也是5枪全部命中。所以,实际上冬季两项好看就好看在你看越野滑雪的时候,感觉似乎能够分出谁先谁后,但是一到射击位的时候,这个排名可能产生很大的变化,5发打完之后马上就产生变化。挪威队的奥尔斯布,经验丰富的队员,居然上来之后先脱两靶,罚300米,两圈。大家可以看到这个靶,实际上是两个大小靶,这是什么意思呢?因为它分站姿射击和卧姿射击,卧姿射击打中间那个小靶,它是一个直径4.5厘米的环。那么站姿射击因为它的稳定性本身就差,所以它打一个直径11.5厘米的大环……

在长达1小时13分钟的冬季两项混合接力比赛决赛中,解说员向我们呈现了决赛的实际状况,让每一位观众都感受到了冬季两项混合接力比赛的激烈与多变。解说员多次提到冬季两项最大的看点在于它的多变性,这就意味着每一个轮次都有可能改变赛事排名。在每一次排名发生变化时,解说员都会向观众说明。其中射击的环节最考验运动员的心理调节能力,要求运动员在最短的时间调整心率,解说员用惟妙惟肖的语言将运动员的动作技巧详细地讲解给观众。在解说过程中,解说员不免有许多的语气词如"哦""啊""喔",而从中不难看到解说员的情绪是随着比赛的发展而变化的,在某位被看好的运动员发挥失误时,解说员也会表现出惋惜的语气:"喔!挪威队奥尔斯布脱两靶。"这样的处理一方面可以拉近观众与比赛的距离,另一方面也使比赛更加具有趣味性。当然,在解说过程中,解说员也存在脱靶原因分析不清晰、口语化过度等问题。

第七节　北欧两项解说

一、北欧两项比赛解说概述

北欧两项(Nordic Combined)起源于北欧,由越野滑雪和跳台滑雪组成,在挪威、瑞典流传很长时间,成为北欧的传统项目,故又称"北欧全能"。北欧两项自1924年第一届冬奥会以来,即被列入正式的运动比赛项目。跳台滑雪需要运动员胆大、技术好,而越野滑雪则需要很强的体力,由于要进行这两项比赛,因此"北欧两项"也是滑雪比赛中难度最大的一项。冬奥会现设两个个人项目和一个团体项目,分别是男子个人标准台+10公里越野滑雪、男子个人大跳台+10公里越野滑雪、男子团体大跳台+4×5公里越野滑雪。

北欧两项比赛场地由跳台滑雪标准台、跳台滑雪大跳台及越野滑雪2.5公里场地组成。北京冬奥会标准台从台端到K点的距离为95米,大跳台从台端到K点的距离为125米。承担北京冬奥会北欧两项比赛的场地为张家口赛区的国家跳台滑雪中心和国家越野滑雪中心。国家跳台滑雪中心是我国首座符合国际标准的跳台滑雪场地,也是张家口赛区冬奥会场馆群建设中工程量最大、技术难度最高的竞赛场馆。国家越野滑雪中心由西向东依次为场馆运营综合区、运动员综合区、场馆技术楼、场馆媒体中心和转播综合区。其中,赛道总长9.7公里,分为东侧山谷的竞赛赛道和南侧山谷的训练赛道。

北欧两项滑雪运动由于观赏性较高、技巧性较强、竞技激烈,成为人们关注的焦点。在该项目的解说中,同样应注重对选手的技巧进行解析。比赛开始前,解说员应介绍项目特点、场地情况和以往冠军选手的表现等。解说员在解说跳台滑雪和越野滑雪时侧重点略有不同,因为跳台滑雪受环境影响较大,在跳台滑雪部分要注重时机,选手出场时要介绍选手信息和实时环境情况;选手开始滑行后,解说员进行动作分析,例如助滑、起跳、空中飞行、着陆这4个技术动作的打分和之后的赛况描述;选手到达停止区后,解说员进行简短点评。而越野滑雪部分,由于比赛距离较长,解说员要注重赛况分析,穿插选手信息和项目介绍等,要注意实时追踪赛场变化,及时向观众反馈。

二、北欧两项比赛发展简史

(一)世界北欧两项发展史

北欧斯堪的纳维亚半岛地区冬季雪多,适于开展滑雪运动,但因缺乏阿尔卑斯山脉那样的高山,高山滑雪不够普及,而越野滑雪和跳台滑雪却得到较好的开展。于是,既要求越野滑得快,又要求跳台跳得远的北欧两项比赛项目出现了。这个项目是北欧几个国家的体育强项。

19世纪中期,北欧两项运动首先出现在挪威,到20世纪初才成为挪威的全国性比赛项目。1924年第1届冬奥会即将北欧两项列为比赛项目。1988年第15届冬奥会开始设团体项目,2002年盐湖城冬奥会上新增了个人追逐(竞速)赛。北欧两项在奥运会及世界杯等国际大赛中一般设3个项目,即个人单项赛、个人追逐赛、4人团体赛。目前,该项目只设男子组比赛,将来在奥运会以及国际大赛的赛场上我们可能会看到女运动员的身影。

北欧两项的跳台滑雪,最初在奥运会比赛中为K70米级跳台,由于1992年跳台滑雪项目将K70米级跳台改为K90米级,1992年后北欧两项的跳台滑雪比赛也变为K90米级跳台。经大会组委会同意,北欧两项的跳台滑雪也可以在K120米级跳台上进行。

北欧两项的越野滑雪距离原为18公里,1956年改为15公里,个人追逐赛在2002年被定为短距离比赛,一般为7.5公里的比赛。

挪威是这一项目的传统强国,到目前为止在国际大赛中的奖牌总数和金牌总数均列首位。其中1924、1928、1932和1936年冬奥会中,挪威连续多届包揽全部个人比赛的奖牌。2022年北京冬奥会上,挪威更是取得了个人项目和团体项目两金两银的优异成绩。20世纪末期,欧洲的芬兰、德国、奥地利等国以及亚洲的日本都已成为北欧两项的强国,在1994—2002年3届冬奥会中,芬兰队、德国队、奥地利队、日本队都取得过前3名的好成绩。在北京冬奥会中,德国队、日本队和奥地利队均获得了奖牌。

(二)中国北欧两项发展史

2009年哈尔滨世界大学生冬季运动会,中国选手首次参加北欧两项比赛,在北欧两项团体赛(K90米跳台滑雪和3×5公里越野滑雪)中排名第7位。中国选手孙建平、李超和杨光在跳台滑雪和越野比赛中均名列第7。随后的2010年和2014年冬奥会,均未有中国选手参加。

2016年6月,国家体育总局出台《备战2022年冬奥会项目布局实施方案》。同年9月21日,国家体育总局冬季运动管理中心与黑龙江省体育局签署《共建国家北欧两项队合作协议》,北欧两项国家队作为第一支落实签约的共建队伍,着手进行队伍组建和集训工作,最终于2018年组建完成,开始积极备战2022年北京冬奥会。2021年11月26日,在俄罗斯下塔吉尔举行的国际雪联北欧两项洲际杯比赛中,北欧两项国家队运动员赵嘉文参加男子个人标准台+10公里越野滑雪项目并位列第22名,我国从而首获北欧两项冬奥会参赛资格,填补中国队在冬奥会北欧两项参赛史上的空白。2022年2月,赵嘉文站上北欧两项的奥运赛场,在跳台滑雪部分获得59分位列第42名,而后在越野滑雪部分最终以33分29秒8完成比赛,最终排在第43名。我国国家队的6名运动员大多为越野滑雪运动员转型,跳台基础为零,尽管成绩距离世界一流水准仍有差距,但对于起步较晚的中国北欧两项队来说,赵嘉文通过短短3年的训练站上奥运赛场已经是突破。

三、北欧两项各项目简介

冬奥会目前只开设北欧两项的男子项目,分为3个小项:男子个人标准台+10公里越野滑雪、男子个人大跳台+10公里越野滑雪、男子团体大跳台+4×5公里越野滑雪。个人标准台和个人大跳台每个国家和地区限报6人,团体限报1个队。北欧两项先进行跳台滑雪的比赛,再进行越野滑雪的比赛,中间间隔1到3小时,以利于运动员恢复。跳台滑雪比赛的分数决定运动员越野滑雪比赛出发顺序和间隔时间,而越野滑雪采用自由技术进行滑行。

(一)男子个人标准台+10公里越野滑雪

1. 项目概述

跳台滑雪比赛中的跳台由助滑坡、着陆坡、停止区组成。标准台台高必须在85—109米之间,滑雪者两脚各绑一块专用的雪板,板长2.3—2.7米,宽11.5厘米,板底有3—5条方向槽。运动员在出场时,要注意风速指示灯,当指示灯为黄灯或红灯时,说明风速较大不利于比赛,为保证运动员安全,当指示灯变为绿灯时开始比赛,运动员不用雪杖,不借助任何外力,以自身体重从起滑台起滑,经助滑道获得高速度,于台端飞后,身体前倾和滑雪板成锐角,两臂紧贴体侧,沿自然抛物线在空中滑翔,在着陆坡着陆后继续自然滑行到停止区。裁判根据从台端到着陆坡的飞行距离和动作姿势评分。根据甘德森规则,跳台滑雪成绩决定越野滑雪的出场次序。甘德森规则是将运动员跳台滑雪的各项积分转化为最后得分进行排名,得分最高者最先开始越野滑雪比赛,最终成绩与第一名每少1分就会晚4秒出发,也就是最终成绩比得分最高者少15分则会晚出发整整1分钟。每个运动员胸前的数字代表着出发的次序,虽然运动员不同时出发,但最终以最先到达终点者为冠军。

越野滑雪的比赛距离为10公里。比赛线路应平坦、宽阔,其中上坡、下坡和平地

图 6-39 2018 年平昌冬奥会北欧两项男子个人标准台+10 公里越野滑雪比赛现场（图片来自搜狐网）

各占 1/3。在条件允许的情况下,比赛场地应设计穿过森林的线路。为保证运动员生命安全,线路宽度应保证达到 4 至 5 米,雪面要经过捣固、踏压等处理来保证雪质,厚度至少为 30 厘米,下坡线路不宜由急转弯和陡坡构成,以确保运动员安全通过。越野滑雪(图 6-39)与跳台滑雪穿着装备不同,运动员需在两项比赛间隔的时间内进行更换。

2. 竞赛方法

（1）跳台滑雪部分

运动员先进行跳台滑雪,每位运动员有一次试跳机会和一次正式比赛机会。按照国际雪联的积分以倒序起跳,即积分最低者最先出场,积分最高者最后出场。评分以姿势分和距离分为基础,跳台滑雪在户外开展,因此还需考虑助滑距离加减分和风速加分,这 4 大块构成运动员的整体得分。

在姿势分方面,跳台滑雪选手两腿弯曲,胸部前倾靠近大腿以减小空气阻力,选手在起跳前的时速可达到 90 千米/小时。选手身体向前伸展,这种姿势决定了最终的跳跃距离。选手在空中将身体放平靠近雪板,双手自然向后,雪板呈 V 字形,选手在空中飞行时距离坡面的高度不超过 6 米。5 位裁判会根据上述过程,对运动员由开始起动至落地时的准确性、完美性、稳定性和整体性作出严格的评分(由 0 分到 20 分),并把最佳和最差的成绩去掉,将剩下的 3 个分数相加起来,最高的限额分为 60 分。

在距离分方面,跳起的选手落在标记区内,两腿轻微弯曲。滑行距离到达 K 点时获得 60 分。K 点即最佳落地点位,标准台 K 点一般在 75 至 99 米。运动员滑行距离超过或不足 K 点时,则会将相距 K 点的距离乘以每米分值(1 米 2 分),从原来得分中相加或扣减。

在助滑加减分方面,同样是采用 1 米换算为两分的换算方式,助滑距离远会相应减分,助滑距离近会给予一定的"分数补贴"。

比赛时顺风和逆风两种情况也会影响运动员的表现,在跳台滑雪中逆风起跳比较有利,运动员会获得比较良好的起跳角度和空气支持,顺风相对不利于空中滑行,为保证公平,根据风速风向不同,得分上有所调整。

(2)越野滑雪部分

在越野滑雪开始之前,根据甘德森规则决定越野滑雪的出发次序,运动员不等序出发,这也使得北欧两项的比赛更加公平,同时也大大减少了在运动员之间发生冲撞的可能。越野滑雪一般的比赛场地一圈的距离为2.5公里,最先滑够4圈即为获胜。北欧两项这一项目,跳台滑雪是基础,越野滑雪是决胜的关键。

(二)男子个人大跳台+10公里越野滑雪

1. 项目概述

在个人大跳台方面,形式类似个人赛标准台,只是运动员要在大于110米台高的跳台上进行跳台滑雪。K点的距离与标准台也有所不同,大跳台比赛中跳台到K点的距离必须大于100米。

这个项目的越野滑雪(图6-40)部分与上一小项完全一致。

图6-40 中国选手赵嘉文(左)在北京冬奥会北欧两项男子个人赛越野滑雪比赛中(图片来自新华社)

2. 竞赛方法

该项目与跳台滑雪个人标准台+10公里越野滑雪赛的区别在于跳台滑雪的台高不同,大跳台台高更高导致K点的距离相应更远,解说员要掌握好跳台到K点距离的变化,其他比赛规则详见上一小项。

(三)男子团体大跳台+4×5公里越野滑雪

1. 项目概述

团体赛每支代表队要出4名优秀运动员参赛,首先进行大跳台的比赛,同样依据甘德森规则,4个人的总积分转化成时间差,之后按照时间差依次出发完成4×5公里越野滑雪的比赛。

该项目是接力赛,依出场顺序分别佩戴红、绿、黄、蓝四色号码布,并且在比赛时间内不得更改。大跳台比赛中每队的第一棒运动员先起跳,第一棒运动员跳台滑雪全部结束后开始第二棒的起跳,直至四棒全部结束。在越野滑雪(图6-41)中,同样是按照棒序依次滑行。

图6-41 中国队选手范海斌(右)在北京冬奥会北欧两项团体赛越野滑雪比赛中冲线(图片来自新华社)

2. 竞赛方法

团体赛的跳台滑雪出场顺序与个人赛类似,按照国际雪联积分的倒序,总积分最低的队伍先起跳。同样是根据距离分、姿势分、助滑距离加减分和风速加分等方面进行评分。得分最高的队伍在越野滑雪的比赛中先开始比赛。与个人赛不同的是,团体赛分数与秒数的换算变为1分=1.333秒,也就是与得分最高的队伍少1分就会晚出发1.333秒,这也是考虑到4个人累计得分的分差会比较大,换算标准的改变使该项目更具竞争性。最后一棒率先到达终点的队伍为获胜队伍。

(四)北欧两项女子比赛

北欧两项作为只开设男子项目的比赛,在近几年的一些国际重大赛事中也进行了开设女子项目的尝试。作为奥运项目的实验室,2020年冬青奥会设置北欧两项女子个人赛,充分体现了男女平等的原则。女子比赛的越野滑雪距离较短,2020年冬青奥会的比赛项目为跳台滑雪标准台+4公里越野滑雪,2021年世锦赛的比赛项目为跳台滑雪标准台+5公里越野滑雪。具体规则与男子个人赛相似。

四、北欧两项基本技术分类

北欧两项比赛由跳台滑雪和越野滑雪组合而成,该项目中的跳台滑雪基本技术与跳台滑雪比赛的技术一致,可参照本章第四节的介绍。北欧两项中越野滑雪采取自由式滑雪技术进行比赛,可参照本章第二节的介绍。

五、北欧两项比赛解说案例

北欧两项的解说要求解说员对跳台滑雪和自由式越野滑雪有充分的了解。冰雪项目特别是雪上项目比赛场地受气候、地形等因素影响较大,解说员不仅要了解比赛规则、运动员的信息、项目历史和发展,也应掌握赛场地理环境特点以及动力学常识,才能更加充分地向观众展示北欧两项比赛的精彩之处,使比赛观赏性大大提高。在解说过程中应注意以下方面:首先,应清楚认识跳台滑雪和越野滑雪解说的侧重点略有不同,不能将解说跳台滑雪的思路运用到越野滑雪中,跳台滑雪的节奏相对紧凑,避免出现对运动员个人信息介绍过长,忽略了对其技术动作的专业性点评。同时,跳台滑雪受自然环境影响更大,注意解说实时风向、风速对选手滑行的影响。越野滑雪被称为雪上马拉松,比赛时间较长,解说节奏相对平缓,解说员要注意赛场上的变化,在场上变化较小或没有变化时,补充说明选手信息和介绍适应于不同地形的滑雪技巧以及场地的雪质和地形分布情况。其次,在跳台滑雪比赛中,选手上场前,解说选手信息和指示灯闪烁情况,起跳后分析选手的助滑速度、空中姿态,最后进行短评。选手会有滑行距离和积分两个数值,积分决定排名,在比赛过程中解说员要注意讲解积分的构成。再次,在两项比赛期间,尤其是跳台滑雪比赛中后期和越野滑雪比赛前期,一定要说明,跳台滑雪的积分对越野滑雪出场的顺序和时间有什么影响(甘德森规则),突出北欧两项比赛的公平性。最后,北欧两项作为户外项目,在收音时现场声音比较丰富,解说时要调整好音量,避免解说声音过小,造成收听困难。

本节我们以中央广播电视总台解说员杨健在2018年平昌冬奥会北欧两项男子个人标准台+10公里越野滑雪决赛的比赛解说为案例①,展示北欧两项项目的解说过程。

跳台滑雪项目解说:

中央电视台,观众朋友们,欢迎您收看为您转播的2018年平昌冬奥会的赛事,今天为您带来的是北欧两项第一天的比赛。这是北欧两项的标准台10公里比赛第一天。来自16个国家的48名选手参加这场比赛。北欧两项,顾名思义,是跳台滑雪和越野滑雪的结合,它也是来源于北欧,来源于斯堪的纳维亚半岛,这里有很好的越野滑雪的环境跟传统,另外又是跳台滑雪的发源地。所以把这两项集合在一起,也体现出这个项目确实是一个传统、古老、有几千年内涵的雪上项目。比赛在阿尔卑西亚的雪上中心来进行,这也是跳台滑雪的场地。所有的选手都已经上了跳台,选手们在候场区准备比赛。今天因为之前下雪,而且平昌有大风,所以整个赛事被推迟了半个小时,就是为了保证运动员们的安全。

冬奥会就是这样,它的高山速降、跳台滑雪还有很多的空中技巧的项目确实受到

---

① 北欧两项 跳台滑雪男子标准台[EB/OL].(2018-02-14)[2023-01-03].http://2018.cctv.com/2018/02/14/VIDEWg0d6EedOJry4f3sX5vF180214.shtml. 北欧两项10公里越野滑雪[EB/OL].(2018-02-14)[2023-01-03].http://2018.cctv.com/2018/02/14/VIDEIMp3z39YvTTVOAz9Fd6q180214.shtml.

风的影响,对人的危险系数比较高,都会(根据天气状况)推迟。现在天空转好,比赛马上就要开始。在之前,所有的选手进行了一个试跳轮,运动员按照正式比赛的方式来进行比赛,裁判这个系统也是进行打分,小试牛刀。在试跳轮之后,马上进入的是每人一次的竞技轮,也就是真正的比赛的这样的轮次。

从天气来看,平昌的雪还是在下下停停这样的一个节奏,但现在的天气还是不错的,关键现在的风速也是慢慢地平缓下来,没有那么快的风速,跳台滑雪就是非常怕风的。所有运动员是按照各位的积分的倒序来出场……

第一个出场的是美国队的选手古德,这是美国队的教练在教练席,教练席就是在跳台起跳口旁边的这个位置,运动员和教练可以互相看见对方……本届比赛的创举,也是让选手们在起跳的时候可以看到现在的风向。目前古德的第一跳是逆风出发,这个风向也会影响到运动员最后的风速的加减分。跳台滑雪,我们也已经连续给大家转播了几天了,大家应该从转播当中收到了一些信息跟比赛的一些方式,我们结合着北欧两项的跳台,跟大家可以再去分享一下,因为这个项目是一个完全来源于北欧的项目,它也是有很多的欧洲文化跟欧洲的智慧在里面。那么它的整个计分系统非常地庞杂,你看古德也是被叫停下来,因为风速超标。

这是德国队的准备区,德国队是这个项目的梦之队,他们的名将温泽尔在上届比赛当中获得了冠军,这届比赛他仍然是卫冕而来。风速比较快,比赛一开始就被暂停,每个运动员只有一跳的机会……简单给大家介绍一下比赛的规则,跳台滑雪,它实际上是有一个计算的系统跟公式,分成四大块得分。运动员有他的距离分、空中姿态分、风速加减分和助滑距离加减分。这四大块将构成运动员的整体得分,而在北欧两项当中,运动员最后的跳台滑雪的得分,将会用分数转化成时间……

可以出发了,这是7号选手——来自波兰的塞斯拉尔,这一跳应该距离K点还是有一定距离,这些选手的水平都不足以跳过98米的K点,也就是都在60分得分以下,所以总得分都不是很高。现在大家都是大逆风来起跳,那么风速分最多的减了12分,这边塞斯拉尔这一跳呢,他的逆风还小一些,所以被减了4.8分,也就是说你逆风占便宜是要给你减分的,顺风你吃亏没关系,我有系统给你加分。现在这个起跳选手也是逆风起跳,所以他一定会减分,在这个情况中,既然我占便宜,我就跳得距离很远,我在距离上把得分加回来。果然,这是第8位起跳的波索特,他这一跳应该接近K点。这是95.8 分……这个分数一会儿还是要换成时间,大家可以看到这个系统非常复杂……

第37位出场的是芬兰的选手赫诺拉,在110米这样的极限状态,非常完美的一跳,落地也非常稳定,97米,应该是砸在了K点线这样的位置上。德国选手格格尔出场,现在改成顺风了,那后面出场的选手的难度就越来越大了。现在逆风顺风在不断地变,运动员滑起来确实是风向多变。现在比较危险,在起跳过程中容易被掀翻,所以要停下来。来看格格尔的这一跳……

越野滑雪项目解说：

今天为您转播的是北欧两项的角逐,大家看到的这是北欧两项个人标准台10公里越野滑雪的决胜赛。选手们在一个半小时前完成了跳台的决胜,马上进入10公里的争夺当中。这个项目实际上就是越野滑雪加跳台滑雪,这是源于北欧的一个项目,所以它叫北欧两项。那么,这个比赛也是在冬奥会当中非常有传统的一个项目,每个人有一次跳台机会,跳台的远度、空中姿态、风速,包括起跳助滑长度的总积分,核算成时间。现在排名第一的是奥地利的选手里赫尔,他是在跳台比赛当中跳到了112米的距离,获得了130.6的得分,这个得分通过复杂的系统的体系运算,换成时间差,也就是非常简单1分等于4秒,1分钟等于15分。

现在里赫尔出发之后,排在他第2位出发的是挪威的选手比贝尔,比贝尔落后15秒,他在跳台比赛当中输给了里赫尔3.7分。选手们是按照时间差依次出发,谁先到达终点谁是冠军,在2.5公里一圈的越野滑雪自由式赛道上来完成决胜。第3位出发的是日本名将、上届这个单项的银牌获得者渡部晓斗,在今天的跳台比赛当中,他的发挥也是非常稳定,他落后28秒来出发。第4位是奥地利名将克拉菲尔,第5位出发的是上届冠军德国名将弗伦泽尔,这是他的第3届冬奥会。第6位出发的是来自芬兰的海沃宁,海沃宁也是一个很年轻的选手,今年只有20岁,他落后50秒出发。排在第7位出发的是挪威选手安德森,选手们按照自己在跳台当中的得分换到时间差,依次出发去追逐前面领先的选手里赫尔,冲击更好名次。第8位出发的是渡部晓斗的弟弟、比他小4岁的渡部一人,排在第8位,日本队在这个单项当中很有实力,他们4人满额参赛,而且在出发的方阵当中都是排在前15位,他们的跳台能力确实非常有优势……这个比赛应该是非常激烈,那么如果你的跳台得分分差超过10分以上,大家知道1分就等于4秒钟,10公里越野滑雪对于这个单项来讲实际上它的距离并不是很长,它也是很有速度、耐力要求的单项,如果你落后一分多钟出发,除非你的越野滑雪能力超级强大,才有可能逆转乾坤。跳台(滑雪)是整个比赛的基础,而越野滑雪是决胜的关键……

今天的竞争也是非常激烈。在绝对的滑行能力上,确实北欧两项运动员还是稍微有些欠缺,我们看到他们的动作效果包括动作的衔接能力,确实跟专项的越野滑雪运动员有差距,就像我们看全球比赛当中的全能跟专项运动员对比的这个特点,看动作效果跟动作构成,还是能够从观赛上有一些细微的差距。这是在第一圈即将结束之后选手们快速滑降。里赫尔 24 岁,在他身后的比贝尔是 20 岁,都是非常青涩而生猛的年轻人,在比赛当中他们的能力都非常突出。而渡部晓斗是有经验的运动员,今年已经是 30 岁了,他是目前所有领先选手当中经验比较丰富的一位,知道在这样的比赛当中如何来分配体能,但是落后将近 30 秒出发,而这前面两个年轻人确实猛,又先出发,前半程滑得很快,没有留太多的空间,后面几个老将追得很辛苦,像弗雷泽尔、渡部晓斗,追得很辛苦,他们不太清楚前面这两位年轻人到底是一个什么样的滑行状态和能力,能不能用这样快速的状态冲到终点,不太敢按照自己的节奏去控制,但是又不敢追得太凶。因为这样的滑行节奏当中,你在很短的距离想追上这 30 秒的差距,你的后半程、后 5 公里就没法滑了,所以,这是一个心理上的比拼……

这段解说选取了 2018 年平昌冬奥会北欧两项男子个人标准台 + 10 公里越野滑雪决赛的现场解说,杨健翔实的解说带领观众领略这个运动项目的风采。这段解说词涉及了比赛时使用的各种技巧以及对选手和比赛的大致介绍。解说员随着镜头的转换对运动员进行有力的描绘,例如"德国选手格格尔出场,现在改成顺风了,那后面出场的选手的难度就越来越大了。现在逆风顺风在不断地变,运动员滑起来确实是风向多变"。这段话解说员在描述时就将运动员的身体控制描绘得很清晰,内容也与镜头基本一致,我们也能发现,解说员在解说时不仅局限于运动员本身,还加上了风速对比赛的影响和变化,更能使观众感受到运动员在进行比赛时自身对于环境影响下的处理方式。解说员对运动员临场做出的各种反应,也给观众做了简短说明。通过解说员的解说,我们不难发现,解说员不仅具备丰富的专业知识,也会在技术解说的基础上逐渐形成自己的语言特色,"顺风你吃亏没关系,我有系统给你加分","现在这个起跳选手也是逆风起跳,所以他一定会减分。在这个情况中,既然我占便宜,我就跳得距离很远,我在距离上把得分加回来"。这就是解说员在不断的学习和成长中自己摸索出来的语言。自 1924 年被列为冬季奥运会比赛项目开始,北欧两项一直不断地完善规则,在冬奥会比赛项目中地位稳固。解说员在解说时应适当向观众解释北欧两项的评分标准和其与单项比赛的不同之处。

第八节 雪车解说

雪车和雪橇是冬奥会滑行运动的两个大项,其中雪车又分雪车和钢架雪车两种。这三个项目都是借助器械在有许多转弯的狭窄赛道上滑行,以运动员的技能控制平衡,速度是决胜条件。它们使用的赛道相同,运动员服装相似,但在器材和赛制上有较大不同(图6-42、6-43、6-44)。

雪车就像一部敞篷汽车,不仅有底盘,还有方向盘和"车篷",而雪橇和钢架雪车看起来好像只有底盘。

图6-42 雪车

图6-43 雪橇

图6-44 钢架雪车

3个项目的赛制区别是:雪橇比赛开始时,运动员需要坐在雪橇上面,两臂用力向后推撑,接着用戴有防滑手套的两手用力向后拨冰以获得加速度。在完成了出发起跑后,运动员则采用脚在前、头在后的躺姿在雪橇上通过精湛的驾驶技艺完成滑行,比如在弯道的时候需要调整重心和角度,力求以最短的时间过弯,同时保持住速度和下滑的平稳势头。雪车比赛中,运动员采用坐姿。前面的运动员负责操舵,称舵手,通过车内的绳子完成对雪车的掌控;后面的运动员负责制动,称司闸员。钢架雪车中,运动员以站姿开始比赛,通过奔跑约40米距离的方式获得启动速度,之后运动员需要趴在钢架雪车上,用头朝下的姿势从赛道中滑下。滑行中,运动员还须利用身体操控方向,沿弯曲的滑道完成比赛。

这3个项目的相同点在于:首先,3个项目速度都很快,最高超过130公里/小时;其次,3个项目都很危险,一不小心就会"翻车";最后,它们都要求运动员必须具备获得最大初始速度的能力,以及灵活控制肢体维持身体或器械的平衡,以适应速度持续增加的能力。因此,在运动员的选择上,身高更高、跑得更快的运动员更受青睐。

雪橇、雪车、钢架雪车这3个运动项目都追求更快的速度,既需要运动员突破极限,拥有强大的个人能力,又需要团队的通力合作,团结配合。这极好地诠释了奥林匹克新格言"更快、更高、更强——更团结"。

一、雪车比赛解说概述

雪车(Bobsleigh)也被称为"有舵雪橇",是一种集体乘坐,可操纵方向的雪橇在人工道上滑行的运动项目。比赛中,多位选手乘坐在雪车内,利用舵和方向盘控制方向,在人工赛道上进行滑行速度比拼。有舵雪橇由底盘、座舱、滑行器、防护罩、操纵舵以及制动器等部分组成。2022年北京冬奥会雪车项目的比赛在延庆赛区的国家雪车雪橇中心进行。国家雪车雪橇中心位于2022年北京冬奥会延庆赛区的西南侧,距离奥运村1公里。赛场里提供了观众座席2,000个和站席8,000个。赛道全长1,975米,垂直落差超过了121米,由16个角度、倾斜度都不同的弯道组成。2022年冬奥会雪车项目一共设有4个项目,男子四人、男子双人雪车和女子单人、女子双人雪车。其中女子单人雪车为北京冬奥会新增小项,一共产生4枚金牌。

凭借比赛时风驰电掣的速度,雪车一直被认为是赛程刺激的冬季项目之一。雪车对运动员的爆发能力、反应能力、协调平衡能力要求比较高,舵手在雪车高速行驶中要有敏捷的反应能力,使雪车在赛道中平稳安全地滑行,因此,选手的操控能力、反应速度和雪车的高速运行是比赛中的看点。在解说雪车比赛时,解说员除了赛前要对参赛选手、场地等资料进行介绍外,更重要的是在比赛刚开始时对选手的初始速度,以及比赛中依据选手的操控技术和雪车的运行情况做重点解说介绍。整个解说过程比较紧凑,选手速度较快,在有条不紊中及时跟进赛况是关键技巧。

二、雪车比赛发展简史

雪车起源于瑞士,是由无舵雪橇发展而来的,从第一届冬奥会就被列入比赛项目。

1897年，第一个有舵雪橇俱乐部在瑞士的圣莫里茨创立。1923年11月，国际有舵雪橇和平底雪橇联合会在法国巴黎创立。第二年，有舵雪橇被列为冬奥会项目，雪车为4人座。1928年冬奥会雪车改为5人座，到1932年冬奥会雪车又恢复为4人座，并增加了2人座。1930年，国际有舵雪橇和平底雪橇联合会决定开始举办世界有舵雪橇锦标赛。1998年，女子2人座项目加入冬奥会。雪车运动参赛国家不断增多，从最初的欧美国家，到后来的日韩，再到中国，平昌冬奥会还出现了非洲国家——尼日利亚。雪车起初由欧美发达国家主导，现今越来越多的国家参与这个运动；竞赛装备与时俱进，雪车运动同时也在体现着科技的发展。比如2022年北京冬奥会中国打造出高质量、结构优良的山间巨龙般的赛道（雪游龙），赛道质量十分优越，举行了男子双人、男子四人、女子双人项目的比赛。

1983年10月，我国国家体委和中华全国体育总会经请示国务院，决定申请加入国际有舵雪橇和平底雪橇联合会。同年11月，竞赛训练部门起草了《中国雪车协会章程（草案）》，并成立了中国雪车协会。1984年1月26日，中国雪车协会向国际有舵雪橇和平底雪橇联合会提交了入会申请。1984年4月18日，中国雪车协会加入了国际有舵雪橇和平底雪橇联合会。1985年中国组成了雪车队前往日本北海道进行雪车运动的交流。2015年8月，国家体育总局冬季运动管理中心正式开始组建国家雪车集训队。首批22名运动员于2016年1月5日在北京体育大学开始集训，并与同年2月底前往北美正式开启雪车之路。2017—2018赛季，中国雪车队成功获取3个平昌冬奥会资格，有7名运动员进入平昌冬奥会中国体育代表团名单。

截至2022年，雪车运动正式进入中国已经将近6个年头，正在迅速发展。中国雪车第一届全国锦标赛在2017年年底举行，中国运动员成功亮相2018年平昌冬奥会，国家体育总局的各个管理中心也都在积极配合雪车项目的跨项选材，保证了人才输送。2022年北京冬奥会，中国在雪车项目上实现了全项目参赛。其中，怀明明、应清分别在女子单人项目中取得第6名和第9名。两人还分别作为舵手出战双人比赛，拿到第11名和第14名。男子双人项目，孙楷智/吴青泽获得第14名。四人项目，孙楷智、李纯键领衔的两支队伍分列第16名和第17名。

三、雪车项目器材装备

雪车的装备有滑雪服、护肩、护肘、头盔、专用钉靴和雪车。其中护肩、护肘、头盔主要起保护作用，钉靴起防滑作用，雪车是滑行工具。

(一)滑雪服

滑雪服表面光滑且具有高弹性,可大幅度减小滑行过程中的空气阻力。领口采用人体工学设计和防风设计,无束缚感,并且可以减少空气从衣领进入,防止衣物因大量空气进入而鼓起。裤口为双线包边,附加弹力防滑橡筋,防止运动时裤脚上翻,刮伤皮肤。

(二)头盔

运动员的头盔与摩托车头盔相仿,若运动员滑行过程中出现失误或发生危险,头盔可以有效保护头部安全。

(三)滑雪手套

雪车选手所戴的手套需要贴合手掌,掌心有防滑耐磨的皮层,运动员在推车出发过程中可以稳稳地抓牢车体把手。

(四)专用靴

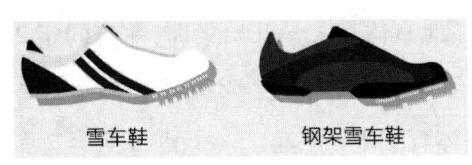

图6-45 雪车鞋与钢架雪车鞋

雪车竞赛中为了防止运动员助滑时在光滑的冰面打滑,在专用靴的底部装有3组横贯靴底的防滑钉,每组7排,靴钉为刷型并均匀分布于靴底,靴钉的长度不超过1.4厘米,间隔不超过3厘米(图6-45)。

(五)雪车

雪车主要由雪车前部、车身、滑行装置、制动器、制动员的推杆、两名推手的推杆、领航员的推杆等构成(图6-46)。雪车前部由用两个方向舵制动的滑轮系统构成;底部由两组独立的滑行钢刃构成,滑行钢刃可通过车身内的两个把手控制。车身材料具有轻便、坚硬、不导电、机械强度高、耐腐蚀性强等特点。车身造型是严格按照空气动力学理论设计的流线型,体现出人们对极限速度的追求(图6-47)。

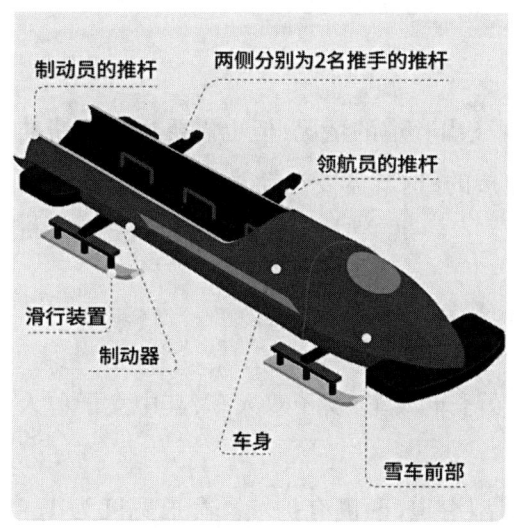

图6-46 雪车组成部分(图片来自中国科学技术馆)

图6-47 首辆国产雪车由中国航天科技集团联合中国一汽制造(图片来自CGTN)

四、雪车基本技术分类

(一)推车技术

1. 运动员素质要求

运动员速度要快,力量要强,爆发能力要比较高。雪车启动阶段,运动员靠自身的速度和力量来推动雪车,并获得初始速度。由于车身较重,好的爆发力和自身力量是最基础的。雪车运动员还有一个显著特点,就是体重较重。雪车运动员是在有一定落差的赛道上比赛,我们可以把比赛赛道看成一个斜坡,因此体重较重的运动员在滑行时的加速度更大,受空气阻力影响小,所用的时间会更短。

2. 掌握快速稳定的技术

推车部分是雪车比赛极为重要的部分,启动越快,下滑到终点的成绩就会更好,但只有一个好的启动还是不够的,最主要的还是靠前面的舵手每一轮都能滑出最快最好的线路。车里有两根舵绳去控制下面的四个刃,运动员不是光跳进去就可以完成比赛,还要滑行到终点才算完成一轮比赛。行驶中有磕碰就会减速,这对舵手的要求更高,舵手技术要稳定,每天都要在高速下滑行很多遍去积累经验。

(二)滑行技术

由于雪车自身重量非常重,一般不会出现飞出赛道的情况,但也需要运动员精准掌控。在雪车赛道中直道和直道是由弯道连接的,这就需要运动员在滑行时紧贴雪车,掌控雪车的滑行方向。

五、雪车比赛项目简介

雪车比赛包括男子双人车、男子四人车、女子单人车、女子双人车,其中女子单人车为北京冬奥会新增项目。

雪车项目的赛道是一种有较大坡度的凹型滑道,两侧有护墙。赛道宽度为1.4米,护墙内侧高度为1.4米,外侧高度为2—7米。护墙是为了防止出现运动员由于速度太快或误控方向发生意外偏离滑道飞跃而出的情况。赛道总长度为1.2—1.65千米,全程设有15—20个转弯。滑道起点至终点的高度差为100—150米。

(一)男子双人雪车

1. 确立时间

男子双人雪车比赛于1932年美国普莱希德湖冬奥会上被列入正式比赛项目。

2. 硬件要求

男子双人雪车最大长度为2.7米,最大宽度为0.67米,滑橇板宽度为8毫米,最大重量(含2名运动员)不得超过375千克。雪车重量不足时可在保证安全的前提下为车体配重,雪车超出重量选手将被取消比赛资格。

3. 比赛规则

男子双人雪车比赛4轮,以4轮滑行的累计时间计算成绩,时间少者名次靠前。在两队时间总和相等时,以任何一次最少时间的队为胜。比赛时间为2天,赛前每队有3天时间试滑,每支队均有6次滑行机会。

4. 出发顺序

出发顺序第一轮通过抽签决定(通常在比赛的前一天晚间进行)。从第二轮起,出发顺序由前一轮的最后一名先出发,按照倒序进行。另外几个小项的出发顺序与之相同,下文不再赘述。

5. 具体操作

出发前运动员要将雪车停放在起点线后,距离15米。双人雪车出发前两名运动员分别站在雪车的两侧,出发信号发出后,运动员迅速推动雪车跑步前进,然后跃进舱内。前面的运动员负责操舵,称舵手;后面的运动员负责制动,称司闸员(刹车手)。双人车按照舵手、刹车手顺序依次跳入车体当中,并快速收起把手,呈坐姿滑行。

从起点到所有成员跃入舱内的距离为50米。到达终点时所有成员都必须乘坐在雪车上,否则不予计算成绩。假如雪车中途翻倒,可以正过来继续参加比赛。运动员如因故不能参赛,可由替补队员替补,但必须提前报告竞赛委员会,待对替补队员的装备进行检查后,方可进行替补。

(二)男子四人雪车

1. 确立时间

男子四人雪车比赛在1924年法国夏蒙尼冬奥会上被列入正式比赛项目。

2. 硬件要求

男子四人车的最大长度为3.8米,最大宽度为0.67米,最大重量(含4名运动员)为630千克,雪车重量不足时可在保证安全的前提下为车体配重,雪车超出重量选手将被取消比赛资格。

3. 比赛规则

与男子双人雪车比赛规则相同。

4. 具体操作

男子四人车是雪车项目中最难的,需要四人的配合来完成比赛,分别为舵手、左推手、右推手和司闸员(刹车手),相对于双人车在推车过程中多了两个推车手的角色。推车手在雪车启动时,分别在雪车的两侧推动雪车,给予雪车更快的初始速度,在跳入雪车后为雪车增加重量,获得更多的重力加速度,从而使得雪车行驶速度更快。

舵手和司闸员(刹车手)会通过喊口号的方式来统一出发时间,在雪车启动后,舵手、左推手、右推手、司闸员依次跳入车中。舵手掌舵,刹车手刹车,跳车时运动员需要更密切地配合,任何的失误都可能导致有队员无法跳入车中,无法完成比赛。因为四人车车身加上队员体重后的重量可以达到630千克,所以雪车在滑行过程中速度会更快,需要舵手具备更快的反应速度,运动员压力也会更大,该项目对于驾驶技术的要求也更高。

(三) 女子双人雪车

1. 确立时间

1998年,鉴于女子有舵雪橇运动的发展,国际奥委会决定将女子双人雪车纳入冬奥会。

在2002年盐湖城冬奥会上女子双人雪车成为正式比赛项目。

2. 硬件要求

女子双人雪车最大长度为2.7米,最大宽度为0.67米,滑橇板宽度为8毫米,最大重量(含2名运动员)不得超过330千克,雪车重量不足时可在保证安全的前提下为车体配重,雪车超出重量选手将被取消比赛资格。

3. 比赛规则

女子双人车比赛分两轮进行,以两轮滑行的累计时间计算成绩。比赛时间为1天,赛前每队有3天时间试滑,每支队均有6次滑行机会。遇两队时间总和相等时,以任何一次最少时间的队为胜。

4. 具体操作

女子双人车与男子双人车技术相同。

(四) 女子单人雪车

1. 确立时间

女子单人雪车是2022年北京冬奥会新增项目。

2. 硬件要求

雪车和选手的总重量不得超过247千克,重量不足时可在保证安全的前提下为车体配重,雪车超出重量选手将被取消比赛资格。

3. 具体操作

女子单人车需要舵手独自完成比赛,推车、跳车、掌舵、刹车全由一人完成。

六、雪车比赛解说词范例分析

对于雪车比赛解说,解说员有以下几点需要注意:第一,雪车比赛并不是一个家喻户晓的项目,解说员要进行较为详细的介绍,比如运动员的运动生涯、选手所在国家对此项目的推动情况、比赛项目的专业知识等。第二,雪车项目由于比赛时风驰电掣的速度,一直被认为是赛程刺激的冬季项目之一。这就要求解说员更强的现场驾驭能力,注意场上的形势变化和电视转播画面中镜头的切换,及时地将场上信息传达给观众,特别是比赛激烈紧张、节奏变化很快的时候,更需要解说员反应敏捷、善于应变。第三,注重数据的解说与对比。由于不同国家和地区的选手不同时进行比赛,观众不能直接看到选手们的速度对比、成绩排名,解说员要对数据进行实时分析,这样更有助于观众及时了解比赛情况。第四,注意留白与连接,一味地传递信息会引起观众的反感,在解说比赛的时候,适当的留白也是节奏的控制中很重要的一部分。同时,雪车比赛时间较长,要把整个比赛各个部分的解说连接为一个整体,不能分裂开来。

本节我们以 2018 年平昌冬奥会雪车项目比赛解说为案例[①],供解说雪车项目比赛的初学者参考与学习。

现在我们在韩国平昌为您现场转播 2018 年平昌冬奥会雪车项目的比赛,今天我们要关注的是男子双人雪车的最后一轮,也就是决赛轮的竞争。经过了前三滑之后,总成绩排名前 20 位的选手进入最后的决赛轮,他们将按照排名的倒序在第四轮当中出场。在这次的冬奥会当中,中国雪车项目拥有了历史时刻,第一次有来自中国的雪车选手站在奥运会的赛场上,中国队的两辆双人车在三滑结束之后,排名第 26 位和第 29 位,虽然没有能够进入最后的决赛轮,但仍然是值得铭记的时刻。

现在我们就来关注一下第四滑,首先出场的也是在三滑结束之后排名第 20 位的俄奥林匹克选手——斯托尔尼夫和康德拉腾克,舵手是斯托尔尼夫。对于雪车项目来说,舵手是一只车辆的灵魂,他也是这只车辆最重要的一个岗位,包括一开始的推车,整个驾驶的过程都是舵手起到了非常重要的作用。而后面的推车手呢,他对于成绩的影响也是非常显著的,包括最一开始的推车。那么,推车手要占到 50% 以上的作用,因为在舵手跳入车内之后,还要一个人连自己的同伴加上非常重的雪车继续向前推

---

① 雪车男子双人第四轮 [EB/OL]. (2018 – 02 – 19) [2022 – 03 – 25]. https://sports.cctv.com/2018/02/19/videoID = VIDENDBcRs2AfOmWzNKUxHMd180219.

进,这个推行的重量呢是超过了200公斤。在结束比赛之后,后面的舵手要放下制动器来完成所有的滑行的部分。

下面一队是来自罗马尼亚的选手腾地和达罗兹,罗马尼亚队也是首次来到奥运会当中,我们可以看到他们的比赛服,包括雪车上都涂装了国旗的颜色,另外在两个袖子上还有罗马尼亚传统的民族花纹。前面的冲刺部分,我们大概看到了30—40米的这样的一个距离,在这个距离当中两位选手大概要完成15—25步,每一对选手他们的习惯并不太一样,那么总体来说是15—25步的这样的一个冲刺,跳上雪车之后经过1,376米,总共16个弯道的滑行,到达终点。哪一支队伍用时最少,哪支队伍就获得这个项目的冠军,当然这个成绩也是综合了四滑的总成绩。也就是说,越往后面出场的选手,他们在前面三滑的成绩越好,那么在最后一滑里面,还是可以争取到更大的一个容错空间。整架雪车在滑行过程当中没有任何的制动系统,只能通过舵手在滑行过程当中的打舵和这个身体的调整来改变滑行的线路,尽可能地减少速度的损失,尽快地到达终点。选手要在比赛开始之前的最后一刻才会把面罩合上,因为头盔也是非常重要的保护运动员的设备,所以它的密封性是非常好的,不过过早地合上的话,会影响视线,整个面罩会有雾气。而在比赛开始前最后一刻还要做的一个重要工作,就是把雪车趴在冰面上,因为过早地趴在冰面上,它会降低下面滑行兵刃的温度,温度越低,滑行的速度越慢。因此,国际雪车联合会也是有非常明确的规定,那就是兵刃的温度与测试刃的温度之间,不能有超过4度的温度差。

这一队是来自瑞士的组合布拉切尔和奥库能。瑞士队在上一届索契冬奥会当中收获了这个项目的冠军,然而在海夫蒂退役之后,现在瑞士的两支车队,在世锦赛和奥运会当中的这种夺牌的能力或者说是竞争力,还是要略微欠缺了一些。比赛开始阶段,也是最重要的一个加速阶段,而来到二号弯,选手要特别关注自己的滑行路线,不要爬得太高,前面五号弯是非常重要的初步滑行阶段,在这五号弯里面,虽然速度并不是太快,但是一定不能犯错,因为越早犯错,这个损失越大。我们会看到如果在某一个地方发生碰撞或者是剐蹭,那么每通过一个计时点,他的损失的时间都会越多。布拉切尔和奥库能,他们的时间已经超过了罗马尼亚组合,即将来到最后的阶段,16号弯,49秒56,在这1,376米的滑行当中,如果想要争取到前十的这样的一个位次,基本上它的单滑成绩要保持在49秒5以内,49秒5到49秒4这样的一个阶段当中。如果想要进入前五六名的这个位次区间当中,选手起码在四滑里面有两到三滑,有49秒2这样的一个表现,其他的(单滑)也不能够太慢,如果想要争取到奖牌的话,那么就要向49秒1,甚至是更少的滑行时间来发起冲击了。这条赛道的赛道记录就是48秒96,在这次奥运会上,由德国选手在第一滑里面创造的。

下面我们看到的,这是摩纳哥组合黎纳尔迪和韦恩。在这次的比赛里面,一共有156位选手获得奥运会的参赛资格,来自22个国家和地区。包括非洲的2位、美洲的39位、亚洲的12位、欧洲的99位和大洋洲的4位。特别要说的是,欧洲和美洲的选手,他们占据了绝大多数的资格,也说明在这两个大洲当中,这个项目也是开展最普及、成绩最好的。雪车项目也是在19世纪的时候,起源于瑞士的圣莫里茨,现在德国以及奥地利、拉脱维亚、加拿大和美国都是在世界大赛当中经常获得奖牌的国家。黎纳尔迪已经来到了最后一个计时点,49秒80,目前是排在第三位的。我们也是可以看到,实时的这些字幕可以给我们提供非常多赛场上的即时的信息,包括每一滑他们的表现。这一滑49秒80,个人并不是太满意,是四滑当中第二慢的这样的一个成绩。这个区域也是目前领先的选手他要站的一个位置,我们可以算是等分区或者是荣誉墙,只有排名第一位的选手是可以在这个地方等待自己的成绩被对手超过,到了最后几队选手滑行的时候,这里会保留前三位的选手等待在这里。这个位置是在赛道二楼的路上的热身区,那么这也是这条赛道一个非常有特点的设计,从索契冬奥会开始,雪车雪橇的赛道有了路上热身区,但是没有这么大的规模,而在一些旧的赛道里面,选手只能在比赛开始之前在场外的停车场进行简单的热身……

在几十分钟的比赛过程中,解说员较为清晰地为观众呈现了2018年平昌冬奥会雪车项目比赛赛况。在开头部分,解说员先简单介绍了中国队在这个项目中的表现,虽然未进入决赛,但仍创造了历史,值得铭记。从整体上看,整场解说行云流水,言之有物,让观众能够更加了解雪车项目。但我们要注意的是,在4组比赛的解说中,解说员以介绍国家或地区的整体水平、选手个人特点、比赛规则以及前几轮选手表现为主,而数据分析、实时赛况占比较小,这样传递出的比赛信息较为模糊,观众理解起来也并不顺畅。

第九节 钢架雪车解说

一、钢架雪车解说概述

钢架雪车(Skeleton)又称无舵雪车、俯式冰橇,是在传统雪车的基础上延伸出来的一种运动项目。钢架雪车和雪橇比赛最主要的区别是：头朝前俯卧滑行。这种俯卧式姿势是在1887年开始出现的。钢架雪车分别设男子、女子各一个项目。它是滑行项目中，唯一一项含有男、女单人比赛的项目，要求用肩膀和膝盖来控制方向（图6-48、6-49）。在世界锦标赛和冬奥会上，选手共进行4轮滑行，合计用时后得出最终排名。

图6-48 钢架雪车比赛现场（图片来自中国体育）　图6-49 钢架雪车比赛现场（图片来自中国体育）

2022年北京冬奥会钢架雪车比赛在延庆赛区的国家雪车雪橇中心进行，共产生两枚金牌。

雪橇和雪车是冬奥会的两个大项。在观赏过程中，最大的不同就是姿态的不同。由于雪车和雪橇共用一个赛道，赛制也大体相仿，在该项目的赛前解说时，可以先介绍钢架雪车与雪橇的不同特点，比赛过程中则以赛况描述为主。运动员在比赛过程中虽然看起来是不动的，但在较大转弯时身体的重心也会进行整体偏移。另外，鞋上的钢钉触碰冰面也可以控制方向、调节速度。因此，解说员要关注运动员身体和脚部的细节，对运动员的动作技术进行简短点评，与此同时也要报出赛事过程中的时间等。赛后要揭晓成绩，并对运动员技术进行回顾和点评。整个解说过程要注意实时追踪赛场变化，及时向观众反馈。

二、钢架雪车发展简史

钢架雪车起源于19世纪瑞士山区的一个小镇圣莫里茨。第一次钢架雪车比赛在1884年举行，参赛者在结冰的道路上举行比赛，从圣莫里茨滑到塞勒里那，获胜者得到一瓶香槟作为奖品。1892年这一项目被正式定名为Skeleton，因为这种雪车的造型类似人体的骨架，也称骨架雪车。

19世纪，钢架雪车运动得到传播，在瑞士、奥地利、意大利、德国以及美国等国家兴起。1923年，国际雪橇和雪车联合会正式成立后，建议把钢架雪车和雪车一并列入1924年首届冬奥会竞赛项目，分为男、女各1项比赛，但由于危险性较强，最终只有雪车被纳入比赛项目。1928年，第二届冬奥会在瑞士圣莫里茨举行，瑞士决定将钢架雪车纳入冬奥会竞赛项目，获得了国际奥委会的批准。1948年，冬奥会第二次在瑞士圣莫里茨举行，钢架雪车再次被纳入，但在此后的冬奥会上又被取消。在2002年盐湖城冬奥会上，钢架雪车再度成为比赛项目。

在我国，钢架雪车项目在2015年之前尚未开展。2015年9月22日到25日，国家体育总局冬季运动管理中心组织了中国钢架雪车国家队选拔。这意味着我国将正式开展钢架雪车项目，从而弥补中国在冬奥会上的此大项空缺。为备战北京冬奥会，不少冬季项目运动队跨界跨项选材，拓宽人才选拔面。经过初步选拔和一个月的考察测试，我国组成了张培萌在内的19名队员的发展组。2020年1月11日，在国际雪车联合会钢架雪车世界杯法国拉普拉涅站比赛中，耿文强获得男子第三名，代表中国首次登上该项目世界杯领奖台。2022年2月11日，北京冬奥会女子钢架雪车第一轮比赛，赵丹以1分02秒26的成绩刷新中国女子钢架雪车的赛道纪录，成绩排名第三。虽然赵丹最终无缘奖牌，但创下了中国女子钢架雪车的最好成绩。2022年2月11日晚，北京冬奥会男子钢架雪车第4轮比赛结束，中国选手殷正以4分2秒13的成绩位列第5名，在中国赛道滑出了世界速度（图6-50）。闫文港以4分1秒77的成绩摘下铜牌，这是我国历史上第一枚钢架雪车冬奥会奖牌（图6-51）。

图6-50　殷正在比赛现场（图片来自新华社）

图6-51　闫文港摘得铜牌（图片来自新华社）

三、钢架雪车器材装备

钢架雪车装备最需要保证安全性，和雪车一样，钢架雪车的装备有滑雪服、护肩、护肘、头盔、专用钉靴和雪车。

比赛时运动员要穿戴好运动服、护肩、护肘、手套、头盔及专用鞋。头盔的面部保护罩要直达下颚,以维护颈部以上的安全。专用鞋由合成材料制成鞋底,前半部安装有数枚(不超过8枚)起跑钉,钉长不能超过7厘米。

钢架雪车的底部是由橇架和2根固定的滑铁构成。最初橇架和滑铁都是以铁为原材料,而现在大部分都是合金材质的。冰橇与冰面接触的部分不能有任何涂装,冰橇尺寸变化幅度较大,长度为0.8—1.2米,高度为0.08—0.2米(图6-52)。钢架雪车对冰橇和运动员的总质量有着严格的要求,男子用冰橇质量规定在43千克以内,冰橇和选手的总重量不能超过115千克。女子用冰橇的重量不超过35千克,选手和冰橇的总重量在92千克以内。

图6-52 车体(图片来自"北京2022"知识普及系列动画视频)

四、钢架雪车基本技术分类

钢架雪车的技术分为起跑和滑行两个部分,同时辅以方向控制。运动员的起跑技术对于这一项目的成绩来说,尤为重要。运动员起步越快,随后的滑行加速度就越大,用时越短,从而成绩也就更加理想。滑行时运动员要对身体的重心进行控制,从而控制雪车的前进方向,这是影响成绩的重要因素。

(一)起跑

从起跑部分来看,钢架雪车非常考验选手的爆发力。钢架雪车没有任何的启动装置,靠的是人的腿来完成前几十米的启动,启动越快,后面的加速度就越快,从而成绩就会越理想。起跑对于钢架雪车是一个重要环节,一般情况下,在大赛中,起跑在什么位置,最终排名也就在什么位置。运动员需要用短跑方式训练,获得强有力的爆发和短时间内的加速。钢架雪车非常考验运动员的速度与爆发力,因为选手发力的唯一机会只有起跑时的30米赛道。选手在起跑时需要弯腰弓背,以俯卧式进行,动力来自选手的重力和对雪车的推力。以选手在雪车左侧为例:运动员抓住把手,以最快的速度奔跑,推动雪车沿出发槽前进。冲刺30米之后,运动员左脚在前右脚在后,左脚用力向前蹬,在加速中趴到雪车上,保持头部朝前,腹部朝下的俯卧姿势。运动员的下巴离冰面只有3厘米左右。

(二)滑行

在滑行中,运动员需要趴在雪橇上控制重心来抵挡高强度的空气阻力,从而获得安全顺滑的线路。由于重力也是影响成绩的一大因素,选手必须学会在极端条件下调整重心,尽量保持不动,压低自己的身体,才能将阻力降到最低。头部、肩部和脚部的轻微移动,都会影响到体重的分布,从而影响雪车的前进方向。选手要将手臂收紧于身体两侧,保持流线型体位以减小空气阻力。

(三)方向控制

对于钢架雪车方向的控制,最轻微的为头部的控制,通过头的左右摆动控制方向。在进入弯道时,以压肩膀或膝盖的方式来控制方向,调整进弯出弯角度。直线前进时,运动员一般通过脚趾与地面的摩擦细微调整方向,也称为点冰。

五、钢架雪车比赛各项目简介

钢架雪车分为男子个人赛和女子个人赛,在冬奥会上共产生两枚金牌。

钢架雪车的出发动作主要由起跑、登车和角逐3个部分构成。比赛分为两轮且必须在同一天完成。由于比赛速度太快,比赛用时需要精确到0.01秒。

出发前运动员在起点有序排队等候,当裁判出示出发信号灯后,运动员迅速推着钢架雪车向前奔跑,有50米的距离来推动雪车做加速运动。从起跑到登上雪车的出发过程必须在30秒内完成。在整个比赛中,所有运动员只能依靠自身力量完成比赛,不得借助外力。

钢架雪车比赛规定,运动员只能以俯卧式进行,动力来自运动员的重力和运动员对雪车的推力,方向的控制依靠运动员移动身体来实现。钢架雪车没有制动系统,比赛时最高速度超过150千米/小时,运动员在滑行中途跌落雪车不属于犯规动作,但通过终点时,运动员必须在雪车上才算成绩有效。

(一)男子个人赛

比赛中运动员面朝下,身体俯卧在钢架雪车上,头朝前,脚朝后,沿场地向下滑行,用时越短成绩越高。比赛共进行4轮,前3轮成绩相加后,排名前20名的选手可晋级决赛。晋级赛中成绩排名最末的选手,在决赛轮中最先出发。

（二）女子个人赛

女子个人赛与男子个人赛大同小异，都要经过 4 轮比赛，前 3 轮为晋级赛。两者的区别在于女子个人赛中只有排名前 12 名的选手才可以进入第 4 轮比赛。以选手 4 轮滑行时间来相加计算最终成绩，用时最短的选手为获胜者。

六、钢架雪车解说词范例分析

解说员在对钢架雪车进行讲解时，掌握比赛规则是前提。此外，解说员仍要对选手进行进一步了解，把握其经历和特点，才能更好地对比赛进行解说。钢架雪车解说词有其自身特点：除了介绍比赛场地、参赛选手信息和规则外，仍要对钢架雪车比赛的起始出发动作、每名运动员的动作特点以及钢架雪车偏转角度等进行描述和分析，并在适当位置汇报计时点成绩，适时与之前出场选手做比较。整个解说过程应清晰流利，在适当时机加快语速以表达情绪，做到跌宕起伏，富有节奏。

由于钢架雪车比赛为选手按顺序依次登场，每位选手比赛耗时较短，故截取 3 个解说案例供学习者了解。

案例 1： 各位好，亲爱的观众朋友，欢迎大家收看为您所带来的 2018—2019 赛季雪车世界杯。这一站的比赛是在德国所进行的较量，这是温特伯格站，马上将开启的是男子钢架雪车的比赛。男子钢架雪车的比赛也将分为两轮来进行，一共是 26 位选手……

首先登场的就是名将琼克，18 步上雪车。第一轮比赛的时候，选手要适应一下这个赛道，虽然在比赛之前这条赛道的状况每一个弯角是什么样的角度选手都烂熟于心，但是真真正正在上面比赛和之前模拟比赛是区别很大的……一般来说，男子的体重较大，向下施加的下压力也就更大，所以极速较女选手来说也会更快。琼克成绩是 56 秒 69，这比女选手的最好成绩快大概一秒的时间。

案例 1 是 2018—2019 赛季钢架雪车世界杯德国温特伯格站的一段解说①，由中央广播电视总台的李晨明解说。这是首位选手参加比赛的案例。在比赛开始时，解说员首先介绍本场比赛的概况。主要目的是交代清楚赛事状况、项目特点以及比赛规则。

---

① 2018 男子钢架雪车世界杯德国温特伯格站（2018 - 12 - 14）[2023 - 01 - 03]. https://v.qq.com/x/page/u0817e6k4ie.html.

解说员对选手比赛的讲解较为概括,但一定要交代清楚选手的比赛成绩,同时可与已有成绩进行比较。

案例2:这是来自拉脱维亚的选手,他刚刚通过计时点的成绩落后了0.83秒,爬坡爬得有一些太高了。爬坡过高是很多因素造成的,有的时候是进弯太晚,有的时候是选手没有办法完全控制自己行进的节奏。总体来说,钢架雪车这个项目实际上是一个勇敢者的游戏,虽然看起来并不需要付出极大的体能,但是选手在整个滑行过程中,要付出高度集中的注意力。这种注意力对于大脑的负荷是非常大的……这是我们刚刚提到的360度环形弯,也是整个赛道滑行到最后阶段速度最快的时候。

案例2是2018—2019赛季雪车世界杯希古德站男子钢架雪车决赛的一段解说[1],解说员是中央广播电视总台的张萌萌。她还是花样游泳项目国家一级运动员、健美操项目国家二级运动员。她的解说整体大气稳重,但也有激情时刻,紧跟选手比赛进程。选手在第一计分点落后时,解说员迅速介绍并分析落后原因,同时结合钢架雪车滑行速度快、比赛时间短的特点进行分析和描述,在联系该选手比赛状况的同时与其他选手比赛状况进行比较,最终达成解释与比较的完美融合。

案例3:比赛开始了,耿文强也是钢架雪车队第一批队员之一,以前是内蒙古田径队的一位选手,练习跳远。他也是多次创造了中国钢架雪车项目的历史,包括第一次站上奥运会的赛场,也曾经代表中国队拿到了世界杯的第一枚奖牌……哇,耿文强今天表现真的非常突出……坚持住,这个弯道也不错,出弯!到达途中计时点,领先0.13秒,哦,这个腿摆了一下。来到最后的段落,通过终点,非常棒,53秒10,太棒了!

案例3是对已有比赛的继续讲解。[2] 在解说中,可先对选手情况、背景以及特点进行简要介绍,让观众全面了解选手。随着选手在比赛过程中出现的实际状况,解说员及时改变解说语气和节奏。以该比赛为例:解说员由最开始的轻松介绍选手情况到表达超越对手的喜悦,再到选手出现失误的紧张,最后反转到取得优异成绩的激动,语

---

[1] 2018-2019赛季雪车世界杯 希古德站 男子钢架雪车决赛[EB/OL].(2018-12-08)[2023-01-03]. http://sports.cctv.com/2018/12/08/VIDE2Jhb6iK7FHgy2FJLSElv181208.shtml.
[2] 创造历史!耿文强获雪车世界杯因斯布鲁克站男子钢架雪车冠军[EB/OL].(2021-11-26)[2022-03-25]. https://www.bilibili.com/video/BV1PS4y1X784/? spm_id_from=333.337.search-card.all.click

气的拿捏有赖于准确把握比赛实时情况。

总体而言,由于钢架雪车比赛时间极短,解说员在解说节奏上把控起来有一定难度。以上3段解说,分别对比赛背景、项目规则、比赛成绩等基本信息做了报告,也进行了现场描述和赛事分析,解说语气丰富、节奏轻快。至于对一个选手的比赛解说,介绍哪些内容,依赖于解说员的项目熟悉程度、现场观察能力和赛事判断力。

第十节 雪橇解说

一、雪橇解说概述

雪橇(Luge),又名无舵雪橇,雪上运动项目之一。在雪橇运动中,运动员乘坐金属制或木制的双橇滑板通过变换身体姿势来操纵雪橇高速回转滑降,沿着有各种弯度的专用赛道高速滑降至终点。无舵雪橇全长为70—140厘米,宽为34—38厘米,高为8—20厘米。雪橇为木制,底面有一对平行的金属滑板,宽不超过45厘米。在2022年北京冬奥会比赛中雪橇项目产生4枚金牌,分别是男子单人雪橇、女子单人雪橇、双人雪橇和雪橇团体接力比赛。2022年北京冬季奥运会雪橇比赛场地位于国家雪车雪橇中心。

作为冬奥体育运动项目中具备器具的运动种类,雪橇比赛将参赛选手与参赛器具融为一体。无舵雪橇比赛器具简单,雪橇橇体由两个橇刃、座板和两个连桥等组成。运动员佩戴带有指钉的手套,以便在光滑的冰面上做扒冰动作。无舵雪橇不同于有舵雪橇,它没有方向盘,需要依靠运动员的细微肢体动作来调整方向,例如单手拉住雪橇皮带利用身体起卧,变换肩、腿姿势操纵雪橇。在比赛解说的过程中,解说员不仅要对选手的技术动作进行简短点评,对不同类别的不同器械也应进行明确的分析;同时,要注意到选手的细小动作对动作转向的意义。雪橇比赛坡度大,速度快,因此,解说员在解说的过程中应语速较快,准确描述赛况。

二、雪橇比赛发展简史

(一) 国际雪橇运动起源与发展

无舵雪橇起源于北欧,在1964年的第9届冬奥会中,被列为正式比赛项目。无舵雪橇的发展阶段大致分为3个阶段,分别是萌芽阶段、风靡阶段以及奥运会阶段。

1. 萌芽阶段(15世纪末至19世纪初)

无舵雪橇起源于北欧,大概在1480年从雪橇运动当中分离出来,形成了一种新的挑战极限的运动。在此阶段,无舵雪橇运动只是为了锻炼运动员的勇气,是滑雪运动员的一种训练方式。

1480年,无舵雪橇比赛在挪威举行。

1552年,无舵雪橇比赛在奥地利的埃尔茨山举行。

2. 风靡阶段(19世纪初至20世纪中期)

随着越来越多的运动员加入无舵雪橇运动,无舵雪橇的各种规则逐渐完善起来。之后,无舵雪橇在欧洲国家快速发展起来,就连美国都掀起了无舵雪橇的浪潮。

1883年2月12日,瑞士人皮特和澳大利亚人乔治联手举行了一次国际雪橇比赛,他们用时9分15秒滑过在瑞士达沃斯4公里的赛道。这次比赛还吸引了美国、英国、德国、奥地利、荷兰、瑞典等6个国家的21名运动员参加。

1889年,德国成立无舵雪橇俱乐部。

1914年,欧洲无舵雪橇锦标赛开始举办。

1923年,国际有舵雪橇和平底雪橇联合会在法国巴黎创立,无舵雪橇作为一个组成部分加入了该组织。

1935年,为加强对无舵雪橇运动的领导,国际有舵雪橇和平底雪橇联合会决定设立"无舵雪橇部",并定期举办世界锦标赛。

20世纪50年代,无舵雪橇开始兴起。

3. 奥运会阶段(20世纪中期至今)

经过长时间的发展,1957年,无舵雪橇的国际组织终于成立,并决定无舵雪橇项目在1964年正式列入奥运会比赛项目。至此,无舵雪橇运动被世界所熟知。此阶段为20世纪中期至今。

1957年,国际无舵雪橇联合会正式成立,并在同年得到国际奥委会的承认,决定从第9届冬奥会开始进行无舵雪橇比赛,在非冬奥会年份,每年举行世界锦标赛、欧洲锦标赛等比赛。

1964年,无舵雪橇在第9届冬季奥运会中被列为正式比赛项目。

1985年,为进一步普及无舵雪橇运动,国际无舵雪橇联合会决定从1987年开始举办世界天然滑道无舵雪橇锦标赛,比赛项目设有男子个人、女子个人、男子双人及团体比赛。

2003年,无舵雪橇已发展到世界五大洲60多个国家和地区,已有50多个国家和地区的无舵雪橇组织加入了国际无舵雪橇联合会。

(二)中国雪橇运动的发展

我国的雪橇运动发展较晚,正在奋起直追。

1983年10月,中国雪橇协会成立。

1984年3月,中国加入国际无舵雪橇联合会。

1999年12月,沈阳体育学院派出了领队王石安,运动员黄锡祥、王葆衡3人组成的雪橇队,参加了在日本长野举行的第2届亚洲杯雪橇比赛。这是我国首次派队参加国际性雪橇比赛。

2015年8月18日至23日,国家体育总局冬季运动管理中心组织的中国雪橇国家队运动员选拔在北京市延庆区举行,选拔出男队员6名、女队员5名,共11名队员组成中国首支国家雪橇队。

从组建集训队到完成"全项目参赛"的目标,我国仅用6年时间。其中不少运动员是跨项运动员,运动员面临着前所未有的巨大压力与挑战。

雪橇运动的奖牌基本被德国、奥地利、意大利、俄罗斯等国家垄断。在2022年北京冬奥会上,我国选手范铎耀在男子单人比赛中以2分56秒626的成绩排名第24;女子单人雪橇比赛中,王沛宣以3分01秒402的成绩排名第29;在双人比赛中,黄叶波和彭俊越以2分01秒572的成绩排名第17;在团体接力赛中,中国队以3分10秒182的成绩排名第12。虽然我国雪橇运动起步较晚,但仍在奋起直追,继续努力。

三、雪橇比赛项目简介

奥运会比赛中,单人项目比赛滑行4次;双人比赛滑行两次;团体接力项目(新增项目)需要完成男子单人、女子单人和双人项目比赛。所有项目都按滑行总用时排出名次。2022年北京冬奥会雪橇比赛在国家雪车雪橇中心进行,共产生4枚金牌。

(一)项目概述

无舵雪橇滑道是以混凝土或木材为基础砌成槽状的滑道,与雪车和钢架雪车比赛的比赛轨道相同，只是起点与终点的距离比另外两个项目更远一些。赛道设计成希腊字母欧米伽的形状。道宽1.3—1.5米，滑道两侧的护墙均须浇冰。比赛线路长度男子1,000—1,350米，女子800—1,200米。全程设11—18个弯道，弯道的半径为8米。滑道的坡度男女相同，为4°—10°。起点与终点的高度差为70—130米。2022年北京冬奥会中雪橇比赛设男子单人赛、男子双人赛、女子单人赛、团体接力赛4个小项，其中团体接力赛是首次出现在冬奥会上。

（二）竞赛方法

1. 男子单人赛

男子单人雪橇比赛长度为1,000到1,350米，2022年北京冬奥会赛道长度为1,350米。

运动员坐在雪橇上，双手借助起点助栏用力向后推，使雪橇向前启动。运动员在滑行中仰卧在雪橇上，通过身体调整操纵雪橇。

运动员中间掉落可重新开始，到达终点时，运动员必须坐在雪橇上，否则将不计成绩。

滑行次数为4次，比赛时间为两天，根据4轮时间总和计算，用时最少者获胜。

2. 女子单人赛

男子和女子比赛规则大致相同，但女子比赛赛道长度为800—1,200米。2022年北京冬奥会赛道长度为1,200米。

3. 男子双人赛

双人雪橇比赛为两轮，即两名运动员操纵一个雪橇滑行两次，以两轮滑行下来的时间相加计算成绩，时间越少，排名越前，成绩也就越高。

第一轮抽签决定出发顺序，第二轮按照上一轮的分数，前15名按排名的倒序出发，其他运动员则是按照排名顺序出发。

4. 团体接力赛

比赛由女子单人雪橇比赛开始，比赛完成之后，需要敲打上方悬挂的触摸板，为下一组男子单人雪橇选手打开阀门，之后男子双人雪橇选手继续以同样的方式出场。

比赛最后由男子双人雪橇选手击打触控板停止计时，计算3个项目的比赛时间，所用时间最短一组获胜。

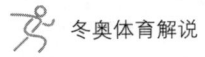

（三）比赛装备

雪橇的比赛装备与雪车和钢架雪车相比，较为简单。雪橇为木制，底面有一对平行的金属滑板，宽不超过45厘米。不同于雪车，雪橇前部没有舵板，后部也没有制动闸。滑板上部为支架。滑板前面翘起部分有一定柔软性，以利转弯，单座重量为21—25公斤，双座重量为25—30公斤。

雪橇运动员的比赛服由拉伸材料制作而成，还要配备比赛专用鞋、头盔等装备。同时，由于雪橇与雪车、钢架雪车的比赛姿势与起步方式不同，雪橇比赛的手套上配有尖锐钉子，以便于用手刨冰完成起步。而雪车和钢架雪车起步时需要助跑，他们的鞋子下配有刷型尖钉，以便助跑完成起步。

四、雪橇基本技术分类

在雪橇项目的运动训练实践中，根据比赛不同阶段的运动学特征，将其分为加速阶段与滑行阶段。其中，加速阶段一般为比赛的前3米，运动员在该阶段通过快速启动加速；滑行阶段通常指运动员结束手臂刨冰后至比赛的终点，运动员在这一阶段通常要调整雪橇方向，以避免速度的过多损失。同样，对于雪橇项目而言，最终成绩并不仅仅是由推橇加速阶段成绩决定的，而是受推橇加速阶段与滑行阶段共同影响的。由于加速和滑行阶段与比赛成绩显著相关，将这两个阶段划分为3个部分：预备姿势、刨冰加速和滑行。雪橇运动所反映出的关键技术环节主要包括手臂技术及滑行技术。

（一）手臂技术

赛道两侧各有一个手柄，在雪橇赛道开始时，运动员抓住两个手柄，并使用它们来回摇动以建立开始的动力。滑行者用手推动自己沿着路线前进，使用他们的尖刺手套滑过赛道的前3米左右，以帮助他们躺在雪橇上之前获得速度。运动员手臂给手柄以及冰面的力，决定了运动员出发时的初速度。

（二）滑行技术

接近下坡起点时，滑行者面朝上躺着，脚放在板上，并在接下来的滑行中保持这个姿势。滑行者抬起头就可以知道他们在赛道上的位置。他们利用自己的体重来进行转向，同时保持放松，这是不容易实现的。他们的身体必须足够有力以最大限度地提高加速度。任何摇晃或松动都会增加雪橇和轨道之间的摩擦力,但又要足够放松以吸收在整个滑行过程中作用在他们身上的强大力量。由于转向也会增加摩擦力,滑手会尽可能少地转向,仅在必要时按压雪橇。大多数时候,控制就是选手与雪橇合二为一,让其自身重力发挥作用。

五、雪橇比赛解说案例

雪橇作为古老的冰雪项目,于第9届冬奥会被列为正式比赛项目。比赛解说员想要优质地完成解说任务,不仅声音要响亮、干净,抑扬顿挫,富有穿透力、感染力,更要对比赛规则、选手实力、动作难度有深入的了解。因为比赛的特殊性(包括赛道的狭长蜿蜒,运动员滑行速度快,肉眼难以有效观察,比赛项目相对小众等原因),在场观众并不能够完整地看到或者理解运动员在场地上的运动表现以及比赛规则,只能通过转播镜头以及解说员的话语来了解比赛状况。同时,由于在雪橇比赛当中,选手需要依靠细小的肢体动作来调整方向,而不像其他有方向舵或者方向盘的运动有更明显的动作。因此,这对解说员的考验很大,解说员要不断地观察运动员的细微动作进行讲解。由此可见,雪橇比赛解说难度很大。解说员不仅要将比赛场上的情况转述给观众,而且要具有强大的控场能力,以应对赛场上的突发状况,调动观众情绪。作为竞速类运动,雪橇运动具有较高的观赏性,给人很大的视觉冲击,故解说员应在比赛过程中适当留白,让观众获得有效具体的信息同时,得到最好的感官体验。

下面结合冬奥雪橇解说的典型案例进行分析。①

2022年北京冬奥会男子单人雪橇第四轮

中央广播电视总台,各位观众您好!欢迎收看2022北京冬奥会的赛事转播,我们在双奥之城北京为您带来现场报道。今天,在位于延庆的国家雪车雪橇中心,将要诞生在本届冬奥会上这块场地的第一枚金牌,来自雪橇项目的男子单人雪橇比赛……

(现在准备出发的是)大卫·格莱舍尔,也是这个项目的上届冠军。比较遗憾的是,(他)在第三轮比赛中出现了极其严重的失误,位次下降得非常厉害。这个角度看得很清楚,上面的两条冰刃是非常坚固的、钢制的,这两条冰刃实际上是根据不同的冰面情况和温度以及湿度情况可更换的。选手在比赛之前会用不同颗粒的砂纸来打磨

---

① 2022北京冬奥会:男子单人雪橇第4轮[EB/OL].(2022-02-06)[2022-03-25]. https://v.qq.com/x/cover/mzc00200p47onq42li3luq.html.

自己的冰刃，让自己的冰刃更加光滑，获得最快的滑行速度。

大卫·格莱舍尔现在超越的是自己的弟弟尼克·格莱舍尔的成绩，这个分段计时快了 0.24 秒，除了起点和终点之外，我们还能看到官方给出的 4 个途中计时点，这个计时精确到千分之一秒的项目中，采取的是切光计时的方式，切光计时器就安装在赛道内。

来到速度最快的段落，又出现了翻车事故，跟上一轮的滑行非常相似，大卫·格莱舍尔太遗憾了，领先了 90% 以上的时间，最后一个弯道，就是 16 号弯进弯之前这个位置，已经是整条赛道速度最快的地方了，再次出现了翻车事故。虽然他经过了自己努力的控制，又回到了仰卧的滑行姿势，但这时候我们通过摄像机的镜头能够听到非常严重的刮冰声，一侧的撬板已经磨在了赛道上……

解说员在向观众问好之后，首先介绍本次比赛名称，接下来就是介绍出发的选手。在选手进行准备工作时，解说员首先介绍了运动员的姓名、国籍以及之前比赛中的成绩以及自己对比赛结果的估计。

在比赛的过程中，解说员主要根据赛场上的即时数据进行解说，并根据选手的临场发挥进行专业判断。如本次解说中的"这个分段计时快了 0.24 秒"，"再次出现了翻车事故。虽然他经过了自己努力的控制，又回到了仰卧的滑行姿势，但这时候我们通过摄像机的镜头能够听到非常严重的刮冰声，一侧的撬板已经磨在了赛道上"。

除了比赛的实时数据情况以外，在选手比赛过程中，解说员还会介绍一些与项目有关的内容，大致分为以下三类。

规则常识类：在本案例中，解说员会在选手比赛过程中穿插介绍关于雪橇比赛的环境、流程及规则。如"今天的雪橇比赛场地是位于延庆的国家雪车雪橇中心，比赛的赛道长度是 1.9 公里，一共有 16 个弯道，在滑行的过程中选手需要不断地调整自己的身体姿态"。

运动原理类：一般情况下，解说员会将运动的基本常识作为切入点，如"这项运动的速度非常快，最高时速可以达到 150 公里/小时，在行进的过程中选手需通过身体或者脚的轻微晃动来打动雪橇，目的也是选择一个最佳的行进路线缩短时间"，"在雪橇比赛中运动员主要的装备就是雪橇、训练服、头盔和手套，每个装备都会帮助运动员获得最大的空气动力、最小的摩擦力和最快的速度"，"雪橇的前端是有一个弯弓，运动员会用自己的大腿对弯弓施加压力，弯弓具有一定的柔韧性，在行进过程中通过弯弓改变雪橇行进方向"。

丰富评价类:解说员会在选手比赛过程中会对选手表现进行评价,或者说一些能够丰富解说的内容。如"我们看雪橇比赛的特点就是脚朝前、头朝后的这样一个姿势,躺在雪橇上去推动自己滑行,这跟钢架雪车的比赛姿势有些不同,钢架雪车是趴在雪橇上,这么相比的话雪橇的危险系数也就更高一些,因为选手只能躺在雪橇上微微抬头观察前方的赛道情况,所以说这项运动也被称为'勇敢者的游戏'"。还有对赛道其他功能的讲解,如"除了起点和终点之外,我们还能看到官方给出的 4 个途中计时点,这个计时精确到千分之一秒的项目中,采取的是切光计时的方式,切光计时器就安装在赛道内"。

综上所述,雪橇解说需要解说员具有扎实的基本功,掌握丰富的专业知识,对选手资料特点有详细了解,能够实时转播比赛战况。在能够完整进行比赛基本解说的同时,解说员如果能够说出出彩的语句,则更能够为解说锦上添花。

第七章　冬奥冰上运动项目解说

冬奥会项目分为两类，一类是雪上项目，一类是冰上项目。其中共有 15 个大项，包括 10 个雪上项目和 5 个冰上项目。冰上项目分别是：冰球、冰壶、速度滑冰、短道速滑和花样滑冰。

本章讲述的冰上运动，也是历届冬奥会上中国体育代表团的夺金热门项目，在 2022 年北京冬奥会中产生了 33 枚金牌。为了举办本届冬奥会，我国分 3 个区域布局和打造场馆，其中北京市区北部的奥林匹克中心区承办冬奥会的 5 个冰上项目。值得一提的是，2022 年北京冬奥组委正式入驻首钢园，为首钢转型发展注入强大动力。2022 年 2 月，北京冬奥会成功举办，这座十里钢城备受世界瞩目，一跃成为世界级网红打卡地。

第一节　冰球解说

一、冰球比赛解说概述

冰球运动（Ice Hockey）亦称"冰上曲棍球"，是以冰刀和冰球杆为工具在冰上进行的一种相互对抗的集体性竞技运动。它把多变的滑冰技艺和敏捷娴熟的曲棍球技艺相结合，是观赏性极强的冬季运动项目。该运动项目由男子和女子两个小项组成。冰球运动竞赛的种类有：锦标赛、联赛、邀请赛、友谊赛、选拔赛、表演赛等。中国经常举办的冰球全国性比赛有：全国冰球联赛、全国冰球锦标赛、全国青年冰球锦标赛和全国女子冰球锦标赛。冰球的重要国际组织包括国家冰球联盟和国际冰球联合会。

2022 年北京冬奥会冰球比赛在国家体育馆及五棵松体育中心举行，共产生 6 枚奖牌，其中男子冰球金牌、银牌和铜牌分属芬兰、俄罗斯奥运队和斯洛伐克，女子冰球金牌、银牌和铜牌分属加拿大、美国和芬兰。

冰球比赛是一种对抗赛①,既需要过硬的体能和技术,又需要战术,由于冰上运动速度极快,有时令人眼花缭乱,十分考验解说员的综合能力。首先,解说员在解说时应阐明项目背景知识、国家特点、运动员背景、技术战术、赛况预测、现场情况、观众反应等内容。其次,冰球比赛是冬奥会中唯一允许肢体冲突的比赛,紧张刺激、充满对抗与意外,需要解说员脑快、眼快、嘴快,判断准确,富有激情,与热血沸腾的现场观众产生情感共鸣。

二、冰球运动发展简史

现代冰球运动起源于加拿大。据资料记载,早在1855年,每当冬季来临,加拿大金斯顿地区的一些体育爱好者经常集聚在冰封的湖面上,手中拿着曲棍,脚上绑着冰刀,互相追逐,击打用木片等物制成的球。加拿大早期的冰球比赛没有统一的规则,比赛也缺乏严格的组织。参加比赛的人数不限,最多时每队达30人,场面十分混乱。裁判员可由运动员挑选,并随意进行更换。1858年冰球传至欧洲。

1875年3月3日,在一位叫克莱·格汤布的冰球爱好者的倡导下,世界上首场正式的冰球比赛在蒙特利尔的维多利亚冰场举行。1879年,蒙特利尔麦吉尔大学的史密斯教授和学生罗伯逊共同制定了一份正式比赛规则,将比赛人数限定为每队9人。从1908年国际冰球联合会成立到2002年,冰球运动已发展到世界5大洲70多个国家和地区,其中已有64个国家和地区加入了国际冰球联合会。1912年,加拿大冰球协会对规则进行改革,将每队上场人数改为6人,该规则被国际冰联沿用至今。男子冰球在1920年首次出现在夏季奥运赛场,后该届奥运会冰球赛被追认为首届世界冰球锦标赛。1956年第7届冬奥会冰球被列为正式比赛项目。

世界上冰球运动发展最好的地区是北美和北欧地区,其中冰球强国有加拿大、俄罗斯、瑞典、芬兰、美国等。

中国国家男子冰球队成立于1963年7月25日。代表中国参加世界冰球锦标赛、亚冬会等重大冰球国际赛事,队员大多来自齐齐哈尔市冰球队、北京昆仑鸿星冰球俱乐部、昆仑鸿星奥瑞金冰球队、北京首钢冰球俱乐部和北京市冰球队。中国男子冰球队曾于1986年和1990年两次获得亚冬会男子冰球比赛金牌。中国男子冰球队现阶

---

① 由于冰球运动速度极快、极具侵略性,这项运动也伴随着很大的危险性。在北京冬奥会上,冰球是唯一配备牙医的运动。

段参加男子冰球世锦赛乙级 A 组的比赛。2018 年 5 月 17 日,国际冰球联合会在丹麦哥本哈根召开会议,以 47 比 0 全票通过中国男、女冰球队获得 2022 年冬奥会直通资格,向冬奥会东道主发放参赛"直通卡"。2018 年平昌冬奥会,中国男、女冰球队均未能获得参赛资格,成为中国冬奥代表团的一大遗憾。2022 年,中国男子冰球队第一次参加冬奥会。截至 2022 年 3 月 30 日,中国冰球女队世界排名位于第 17 位,中国冰球男队世界排名位于第 27 位。

三、冰球比赛的装备

冰球运动员的用具包括冰球鞋、冰刀、护具、冰球杆等。

(一)冰球鞋

冰球鞋为高帮型,鞋头、鞋帮、两踝、后跟等外层均为硬质。前面的长鞋舌加上硬实的高帮,可将腿踝箍紧,帮助运动员支撑体重和用力。冰球鞋在早期为优质牛皮缝制,20 世纪 60 年代出现全塑料模压鞋。目前国际上多用尼龙纤维鞋帮、塑料底的冰球鞋。这种鞋比皮制鞋轻便、坚硬、耐湿,适合室内冰场使用。

冰球鞋与花样滑冰鞋、速度滑冰鞋具有以下区别。

1. 冰刀不同

冰球鞋的冰刀由硬度适宜、坚固耐磨的合金制成,刀身有一定的弧度,刀与鞋同长,冰刀的后尖装有安全保护装置。国际比赛冰球鞋所用冰刀,须经国际冰联批准。

花样滑冰鞋的冰刀与冰球鞋的冰刀最显著的不同在于前端有刀齿。刀齿主要用在跳跃中,不用在滑行和旋转中。冰刀以螺丝固定在冰鞋的鞋底。高水平的花样滑冰选手通常都会定制冰鞋和冰刀。

速度滑冰鞋的冰刀刀体长、刀刃窄。冰刀的后跟不与冰鞋相连。这种结构有助于延长蹬冰距离。

2. 保护措施不同

冰球鞋有护踝,刀相对较高,刀刃较厚,便于站立和跑动,冰球刀中间有凹槽,刀与鞋底的距离远。而穿着花样滑冰鞋在冰场外行走时,运动员要在冰刀外套上硬塑料的保护套,这是为了避免冰刀被地面磨钝或沾上灰尘杂质。运动员不穿冰鞋时,则用软套保护冰刀,它可以吸收残留的融水,防止冰刀生锈。

3.运用场景不同

花样滑冰鞋的刀齿主要用在跳跃中,不用在滑行和旋转中。

冰球鞋为高帮型,鞋头、鞋帮、两踝、后跟等外层均为硬质。前面的长鞋舌加上硬实的高帮,可将腿踝箍紧,帮助运动员支撑体重和用力。

(二)球刀

供冰球运动员使用的冰刀,刀刃比速滑刀短一些,俗称球刀。球刀原为铁托钢刃,现多采用全塑刀托、优质合金钢刀刃,具有质量轻、抗击打、不易生锈等优点。冰球刀的刀身高而短,弧度大,刀刃较厚。刀身高,让运动员在急转弯冰刀倾斜时也不会使鞋触及冰面;刀身弧度大,和冰面接触面积小,可以让运动员灵活地滑跑和改变方向;刀刃厚,可抗击打而不弯;刀刃带有浅沟可使其锋利持久。守门员冰鞋在鞋的四周包有特殊加厚的硬皮革,以抗球击打,保护脚部。守门员冰刀与运动员冰刀有较大区别,它全为金属制作,刀身矮而平,刀刃与刀托有多处连接,以防漏球。

(三)护具

为防止在紧张激烈的对抗中受伤,运动员全身穿戴护具。护具包括头盔、面罩、护肩、护胸、护腰、护身、护肘、手套、裤衩、护腿、护踝等。现代冰球护具一般多采用轻体硬质塑料外壳,内衬海绵或泡沫塑料软垫。守门员戴有特制的面罩、手套,加厚的护胸及加厚加宽的护腿。

(四)球杆

球杆由木质材料制成,从根部至杆柄端不能长于1.47米。杆刃不得长于32厘米,宽为5—7.5厘米。守门员球杆杆柄的加宽部分从根部向上不得长于71厘米,不宽于9厘米;杆刃长不超过39厘米,宽度不超过9厘米。为了减轻重量,现已有碳素材料所制的球杆,在长宽不变的情况下减轻重量,更容易让选手发挥。

四、冰球比赛规则

(一)分组规则

国际冰球联合会根据比赛成绩,将所有会员国按冰球运动水平高低划分为A、B、

C3组,A组6个队,B组8个队,其余为C组。A组可参加奥运会冰球比赛和世界冰球锦标赛。3个组按每年比赛成绩实行升降级制度,即A组、B组的最后两名翌年分别降入B组、C组;B组、C组的前两名翌年分别升入A组、B组。

(二)比赛场地

标准冰球场地形状为四角圆弧的长方形,最大规格为长61米,宽30米;最小规格为长56米,宽26米;四角圆弧的半径为7—8.5米(图7-1)。四周的木质界墙高1.15—1.22米,球场中间有一条30厘米宽的横贯全场的红色线,称为中线。中线两侧各有一条蓝色分区线,球场两端各有一条红色球门线。赛场分为中区和相对的攻区、防区。

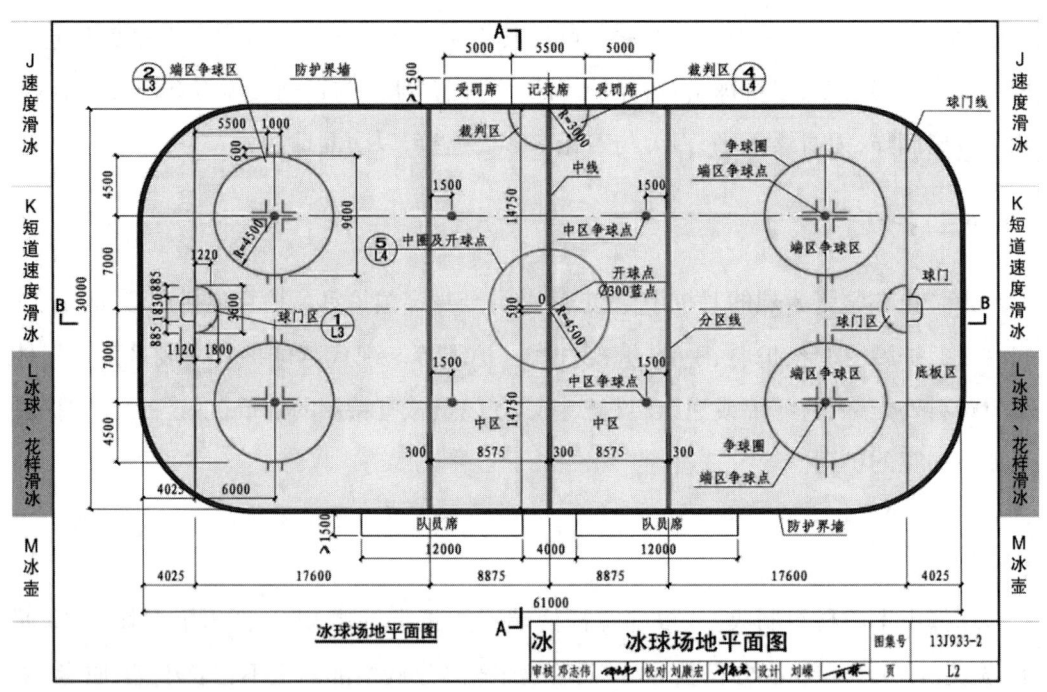

图7-1 冰球场地平面图

(三)比赛规则

冰球比赛在同一组别的两个队间进行。每队20人。比赛时每队上场6人,包括3名前锋、2名后卫、1名守门员。在比赛中,运动员穿冰鞋,手持冰杆,身穿国际冰联规定的护胸、护肘、护裆、护腿、头盔等护具,在冰球场内按规则运用滑行、运球、传球、射球、身体阻截等技术,在战术配合下相互攻守,力争用冰球杆将球射入对方球门。

比赛进行中,各队可随时换人,运动员犯规要受到离场2分钟、5分钟、10分钟乃至更重的处罚。全场比赛分为3局,每局20分钟,中间休息15分钟。最终以射门得分多者为胜。

运动员不可以用冰球杆打人,用拍刃刺人,用杆柄杵人、钩人,不准抱人、绊人、横杆推人、抛扔球杆和用肘顶人、用脚踢人,不可以干扰裁判员和工作人员。违反者根据情节给予小罚、大罚、取消比赛资格、罚任意球等处罚。防守队员可以用肩、胸、臀部对控制球的进攻队员进行合理冲撞,也可用身体阻挡。同队队员可在一个区域内互相传球,但不能从守区向位于前半场的同队队员传球,违者被判为越区传球。攻队队员先于球进入攻区为越位。

裁判人员包括两名场上裁判员、两名监门员(球门裁判员)、两名边线裁判员、一名计时员和一名记分员。场上裁判员共同控制整个比赛,各负责半场。边线裁判员主要负责当有人越位时打出信号。

五、冰球运动基本技术分类

冰球运动的基本技术包括以滑冰技术为基础的滑跑技术和与足球运动相近的攻防技术。

(一)滑跑技术

滑跑是冰球运动员必须熟练掌握的基本技术,包括起跑、正滑、倒滑、惯性转弯、左右压步转弯、急停等,还有守门员的特殊滑行技术。其特点主要在于骤然起跑、频繁变换方向和急停。滑行姿势应是上体抬起,稍前倾,眼睛向前看,两脚蹬冰频率稍快。这种滑行姿势有利于在场内急跑、急停和频繁变换方向。

1. 起跑

起跑是冰球的基本技术。起跑技术的练习是冰球运动技术训练的基础,也是战术训练的基础。冰球的起跑是指运动员从静止状态或慢速滑行中,所做的突然、快速的加速动作。在紧张激烈的比赛中,起跑通常用来摆脱对方、接应传球、突破进攻、争夺球权或回防等。起跑包括正面起跑和侧面起跑等。

正面起跑的动作方法是:

(1)两膝弯曲,两脚同肩宽站立于冰面,上体略前倾;

（2）起跑时，上体进一步前倾，与冰面成45度角，重心前移，如用左脚开始起跑，左脚向外转，与滑行中线成80—90度角；

（3）用左腿蹬冰，同时右腿前摆（不宜太高），右臂用力后摆，右脚下刀时，冰刀与前进的直线大约成50度角；

（4）右脚落冰后，体重移至右腿，右腿屈膝降低重心，立即开始第二步的蹬冰动作。

侧面起跑是一种侧向的起动技术，一般在双脚急停后或双脚急转弯后采用，动作方法是：

（1）两脚开立，两刀平行，两膝弯曲，上体正直；

（2）起跑时，如向右起跑，上体向右倾斜，重心向右移动，左脚向左侧蹬冰后从右脚上跨过做交叉压步，体重移至右腿上；

（3）右腿向左侧蹬，用右刀外刃前半部切入冰面蹬冰，左脚刀落冰与运动方向垂直；

（4）跑一两步后，上体带动右髋、右腿转向正面滑行。

2. 滑行技术

滑行技术有大步滑行、两脚不离冰滑行和急停；压步转弯、倒滑和急转弯；短步滑行和起跑；正滑转倒滑、倒滑转正滑、跳跃。运动员随意变换滑行方向和步伐频率。滑行建立在单腿支撑能力、平衡能力和身体灵活性的基础上。

3. 急停

急停是冰球项目中非常常见的一个技术动作。急停的动作分为单脚内刃急停、单脚外刃急停、双脚急停、单脚倒滑急停、双脚倒滑急停。

（二）攻防技术

1. 进攻技术

（1）控球技术。一只手抓住球杆末端，另一只手背到身后，在球杆末端的手对球杆的方向变化进行控制，利用手腕改变方向，另一只手起稳定作用，在左右脚的距离之间进行拨球。

注意：双腿弯曲保持动态律动，尽量不移动，模拟上冰；双手保持在身体前方；用球杆拍头的中间接触球。

(2)传球技术。准备姿势时两脚之间距离变短。当主动将球从正手位拉至反手时,左脚可以上步,形成左脚在前、右脚在后的姿势。双手握杆方法保持不变,但双手之间距离更近。身体微右转,运动员用反拍接停球时,进行必要的缓冲将球停下。运动员从后往前移动过程中拍头和球始终保持接触直至将球传出。运动员传球时,身体重心逐渐前移,出球后没有随挥动作。左脚在前时,传球动作同正手,保持左手在下将球推送出。

(3)争球。争球是获得球权的重要手段,每一场冰球比赛,从开始到结束,都要进行多次争球。在攻区争到球后,可直接射门得分;在守区争得球后,既可减少对球门的威胁,又可立即组织进攻。争球时,裁判员将球抛在两方争球队员的冰球杆之间的冰面上。争球队员应正面向对方端区站立,彼此相距约一冰球杆远的距离,杆刃放在冰上,两腿分立,两脚距离略比肩宽,集中注意力并对本队队员所站位置做到心中有数,待裁判员一抛球,立即击拍争球,拨球给同队队员。

(4)击射。击射是一种最快、最有力量的射门方法。击球前,上体向后移动将杆向后上方举起,然后后腿用力伸展蹬冰,利用腰腹力量使上体向前移动,同时肩带、上臂肌肉发力,从后向前迅速挥拍。击球时,杆刃击在球后几厘米的冰面上,利用冰面对杆产生的变形弹力击打冰球,使球从杆刃后半部向前半部转动旋出。整个动作相当快速。

(5)垫射。垫射是指运动员利用球杆触球,使从后方或者侧方射向球门的冰面球的路线、方向、角度得以改变的射门。

(6)反拍射。反拍射是指射门时反手运球转弯切入时或正手拉杆后,用拍杆刃扣住球,然后两手挥拍、扣腕、指向目标,使球从拍尖旋转而出,飞向目标。反拍射射门的方向变化大,守门员难以判断,可增加得分机会。

(7)越位。比赛中进攻队员控制球时,同队队员先于球进入攻区。判定越位是根据队员的冰刀位置,只有队员的双刀完全超过蓝线进入攻区时,方为越位(蓝线越位)。同样,队员不得从自己的守区向位于中间红线前的同队队员传球,否则,将被判为传球越位(红线越位)。

2.防守技术

(1)蝶式防守。当对方射门时,守门员以正常防守姿势两脚刀跟迅速外展,以刀尖为支点,双膝跪于冰面上,小腿以正八字开角紧贴冰面,堵挡射球。

(2)跪挡。跪挡是指冰球比赛中,守方队员面向进攻者,单膝或双膝跪于冰面上,将球杆平伸于冰面,用球杆或身体挡球,或者用球杆刺扫对方球杆以阻止对方的射门。

(3)阻截。阻截是指在冰球比赛中为阻止对方进攻施行的动作,是冰球运动中重要的技巧之一,运用得当,可以大大增强球队的防守力量,并且大大增强截球的能力。阻截分为前场阻截、后场阻截、钩球阻截、身体阻截等。

钩球阻截:阻截者必须赶上运球者,并将球杆插到进攻者的杆下把球钩出。阻截者在钩球阻截前,也可以挑起进攻者的球杆,滑到进攻者的前面。

身体阻截:阻截者要做到精神集中、动作敏捷灵活和预测准确。阻截者要把注意力集中到运球者身上而不是球上。在运球者接近阻截者时,阻截者要看着他的胸部,找时机并利用角度变换滑到运球者身边去,用肩部冲撞带球队员,严禁用手套戳到运球者的脸上或者抓住对方的球拍。

六、冰球比赛解说案例

冰球是一项刺激、紧张、瞬息万变的比赛项目。想成为冰球的解说员,不仅要具备扎实的基础理论知识,还要运用迅捷的思维来应对场上瞬息万变的局势,做到及时准确地向观众解说赛况。

本节我们以2018年平昌冬奥会男子冰球小组赛挪威对瑞典场的解说词为案例[①],解说员是中央广播电视总台的吴为。

中央电视台,中央电视台,观众朋友们,大家下午好!欢迎各位收看平昌冬奥会男子冰球小组赛,瑞典迎战挪威。场上身穿红色球衣的是挪威队,身穿黄色球衣的是瑞典队。瑞典队是这个小组当中世界排名最高的,目前他们的世界排名是第3位,挪威队的世界排名是第9位……

这场比赛是在江陵的冰球中心进行的,我们在现场为大家带来直播。瑞典队今天的先发门将是30号维克托·法斯特,他们的一组球员是10号林德·斯特伦、17号林霍尔姆、45号莫勒、29号古斯塔夫松和51号阿内勒夫。挪威队的先发门将是30号拉尔斯·豪根,他们的一组球员:后卫是6号霍洛斯和10号诺尔斯特伯,前锋是40号肯安德烈奥林布、41号托勒森和46号马蒂斯奥林布……

瑞典队在中区没有办法突破,再走右路,进到蓝线。这一次冲撞还是比较凶狠的。

[①] 男子冰球小组赛 挪威 VS 瑞典[EB/OL].(2018-02-15)[2023-01-03]. http://2018.cctv.com/2018/02/15/VIDEGsGZezcDcX2CBpKMjB81180215.shtml.

瑞典队的12号球员彼得松,直接被对方撞到了板墙上。两个人换个位置再给底板区。有一个小的闪失,球没有接住。瑞典队把球抢下来,控住蓝线,轨道中间有机会! 大门被封挡,再射门,还是在右侧。

67号奥马克,就是效力于乌法萨拉瓦特队的球员。控制得不错,瑞典队现在一边控制一边换人,好球! 漂亮,球进了! 17号的林霍尔姆(进球了)……

瑞典队在此期间非常从容不迫地完成了换组,由刚刚登场的17号球员林霍尔姆打进了比赛的第一个进球,瑞典队现在1∶0领先。我们可以看刚一上场他就在敲杆,然后接到了队友的传球,直接射门成功,助攻来自奥马克和莫勒……

尽管每一名球员都穿着护具,但是这种高速飞行下的球打到身体上依然是很疼。各方在中区争抢下来,瑞典队控球,挑衅对方的端区,再由前锋球员上前来抢,挪威队这球没有扛过去。瑞典队后场挡球,瑞典队再次带球进入攻区。漂亮的传球,好球,球进了! 2∶0。配合太漂亮了!

挪威队的守门员豪根在找主裁判理论,认为刚才对方有球员在门区内干扰到了他……我们看到瑞典队的18号艾维贝里被对手直接挤进了门区里,4名裁判现在在一起商议这个球到底是不是有效。按照国际比赛的规则,如果攻方球员的冰刀进入蓝色的区域,也就是球门区,那么有进球也要吹无效,这要被称之为门区越位……

瑞典队继续控制,这节比赛瑞典队打得有些失控,无论是对对方的压制还是自己的配合,都出了问题。现在(瑞典队)还是在底板区配合,但这种球过不去,对方防守球员毕竟不是桩子,不能站在那儿让你过去,想从狭小的空间通过,那必须得有超然的滑行技术。这球好像打到了门柱上,一声清脆的响声。第二节的比赛节奏真的非常快,转眼还有不到三分半钟就要结束,比分虽然没有改写,但是这一节比赛挪威队给瑞典队制造了太多的压力。

好球! 这是一次射门的好机会。瑞典队在这一节打到现在才只有5次射正①,而挪威队这1节已经有10次射正了,瑞典队把球封下来,轻巧地打到对方的底板区,双方都在换人。瑞典队打出来,射门! (把球)给蓝线,再交出来,再回到蓝线,控制得还是不错,但是没有形成真正的威胁。

瑞典队只用了半边球场,左半边是闲置状态,一直都在右侧。打门! 刚才是被挪威队的球员用身体把球封挡下来,(现在)必须控制(球),还是在右侧。打门! 就是没有能够通过(挪威队)防守球员。没有压住蓝线,看这一次瑞典队怎么去组织,左侧进

---

① 射正:如果守门员不扑救会导致球的进门,一次射正必然会被记为一次进球或一次扑救。

到蓝线里,到底板区传……此时,裁判员要鸣笛停止比赛,把球拿回到中区争球点重新争球、开始比赛。而此球之后被认定为有效球,但没有完成射门动作。挪威队在前场控球然后传过去,但是防守很紧,球断下来了,瑞典队漂亮地变向。这球传得不好,死球①。

  在上面所给的示例中,比赛开始前,解说员先介绍了双方的队伍,让观众先对比赛双方有了简要了解。比赛开始后,通过解说员的解说,观众可以了解到双方在比赛过程中哪里进行了控球、又在哪里出现了冲突。比如示例中:"各方在中区争抢下来,瑞典队控球,挑衅对方的端区,再来由前锋球员上前来抢,挪威队这球没有扛过去这边。"在解说员说这句话时,场上的场面给人的直观感受是比较混乱的,尤其是当球员们为了球而聚集在一起时,观众可能无法得知场上到底发生了什么,这就需要解说员出来解释赛场上的状况,也就意味着解说员要有迅速的反应能力和清晰的表达能力。冰球比赛的时长其实不短,如果只是一成不变地严肃解说,或许会引起观众的疲乏。因此,我们也可以将语言适度润色一下,以免太过单调、呆板。比如上面的示例中,说到球员想从对方球员的间隙中钻过去时,吴为就说"对方防守球员毕竟不是桩子,不能站在那儿让你过,想从狭小的空间通过,那必须得有超然的滑行技术"。这句话既说明了赛况,又显得生动活泼。想要做好解说绝不可能一蹴而就,不仅冰球解说,其余任何运动解说都是如此。我们需要长期积累,将理论和实践相结合。

第二节 冰壶解说

一、冰壶比赛解说概述

  冰壶(Curling)又称冰上溜石,是以队为单位在冰上进行的一种投掷性竞赛项目,被称为"冰上国际象棋"。冰壶主要考验的是参与者的体能与脑力,擦冰的力度及发球时的角度都需要进行科学的计算,展现动静之美、取舍之智慧。
  冰壶运动是智慧与力量的结合,同时又是富有激情的,运动员在比赛过程中经常伴随着呐喊,气氛十分热烈。冰壶之所以被称为"冰上国际象棋",不光是因为在冰面

---

① 死球:是指当一名球员从红线的一侧(守区-中区)出球,射向攻区,并穿过攻区的球门线期间,没有队友碰到冰球。

上投打的过程像下象棋,更因为冰壶运动需要一定的战术布局,体现了冰壶运动的智慧性。

冰壶运动项目解说的总体特点是:赛前介绍赛事特点与规则、比赛所用冰道以及场地规格、参赛选手等相关信息;比赛中以赛况描述为主,辅以对选手策略的分析,紧跟选手节奏,用高度专业的解说呈现这场"冰上国际象棋"。

冰壶是冬奥会中持续时间最长、最考验选手耐力的项目,它的魅力在于选手每个细小动作和力度偏差都会对冰壶运动轨迹造成影响。因此,往往一个小小的细节都会对比赛结果造成巨大的影响,非常考验运动员的临场应对能力。一场冰壶比赛下来,运动员们往往会精疲力竭。在解说时,解说员一定要全神贯注地关注每一个细节,抓住每一个转机,应通过解说让比赛更加刺激精彩。冰壶运动考验智力,因为它的比赛规则特别注重战术和策略。

二、冰壶的比赛发展简史

14 世纪,冰壶起源于苏格兰。苏格兰还保存着刻有"1511 年"字样的砥石。砥石是早期冰壶的主要制作材料,产于苏格兰周边的一个小岛——艾尔萨克雷格,而这个小岛盛产的花岗岩也被认为是世界公认最适合用来制作冰壶的材料。这个刻有"1511 年"字样的砥石就是最早的冰壶。16 世纪中叶,最早的冰壶比赛出现。1795年,第一个冰壶俱乐部在苏格兰创立。1838 年,创立于 19 世纪初的苏格兰冰壶俱乐部为这项运动制定了正式的比赛规则。1924 年,在英国和法国爱好者的努力下,冰壶作为表演项目被纳入第一届冬奥会。1927 年,加拿大举行了首次全国性冰壶比赛,当时称为麦克唐纳·布赖尔(Macdonald Brier)锦标赛。1965 年 3 月 1 日,由英国皇家冰壶俱乐部发起,由苏格兰、加拿大、美国、瑞典、挪威及瑞士 6 个国家和地区代表参加的国际冰壶会议在苏格兰珀斯召开。

1967 年,国际冰壶联合会的组织机构和章程草案在珀斯会议获得批准。1968 年,国际冰壶联合会年会在加拿大魁北克举行。这次会议通过了新的竞赛规则,并决定举办世界冰壶锦标赛,以代替苏格兰杯锦标赛。1975 年,为进一步推动冰壶运动的开展,扩大其影响力,国际冰壶联合会决定举办世界青年冰壶锦标赛。1980 年,麦克唐纳·布赖尔锦标赛更名为拉巴特·布赖尔(Labatt Brier)锦标赛。1988 年,世界青年女子冰壶锦标赛获得批准。

1989 年,为了规范世界冰壶锦标赛,国际冰壶联合会决定将世界男子冰壶锦标赛、世界女子冰壶锦标赛、世界青年男子冰壶锦标赛以及世界青年女子冰壶锦标赛合并为两个系列,即现在的世界冰壶锦标赛(WCC)和世界青年冰壶锦标赛(WJCC)。1991年,国际冰壶联合会正式定名为世界冰壶联合会(World Curling Federation),并获得了国际奥委会的承认。1992年7月21日,国际奥委会在西班牙巴塞罗那会议上通过了将冰壶纳入冬奥会的决议。1993年6月19—22日,国际奥委会会议在洛桑举行。在这次会议上,国际奥委会批准了将冰壶列为第18届冬奥会正式比赛项目。2000年,中国第一支冰壶队——哈尔滨市队成立。2002年,冰壶运动已发展到50多个国家和地区,其中已有39个国家和地区加入世界冰壶联合会。2003年,我国第一支国字号队伍诞生,同年,中国加入世界冰壶联合会,自此,世界冰壶比赛才有了中国运动员的身影。

三、冰壶的器械装备

(一) 冰壶

冰壶由来自苏格兰艾尔萨克雷格岛的无云母花岗岩制成。由于数百年的长期开采,用于制作冰壶的花岗岩越来越少,这使得冰壶的价格非常昂贵。一套较好的冰壶大约要13万元,而一套普通冰壶也要6万元左右。冰壶的标准直径为30厘米,高度为11.5厘米,重量约为20公斤。冰壶的底部是凹陷的。改善冰壶底部的凹凸程度,可以使冰壶滑得更精准可控,滑行在冰面上的弧线更有曲度。冰壶底部有一种苏格兰产的特殊石头,与冰面接触,磨损后可以移除和更换。

(二) 冰壶刷

冰壶刷起到延长冰壶运行距离和使冰壶行走弧线的目的。运动员可以用冰壶刷刷冰面、以改变冰壶与冰面的摩擦力,也可以调整方向,使冰壶向着投掷要求的方向滑行。对于冰壶运动初学者来说,在运动中,需要用到助滑器,这是个很好的辅助工具,可以帮助初学者更好地掌握平衡,起到支撑身体的作用。

(三) 冰壶鞋

冰壶鞋的两只鞋底部质地不同,滑行的一只鞋底部有专用滑板,运动员平时套上鞋套保护滑板;辅助脚(或称蹬冰脚)的鞋子正面前部粘有保护层,比赛中掷壶时这一部分需要与冰面接触产生摩擦。

(四)起蹬器

抛壶时,运动员身体下蹲,蹬冰脚踏在起蹬器上用力前蹬,使身体以跪式向前滑动。同时,他们握住冰壶,从本垒圆心向前推壶。当到达前卫线时,放开冰壶,使其以直线或弧形轨道自行滑至营垒中心。

四、冰壶比赛各项目简介

冰壶标准场地长45.72米,宽5米,冬奥会赛场设4条赛道,赛道内的冰层要有清晰可见的标志线。北京冬奥会冰壶赛场设在北京赛区的国家游泳中心,将"水立方"改造成为"冰立方",使国家游泳中心成为世界首个实现"冰水转换"的"双奥场馆"。

(一)男子冰壶/女子冰壶

1. 项目概述

冰壶是以队为单位在冰上进行的一种竞赛项目。比赛时,每场由两支队伍对抗进行,每队由4名运动员组成。比赛共进行10局。每名运动员均有两个冰壶,即有两次掷壶机会。两队按一垒、二垒、三垒及主力队员的顺序交替掷壶,在一名队员掷壶时,由两名本方队员手持毛刷在冰壶滑行的前方快速左右擦扫冰面,使冰壶能准确到达营垒的中心。同时对方的队员为使冰壶远离圆心,也可在冰壶前擦扫冰面。运动员掷壶时,身体下蹲,蹬冰脚踏在起蹬器上用力前蹬,使身体跪式向前滑行,同时手持冰壶从本垒圆心推壶向前,至前卫线时,放开冰壶使其自行以直线或弧线轨道滑向营垒中心。

2. 竞赛方法

掷壶队员在力求将冰壶滑向营垒中心的同时,也可在主力队员的指挥下用冰壶将对方的冰壶撞出营垒或将场上本方的冰壶撞向营垒中心。每壶1分,积分多的队为胜。当双方队员掷完所有冰壶后,场地上冰壶越接近营垒中心、营垒中心的冰壶数量最多(积分最多)的队伍获胜。冰壶得分规则如图7-2所示。

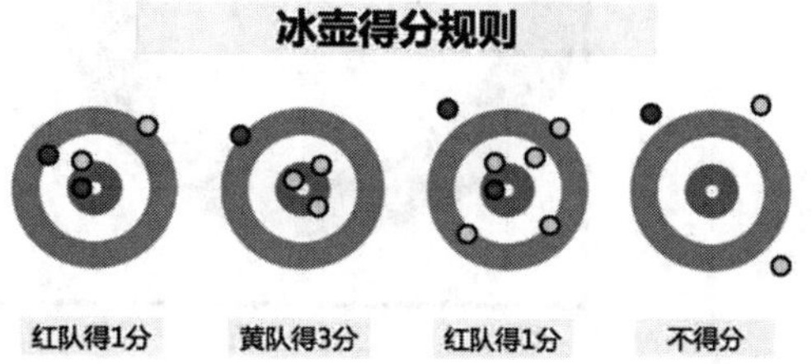

图7-2 冰壶得分规则

(二)混合双人冰壶

1. 项目概述

每队两名队员,男女各一名,无替补队员。整场比赛不能满足上述条件的队伍视为弃权。得分计算与一般冰壶比赛算法相同。比赛采取 8 局制,每队每场比赛按每局所获分数相加,分数多者为胜,胜者得 1 分,负者得 0 分。每队每局投出 5 个冰壶。比赛分为小组循环赛和淘汰赛两个阶段,共有 A、B、C、D、E 这 5 个组别。小组第 1 名将直接晋级,全队投壶赛(DSC)①成绩最好的小组第 2 名也将直接晋级。其余 4 支小组第 2 名队伍将决出 2 支队伍共同晋级复赛,复赛 8 支队伍将采取淘汰赛的方式决出最后的冠军。

2. 竞赛方法

每局比赛之前,一队应指示裁判员将其固定壶放到赛道上标为 A 和 B 的其中之一的位置。裁判员将对方队的固定壶放到空出来的 A 或 B 的位置上。详见图 7-3(中区占位)和 7-4(边区占位)所有有效壶(包括固定壶和大本营中的壶),在一局的第四个壶投出之前禁止移动到无效位置。第四个壶是可以将任意壶撞出有效区的第一壶。如果发生违例,投出的壶应拿开,所有被撞击的壶应由未违例队伍放回违例发生前的位置。

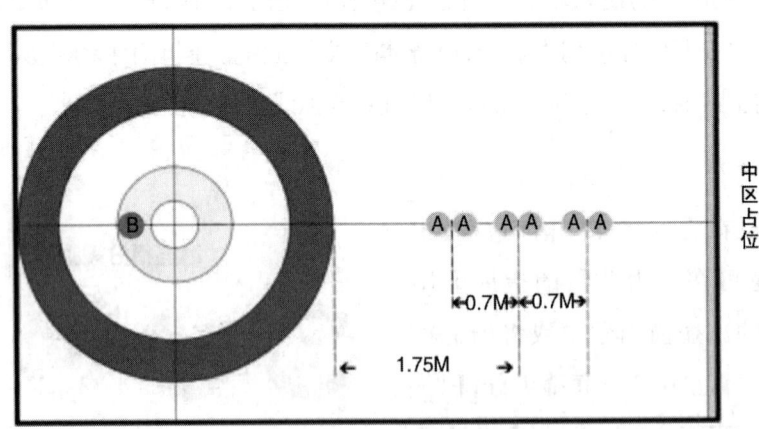

图 7-3 冰壶竞赛示意图 A 点

---

① DSC 是每场比赛两支队伍进行投壶距离圆心距离的数据,距离圆心越近,比赛就能在第一局拿到后手优势。

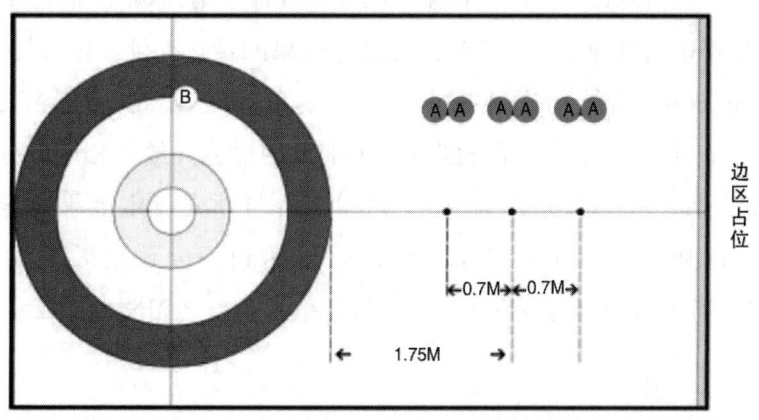

图 7-4 冰壶竞赛示意图 B 点

五、冰壶技术

(一)冰壶基本技术

冰壶投壶技术是以滑行速度为标准,将投壶技术分为慢壶(投准)技术和快壶(击打)技术。慢壶技术包括投进、占位、保护、传进、分进、粘贴;快壶技术包括击打、击走、清空、双击、传击、溜壶、打甩、打定。

投进指投进大本营的有效投壶;占位指投进非大本营的有效投壶;保护指为挡住前面大本营里的得分壶,或是挡住击打得分壶的路线的有效投壶;传进指控制力量将己方壶传进,并对传进的壶做了很好防守的有效投壶;分进指控制力量将己方壶传进离圆心更近的距离,或是将对方的壶碰出阻挡路线的有效投壶;粘贴指控制力量将壶粘在指定壶位置的有效投壶。

击打指将对方大本营内的壶击出,并且击打壶留在击走壶位置的有效投壶;击走指用力将对方大本营内的壶击出,并且击打壶防守位置良好,或者能旋转到有效得分位置的有效投壶;清空指用力将对方壶击出,同时己方壶也出局的有效投壶;双击指用力将对方两个或两个以上的大本营内的壶击出,并且击打壶能留在大本营内;传击指用力击打通过对方或己方壶的多壶传递,将对方壶击出,将己方壶击到一个较为有利的位置的有效投壶;溜壶指有意不接触任何壶的投壶;打甩指以某个角度来击打对方冰壶,自己的冰壶向左或者向右发生移动,从而藏在占位壶的后面,增加对手打击难度;打定指将对方的冰壶击打出大本营,自己的冰壶停在原位不动。

依据瑞士冰壶信息技术有限公司制定的权威统计规则,冰壶投壶成功率是指运动员在训练或比赛中的各种投壶所达到预先设定效果的量化评价。相关规则对6种慢壶(投进、占位、保护、传进、分进、粘贴)和6种快壶(打定、击走、清空、双击、传击、溜壶)共12种投壶技术的执行情况分别进行了细致的描述并给予相应的分值,其中溜壶记为X不进行分析。概括来说:4分(100%):与预先设定效果完全一致;3分(75%):基本达到预先设定效果;2分(50%):达到预先设定效果的50%;1分(25%):具有一定效果;0分:没有达到预先设定效果或与之相悖。

(二)运动员位置

为避免拥挤,比赛规则对于运动员的位置也有所规定。冰壶竞赛球员位置示意图如图7-5所示。

非掷壶队:主将及副将可站立于标的端之底线后方,主将也可立于掷壶队之主将之后。下一顺位之掷壶员可站在后板附近,而其他运动员则可站在冰道底端之后或比赛赛道之外。

掷壶队:持冰刷之主将(或副将)可立于标的端圆心线后方之任何位置。

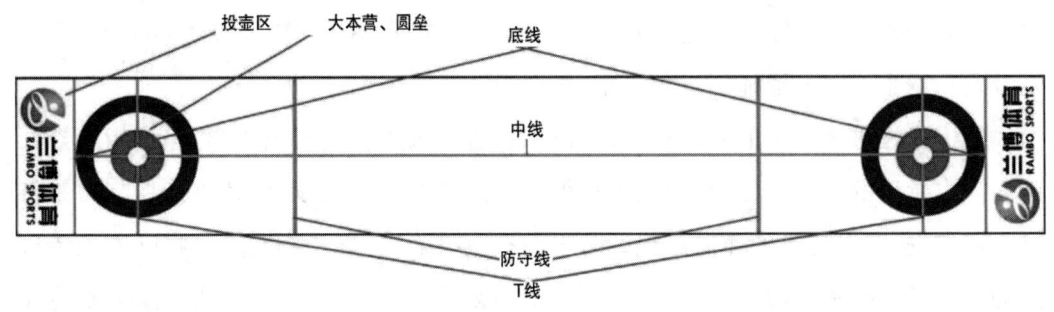

图7-5 冰壶竞赛球员位置示意图

(三)特殊情况

若掷壶员未在冰壶抵达壶端栏线之前将壶离手,则非掷壶队有权选择该壶的处理方式:一是仍视该壶为有效;二是将该壶视为出局,并将所有受该壶碰撞之局内壶放回原位。

(四)意外受触

当冰壶掷出,正在滑行时,若掷壶方的运动员(通常是刷冰员)不慎以身体、衣服或是冰刷碰触此壶,此壶即视为受触壶。在其滑行完成后,非掷壶队有三种处理该壶的方式:一是仍视该壶为有效;二是将该壶视为出局,并将所有受该壶碰撞之局内壶放回原位;三是估算若壶未受碰触,则场中各球的位置应会如何,并将场中各球移至其估算位置。

(五)刷冰规则

掷壶方之刷冰员可在两圆心线间为对方任何在移动中的冰壶刷冰。但在圆心线之后,每队仅有一名主将可为对方的冰壶刷冰。

(六)计分

拥有位于圆垒中、位置最接近圆垒中心的冰壶的队伍得分。该队每颗位于圆垒中、位置较另队所有冰壶都更接近圆心的冰壶皆可获计一分。在移动任何冰壶之前,两队应对得分情形获得共识。

(七)测量

若属于不同队的两颗冰壶无法判定何者较接近圆心时,除非另有冰壶更接近圆心,否则该局将被视为不计分。

六、冰壶比赛解说案例

在解说冬奥会冰壶比赛项目时,解说员首先要对冰壶的比赛规则或者参赛运动员的个人信息进行简单的介绍,注意简洁,不可顾此失彼,让听众得以了解即可。其次,在解说过程中,除了应用专业术语进行解说以外,解说员也应该加以风趣幽默、通俗易懂的语言,让听众更容易理解,不容易产生听觉疲劳。最后,在解说层面上的重中之重在于解说的内容,冰壶比赛不同于其他冰雪项目,这项比赛存在更多的不确定性,极容易发生"大反转"的现象。在解说过程中,解说员要对接下来的局势给出判断或者预言,增加比赛的悬念感和刺激感,同时注重尊重选手意愿,不要妄加评论口无遮拦,在情绪上既要展现民族热情,也要客观看待,端正解说立场,避免情绪化。

以男子/女子冰壶比赛为例,每场比赛4名队员,每人有两次投掷机会,双方队员掷完所有冰壶后,以场地上冰壶距离营垒圆心的远近决定胜负,每壶1分,积分多的队伍获胜。谁先打谁后打?谁给谁做掩护?谁来一"壶"定音?对于这些问题,运动员既要提前想好,也要根据瞬息万变的赛场情况进行动态调整,队员应完美配合,才可能取得最终的胜利。对于选手的策略战术,解说员要进行必要且具备专业性的分析与解读,使观众们更具氛围感和参与感。

本节我们以中央广播电视总台解说员姜毅在2018年平昌冬奥会男女混双冰壶决赛的解说为案例①,供解说冰壶比赛的初学者参考与学习。

今天的对阵双方是加拿大队和瑞士队,加拿大队出场的是劳斯和莫里斯的梦幻组合,瑞士队出场的是2017年世锦赛的冠军佩雷特和里奥斯,这次双人赛共有8局。两队轮流来投掷,每队有6只壶,其中各有一只放在指定的位置,两名选手总共投5只壶,其中投掷第一只壶的选手呢,会投第五只壶,而投掷第二只壶的选手会连续地投二、三、四垒。在每一小局的开局之前,选手是可以互换的,男选手之前第一局是投一垒,那么第二局他投二、三、四垒是被允许的,但是一旦你去拿了第一只壶了,这个顺序就不能再被打破了。单局结束之后,会计算双方在大本营内的有效壶,离圆心最近的壶是得分壶,有几只比对方更靠近圆心,就会得到几分……

双方第一局的比赛就打得很胶着,现在看来加拿大队的这个红壶是位置最好的,这位置排第二的壶不好判断。这个弧线还没划出来,划一个相对比较大的弧线,弧不够完美,自己也是轻轻地顿了一下刷子。不过这个壶却把大本营内的壶都击打了出去,使得第一局比赛双方以0比0打平,由此可见双方刚开始都比较谨慎保守。那接下来他们会不会有所调整呢?我们一起来看看……

比赛进行到了上半场的最后一投。这个局面,加拿大队很明显至少有两只壶被包含,并且现在加拿大队拿着后手,现在这个局面几乎又形成了一个铁疙瘩,如果是大力地击打,加拿大队左上方的这只壶极有可能会被左侧的这只黄壶保护住。所以我觉得面对这个局面呢,会有点无奈,现在他们希望把这只壶往中间悬。看看这条线路还有没有。现在劳斯就准备从右侧来入手,如果能够……啊!放弃掉了,就是双方觉得这个局面太"铁"了,没有改变的余地。拿到一个大分——两分,加拿大队已经知足了,不去追求别的战果……

本节节选了本场比赛的精彩部分,姜毅在将近90分钟的比赛过程中,用轻松幽默

---

① 冰壶混双决赛:加拿大 VS 瑞士[EB/OL].(2018-02-13)[2023-01-03].http://2018.cctv.com/2018/02/13/VIDEDGxAWOj4kIsAXoqlZcFr180213.shtml.

的语调讲解了冰壶比赛紧张刺激的实况。姜毅的解说风格诙谐幽默,善于制造悬念,专业知识丰富、扎实。

在比赛背景方面,姜毅会充分运用自身解说的特点来对参赛运动员的国家、历史成绩等信息进行简单概括。例如,在本场比赛当中,姜毅在比赛开始就说:"这是一场王者与王者的较量,而这两个王者却大不相同,一个凭借的是技术,而另一个在拥有技术的同时还多了一份运气。"观众在听到这样的解说时不但对这些运动员的战绩以及擅长的战术有了了解,也对接下来的比赛有了更强的好奇心。姜毅在解说时结合画面,重点解说该项运动的技术动作要点、难点以及运动员的完成情况。在解说比赛的专有名词时,他多运用生活当中通俗易懂的例子,让听众更容易理解。除了为观众讲解比赛实况之外,他还在比赛间隙用诙谐幽默的语言穿插一些关于冰壶比赛的规则和趣事。例如,冰壶比赛中先手和后手的分配规则、运动员在投壶后不断读秒的原因、运动员的上肢线条如此流畅的原因、运动员每投采取的战术等。这些表达让观众不仅更容易看懂比赛,了解冰壶比赛的艺术,也能增加观看比赛的趣味性,拉近了与听众的距离。

第三节 速度滑冰解说

一、速度滑冰项目解说概述

速度滑冰(Speed Skating)是一项在 400 米赛道上较量滑行速度的冰上体育运动。与短道速滑不同的是,运动员身体不发生接触,在不同赛道上展开角逐,用时短者获胜。

速度滑冰的 400 米赛道分内道和外道,2 人 1 组进行比赛,每滑 1 圈到达换道区时,内道起跑的运动员须换到外道滑跑,而外道运动员则须换到内道,谁快谁赢。而短道速滑的赛道通常是 111 米的椭圆赛道。短道速滑比赛采用淘汰制,4—8 名运动员在 1 条起跑线上同时出发,以到达终点先后顺序论胜负。

速度滑冰是历史最悠久的冬奥会比赛项目之一,在 1924 年的首届冬奥会上就被列为正式比赛项目。在速度滑冰大部分小项的比赛中,每组有两位选手同时出发(也有因为人数不足一个人滑的),两人在各自的赛道上滑行,空间充裕,每滑一圈需要交换一次赛道。所有选手滑完之后,按照所用时间排定名次。

2022年北京冬奥会速度滑冰比赛场馆在国家速滑馆举行,这里是2022年北京冬奥会北京主赛区标志性场馆,也是唯一新建的冰上竞赛场馆。它位于奥林匹克森林公园网球中心南侧,馆内设置400米滑道,设有座位12,000个。国家速滑馆被誉为"冰丝带",比赛场地采用冰面设计,冰面面积约1.2万平方米。场地采用最新环保技术制冰,冰面温度达到零下10.5℃至零下6℃,厚度为2.5厘米。冬奥会赛后国家速滑馆对北京市民开放,既为运动员提供训练场地,也满足北京市民冬季运动的需求。北京冬奥会速度滑冰全部14项比赛的金牌在此产生。

速度滑冰解说的主要特点是：首先在赛前要解释比赛的规则,由于速度滑冰和短道速滑有些相似,更要着重介绍比赛的规则和特点,以及比赛场地规模与装备。其次是介绍赛况,解说员应时刻紧盯运动员在比赛中的技术调整,对参赛选手的动作姿势、速度对比、用时情况等进行及时、详细、准确的解说。最后,解说员还应在揭晓排名之后分析结果,让受众能够更好地了解比赛,要注意过程中的气氛调动。

二、速度滑冰运动简史

(一)世界速度滑冰运动简史

速度滑冰是一项历史悠久的运动,早在11—12世纪,在荷兰、英国、瑞士以及斯堪的纳维亚一些国家的早期文献中就有关于将动物骨骼绑在脚上在冰上快速移动的记载,这是滑冰运动的早期雏形。

13世纪中叶,一种安装在木板上的铁制冰刀在荷兰出现。1572年,一位苏格兰人制造了第一副全铁制冰刀。

1742年,第一个滑冰组织爱丁堡滑冰俱乐部(Edinburgh Skating Club)在英格兰创立。这个俱乐部制定了许多的章程和条例,对于滑冰运动的发展具有重要意义。

1763年2月4日,英国首次举行了距离为24公里的速度滑冰比赛。1805年,荷兰北部弗里兰斯省的省会吕伐登举行了第一场速度滑冰比赛。当时比赛是在一段直道上进行的,且距离较短,参赛人员为130多名女性。之后荷兰其他地区也举行了类似的比赛,分别是1823年在沃德森德地区和1840年在多克姆地区的比赛,但参赛选手只限于男性。

19世纪40年代,速度滑冰从英格兰和荷兰迅速传入其他国家,滑冰俱乐部也由此纷纷建立。

1842年,也就是爱丁堡滑冰俱乐部诞生100年后,速度滑冰已发展到70多个国家和地区,促成了许多速度滑冰组织的产生,其中已有59个国家和地区的速度滑冰组织加入了该俱乐部。

1850年,美国的E. W.布什内尔制造了第一副钢制冰刀,取代了苏格兰人制造的铁制冰刀。不久后,挪威人阿克塞尔·保尔森发明了管状速度滑冰冰刀。

19世纪后期,资本主义完成了向垄断资本主义的过渡,各种国际垄断组织相继出现。这种经济上的跨越国界,就让加强国际交往和举办国际比赛拥有了客观条件。

1885年,挪威的奥斯陆举行了一场速度滑冰对抗赛。在这场对抗赛中,阿克塞尔·保尔森、卡尔·沃纳和哈拉尔·黑格3位挪威人脱颖而出,他们对世界速度滑冰作出了较大的贡献。他们通过到各国比赛和表演,极大地推动了这项运动的发展,并扩大了影响力。同年,两次大型的国际速度滑冰比赛在德国汉堡和荷兰吕伐登连续举行。在此之后,类似的比赛在挪威奥斯陆和德国汉堡又多次举行。在这些国际比赛活动中,人们遇到的问题多是关于比赛的场地规格、比赛项目以及竞赛的距离。针对这些问题,荷兰人提出了双跑道2人一组同时出发以及设立短、中、长距离比赛项目的建议。

1888年,荷兰人的建议被采纳。根据这一建议,荷兰和英国共同起草制定了一个规则。于是,国际速度滑冰比赛的规则被确定下来。

1892年7月,在荷兰的倡议下,由荷兰滑冰协会主持,在荷兰鹿特丹北部的斯海弗宁恩召开了一次国际滑冰代表大会,这就是世界滑冰史上著名的第一届国际滑冰联盟代表大会。这次代表大会的成果是成立了速度滑冰最高级的组织机构——国际滑冰联盟,奠定了速度滑冰竞赛坚实的基础。

1924年,速度滑冰被列为正式比赛项目纳入首届冬奥会。最初设男子500米、1,500米、5,000米、10,000米和全能5个项目。从第二届冬奥会开始,全能项目取消。

1960年,女子速度滑冰被列入冬奥会,进一步推动了速度滑冰运动的发展。

20世纪90年代中期,继19世纪钢制冰刀和管状冰刀出现之后,速度滑冰冰刀又经历了一次改革。一种被称为"时利波"(slipper)的新式冰刀被发明出来,其最大的特点就是在结构上更加符合运动学、动力学和人体形态学的要求。"时利波"冰刀的出现,使速度滑冰运动的成绩得到了迅速提高。

1998年,冬奥会金牌的获得者和新的世界纪录创造者使用的几乎全部是新式冰刀。荷兰被称为"速滑王国",是获得速度滑冰项目奥运奖牌最多的国家。平昌冬奥会期间,荷兰在速度滑冰女子1,000米、女子1,500米、女子3,000米、女子5,000米、男子1,000米、男子1,500米、男子5,000米这些项目中均获得了金牌。北京冬奥会期间,荷兰在速度滑冰项目中也获得了众多奖牌，取得了优异成绩。

(二) 我国速度滑冰运动发展史

我国的滑冰活动同样历史悠久，早在宋代就出现了由滑雪发展而来的"冰嬉"。元代以后，"冰嬉"更为盛行，并且规模更大，明代有了关于"冰床、冰擦"的记载，清代乾隆年间，更设"技勇冰鞋营"。

19世纪末，欧洲的滑冰运动传入中国，速滑运动逐渐成为北方人民所爱好的冬季运动项目。

1935年，华北冰上运动会在北平举行，媒体称之为"华北冰上运动史之第一页"。虽经过两年的筹备，但华北冰上运动会的设备与场地均为"草创"。作为赛场的中南海冰场跑道的冰面多有凹凸不平之处，冰球场周围竖立的木板参差不齐，很不雅观。整个会场布置虽具雏形，但多因陋就简。华北冰上运动会又称"华北冰上表演会"，项目分为速度溜冰赛、花样溜冰赛与冰球赛。速度溜冰赛又分为男子高级组、男子初级组与女子组。其中，男子高级组赛距分别为500米、1,500米、5,000米、10,000米；男子初级组赛距分别为500米、1,000米、1,500米、3,000米；女子组赛距分别为250米、500米、1,000米、1,500米。这一届华北冰上运动会成为北京城市现代化历程中一道令人回味的风景。

1943年2月，延安举行了1次冰上运动会，比赛包括男、女100米速滑以及各项表演。当时正值抗日战争的决胜阶段，而延安作为敌后战场的指挥中心和解放区政治文化中心，为了丰富老百姓的精神文化生活，推出了一系列活动，而冰上运动会就是其中之一。

新中国成立后，参加速滑运动的人逐年增多，特别是哈尔滨、长春、齐齐哈尔等北方城市的群众性冰上运动都开展得很活跃。

1953年2月，哈尔滨市举行了第1届全国冰上运动会，有6个单位参加了速滑比赛，创造了中国第1批速滑纪录。

1955年，哈尔滨市举行了第2届全国冰上运动会，有72人次打破了全国纪录。

1959年，第1届全国冬季运动会顺利开展。同年，在第53届世界男子速滑锦标赛中，我国选手杨菊成以42秒4的成绩取得500米比赛的第2名。

1961年，在世界女子速滑锦标赛上，中国选手刘凤荣获得全能第4名；在男子锦标赛中，中国选手王金玉获得全能第8名，并在同年9国国际邀请赛中获得全能冠军。

1975年，在挪威举行的世界锦标赛中，中国选手赵伟昌获得500米的第2名。

1980年，中国滑冰协会在北京成立，成为中国滑冰的最高级组织机构。

1980年，中国速滑队参加了在美国普莱西德湖举行的第13届冬季奥运会。

黑龙江省是国内冰雪资源丰富、冰雪运动实力较强的省份之一，中国速度滑冰运动员张虹，就出生于黑龙江省哈尔滨市，她是2024年江原道冬青奥会协调委员会主席、国际奥委会委员、北京冬奥组委运动员委员会委员。

2008年1月，张虹从一名短道速滑选手改项，成为一名速度滑冰选手。2014年2月13日，她夺得索契冬奥会速度滑冰女子1,000米比赛冠军，拿下中国速度滑冰冬奥会首金。

2016年，高亭宇入选中国速度滑冰队。2018年2月，高亭宇以34秒65的成绩夺得平昌冬奥会速度滑冰男子500米铜牌，成为首位在冬奥会上夺得速滑项目奖牌的中国男子选手。2020年2月，高亭宇在世界速度滑冰单项锦标赛中滑出34秒282的成绩，创造个人最佳纪录。2022年，高亭宇担任北京冬奥会中国体育代表团旗手，他在北京冬奥会速度滑冰男子500米上滑出34秒32，在赢得中国历史上首枚冬奥会男子速度滑冰金牌的同时，也打破奥运纪录。

三、速度滑冰硬件要求

（一）场地

1. 速度滑冰跑道

速度滑冰跑道分为标准跑道和其他规格跑道。标准跑道是由两条直线跑道连接两条弧度为180°的半圆式曲线组成两条封闭的跑道。其最大周长为400米，最小周长为333.33米，两种跑道内弯道的半径不得小于25米，不得大于26米。如不能划出标准速滑跑道，可规定其他规格的跑道，可以划出一条全长不少于300米的双跑道，其内弯道半径不少于18米。换道区不少于40米，每条跑道宽不少于2米。

2. 速度滑冰跑道分界线

如图7-6所示，两条跑道要用整齐的等线划分出来，并一直延伸至换道区（直曲段分界线处）。在直道与弯道的交汇处，设有雪线，运动员在进出弯道线时，不能为了缩短滑跑距离而越过内侧雪线或雪线代替物下面的色线和代替物之间的跑道基本线，违者取消比赛资格。在此情况下，弯道的前15米和后15米物块之间的距离为50厘米，弯道中间的物块之间的距离为1米，直道上物块之间的距离为10米。其他界线是否符合规则规定由裁判长确定。速度滑冰跑道必须使用防护垫遮住板墙。垫子由聚氨酯泡沫材料(中或高密度)制成,至少厚 15 厘米,最低高度 1 米,必须能遮住板墙。最低为 0.5 米高的半高防护垫,应安放在全高防护垫的前部。垫子须包上耐水、耐切割的面。

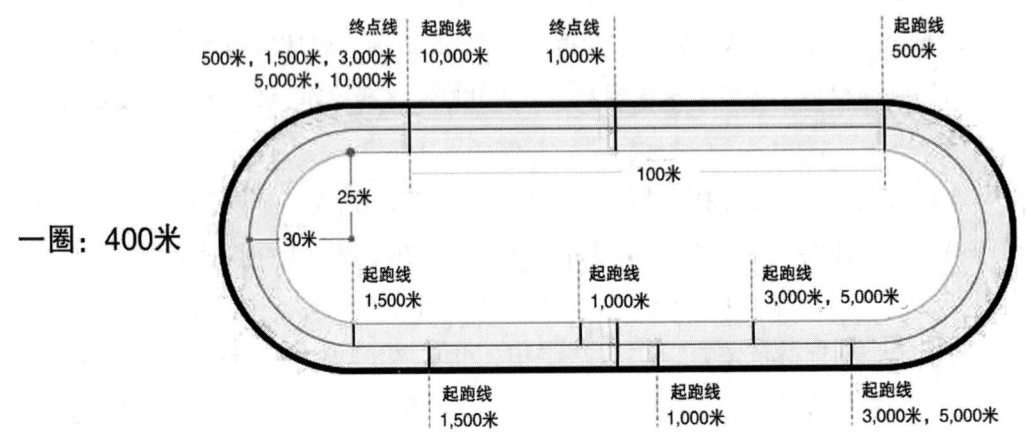

图 7-6　速度滑冰跑道分界线示意图

(二) 防止意外事故的规则

为避免各种意外事故,赛前应对跑道进行测量验证,并要得到裁判长的批准。不准用固定木桩或类似东西标记跑道。标准跑道练习道至少 3 米宽,应在弯道和直道外设置防止意外事故的保护物,不能设雪墙时,应备有至少 15 厘米厚的保护垫。

(三) 运动装备

1. 运动衣

速滑运动员在内衣外必须穿护身衣,由于速度滑冰赛道长、速度快,比赛服装都要考虑风的阻力,紧身服将帽子、上衣、裤子连成一体,由富有弹性的材料制成,经过严格的风洞测试,把阻力降到最小,故速度滑冰运动员一般穿戴尼龙紧身全连服(衣、裤、帽、袜、手套连在一起),如图 7-7、7-8 所示。由于尼龙服保温不好,在温度较低的气候条件下,运动员需穿贴身的棉毛内衣。做准备活动时,冰鞋要套上保温较好的鞋套,以防脚冻伤。练习时要穿保暖服,裤子两侧配有拉锁,以利穿脱。

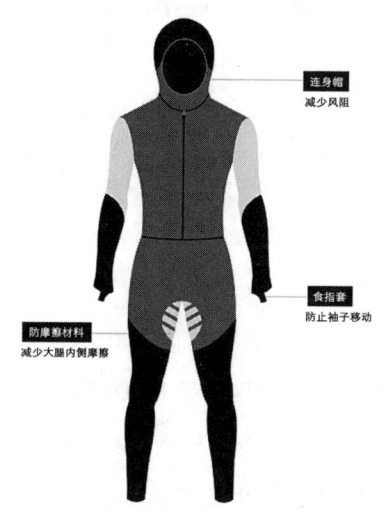

图7-7 速度滑冰专用服装

图7-8 速度滑冰专用服装

2. 臂章

内道选手佩戴白色臂章,外道选手佩戴红色臂章。

3. 冰鞋

速滑冰鞋主要由优质厚牛皮制成,并用玻璃纤维和碳钢加固。速滑冰刀由刀刃、刀身管、前小刀托、前大刀托、前托盘、后刀托和后托盘等部分组成。速滑冰鞋为半高勒瘦长形,鞋跟部为坚硬式,以包围和固定脚跟。鞋底为硬皮,冰刀以螺钉或铆钉固定在鞋底上。

4. 冰刀

比赛用的高级速滑冰刀由优质高碳钢和轻合金制作而成,主要组成部分是底板和刀刃,冰刀还包括刀身管、前后刀托、前后托盘等部件。厚牛皮是制作冰鞋的主要材料,鞋跟采用坚硬材质,鞋底是硬皮,冰刀固定在鞋底上。冰刀的前后都比冰鞋长,前端比鞋尖长8到9厘米,后端比鞋跟长5到6厘米。左脚和右脚的冰刀固定在冰鞋上的位置是有差异的,这是由比赛弯道的方向决定的。过弯道时,运动员的身体向左倾斜。为适应弯道滑行,装冰刀时应该让左脚的冰刀尖处于大脚趾和二脚趾之间,右脚的冰刀尖应处在大脚趾的位置,不论哪只脚,冰刀的末端都应在鞋跟的中部位置。

速滑冰刀与花样滑冰的冰刀不同,也有别于冰球用冰刀。三者的不同主要体现在高度、长度、厚度、重量等几个方面。在三种冰刀中,速滑冰刀的高度处于其他两种冰刀的中间,不会过高也不会过低,速滑冰刀是三种冰刀中最长、最薄和最轻的。为了保持良好的直线性滑行,速滑冰刀的刀刃是平的,而冰球和花滑的冰刀是圆弧状,方便急停转弯。

冰刀和冰鞋是成套组合在一起的,具体来说,冰刀的尺寸样式依据冰鞋的鞋码而定。

四、速度滑冰项目简介

按照国际滑冰联盟的规则规定,速滑项目分男女组,男子组项目为500米、1,500米、5,000米、10,000米、集体出发和团体追逐,女子组项目为500米、1,000米、1,500米、3,000米、集体出发和团体追逐。

一般来说,速度滑冰比赛中每组由2名运动员进行比赛。两条赛道中,内道起跑的运动员在滑行到换道区时须换到外道滑跑,外道运动员则须换到内道。换道时,为了避免运动员冲撞,外道选手拥有换道优先权,如选手在换道时发生冲撞,则判内道选手失去比赛资格。

(一)男子比赛

男子比赛主要分为500米、1,000米、1,500米、5,000米、10,000米和男子团体追逐赛、集体出发等小项。

速滑男子团体追逐赛:2个团队进行比赛,每个团队由3名选手组成,双方从相反的滑道上同时出发,滑行8圈后,由第3名运动员到达终点的时间决出胜负。

集体出发项目:取消个人赛赛道中的内道、外道之间的区分,将热身赛道也加入赛道范围。在比赛赛道上,12—18名的选手同时出发竞争名次。集体出发比赛一共16圈,使用速度滑冰赛道。比赛过程中有3个冲刺点(4、8、12圈),在这3个冲刺点取得前三的可分别获得5、3、1分。最后一圈的终点冲刺,前三名分别获得60、40、20分。比赛结束后按积分排名,同分者比较完赛时间,没积分的也比较完赛时间。

(二)女子比赛

女子比赛主要分为500米、1,000米、1,500米、3,000米、5,000米和女子团体追逐赛、集体出发等小项。

速滑女子团体追逐赛:2个团队进行比赛,每个团队由3名选手组成,双方从相反的滑道上同时出发,滑行6圈后,根据第3名运动员通过终点的记录决出胜负。

集体出发项目:取消个人赛赛道中的内道、外道之间的区分,将热身赛道也加入赛道范围。12—18 名的选手同时出发竞争名次。规则与男子比赛相同。

五、技术动作与相关术语

（一）技术动作

1. 起跑技术

起跑是速度滑冰中的重要阶段,起跑速度与质量影响着滑冰效果和比赛成绩。起跑技术主要运用于短距离项目,运动员要在最短的时间内完成从静止到移动并获得较高速度的过程。

（1）起跑姿势

速度滑冰的起跑姿势有很多,运动员在比赛过程中比较常用的姿势是点冰式起跑。运动员在就位时,身体通常要保持在直立状态,将身体重心后移,大部分重量作用于后脚冰刀上,目视前方。前脚位置要与起跑线形成 45 度角,冰刀刀尖要插入冰面中,插入深度要控制在合理的范围内,刀跟抬起远离冰面,身体要保持平稳。后脚刀刃平行放置在冰面上,前脚冰刀和后脚冰刀的距离和夹角都需要控制在合理范围内,确定好具体位置之后不能随意移动。裁判员在发出预备指令时,运动员的身体要向前弯曲,将身体重心下移,同时将重量作用于运动员前脚冰刀。运动员的肩部要超过前脚刀刃处,前膝弯曲角度和后膝弯曲角度要确定好,运动员的头部与身体要保持在同一直线上,手臂的位置也要摆放正确。运动员身体要处于放松状态,做好起跑姿势后要保持不动,为快速起跑做好准备,保证起跑质量。

（2）起动技术

鸣枪之后运动员的第一步起跑动作是尤为关键的,关系到起跑质量。在起动的过程中,右脚要起到发力作用,在鸣枪之后快速蹬冰,左脚要呈外八字侧面用力,保证起动的规范性。起动技术是起跑技术中的重要内容,只有保证整体的规范性和标准性,才能为后续的短道速滑奠定基础,让运动员将各项滑冰技巧发挥出来。右脚在蹬冰的过程中一定要控制好力度,尽可能地增加蹬冰力量,以此提高运动员起跑过程中的初始速度,帮助运动员在比赛中处于领先位置。

2. 直道滑行技术

直道滑行姿势是大跑道滑冰的基本技术。合理的滑行姿势应是:上体放松前倾,自然团身与冰面平行或略高于臀部，腿部深屈，膝关节成 90 度—110 度角，踝关节成 50 度—70 度角，两臂放松置于背后，头微抬起。滑行姿势根据个人素质、滑行距离、冰场条件、天气情况等而有所不同。直道滑行，关键在于要能掌握适宜的蹬冰时间。冰刀切入冰面，获得牢固支点，同时应开始用最大力蹬冰，应在两腿交接体重的刹那间完成。为了利用体重蹬冰，身体倾斜时体重应牢牢压在支撑腿上，不要过早交接体重。收腿时，要利用蹬冰后的弹力立即放松后腿，积极靠拢支撑腿，不要有停顿和后引的动作。下刀动作应注意膝关节领先，与前进方向一致，向前提拉要快，着冰后动作要轻巧。在直道滑行基本姿势的基础上，两腿交替连续完成蹬冰、收腿、下刀、支撑滑行，并配合摆臂形成完整的直道滑跑动作。滑冰者以相对较高的速度向前滑行，能利用滑行技术，在连续向前滑的同时针对冰展开推进动作。

3. 弯道滑行技术

（1）收腿时与下刀时的技术动作

为了快速使重心进行移动，运动员可充分利用收腿时摆动这一方法，并对出冰刀的角度进行合理选择，使蹬冰时的力量得以增加，这样做的目的是让运动员在蹬冰后仍然可以保持高速度滑行。运动员的右侧腿部在进行收腿动作时，要快速且有力量地摆动整个右腿，使其与左侧腿部形成内压式动作，腿部肌肉发力时确保在近固定的条件下进行，屈体部肌肉要主动进行收缩，而膝盖关节及踝关节处的肌肉要进行适当放松。内收和摆动左侧腿部时应该用"拉、收"的方法完成，因为运动员的身体是向左倾斜的状态，左侧腿部也位于身体下方，使其不容易破坏整体的平衡度。因此，运动员在收右侧腿时要比收左侧腿更积极，左侧及右侧腿的收腿动作也都应与自身身体的倾斜度保持一致。

（2）惯性滑行时的技术动作

运动员在弯道滑行时，惯性滑行动作分为左侧腿部支撑惯性滑行和右侧腿部支撑惯性滑行两个动作。前者是从右侧腿部蹬冰结束后算起，直到右侧腿部收回到跟左侧腿部挨近为止。这时，身体的重心由左侧冰刀后部向中部移动。当右侧腿部超越左侧腿部做快速的内压式动作时，运动员的身体仍然是继续向左侧倾倒，后者在动作中的方向与前者恰恰完全相反。运动员在惯性滑行动作中，身体的重心由自身纵向的运动产生了一定的规律，可以总结为：从冰刀后部向冰刀中部移动，最后移动到冰刀前部，头部与身体躯干则需要保持流线型状态，身体躯干部位在下固定的情况下做支持工作。

(3) 弯道压步滑跑时摆臂的技术动作

运动员在弯道滑跑中,两臂起到的作用是不同的,摆动姿势也是不同的。左臂摆动姿势与直道滑跑时摆动姿势基本相同,不同的是,手臂摆向后高点时与直道相比,弯道时摆动方向更位于人体内侧一些,而手臂摆向前高点时可超过人体的中线。从左侧臂部看,上端臂部是贴着上体的,并且前臂也只是前后摆动,左侧臂部大多数是垂下扶冰面的,这主要是对身体的协调和保护,使整个上体在近固定情况下做向心工作。

(二)相关术语

1. 切断雪线

切断雪线是指运动员进入弯道和在弯道途中有意为了缩短距离,用冰刀切过雪线里沿线或其他代替雪线物的滑行。500米比赛时,运动员只要有一次触及或超越雪线即被取消比赛资格。如所有其他项目的比赛中,运动员有3次触及或超越雪线而两次受到警告时则被取消该项比赛资格。

2. 让道

运动员在同一跑道内前后滑跑时,滑行在前者应让在后者从外侧或内侧超越,不能阻挡,前提是后者不能影响前者的正常滑跑,违者将被取消比赛资格。

3. 交换跑道

速度滑冰赛场为双跑道场地,内道与外道长度不同。比赛时,运动员每滑完一圈后须在划定的换道区进行内外道交换。原先的内道滑跑运动员须在外道滑跑运动员面前穿过换到外道,而后者则换到内道。在此过程中若发生冲撞,内道运动员即被取消比赛资格。

4. 换道区

换道区是指速度滑冰中运动员交换跑道时限定的区域范围,是在标准速度滑冰的场地中,范围不能超过标记1,500米和100米起点的双跑道直道端划定的不少于40米长的区域内。

5. 滑跑犯规

滑跑犯规是指运动员在比赛滑跑过程中的犯规行为。运动员在比赛滑跑过程中出现缩短距离、推人、横切、降速、援助、碰撞、串通和危险冲刺等行为时被认为是滑跑犯规。滑跑犯规的运动员将被取消该项目的录取资格。运动员出现犯规动作,裁判长将向其出示黄牌给予警告,任何运动员被出示两次黄牌,立即被驱逐出场,并取消其全部比赛成绩。如果裁判长认为犯规动作十分严重,可立即将该运动员驱逐出比赛场,并取消其全部比赛。

六、速度滑冰解说案例

速度滑冰就是运动员在光滑、坚硬的冰面上,大幅度地甩动双臂,使身体像离弦的箭一样飞速滑行。解说员解说前要做好准备工作,应当事先了解参赛人员的相关背景,例如,运动员的国籍、年龄、参赛经历、过往成绩等,以便于更好地向观众解说。这个比赛看的是运动员的滑行速度,解说员在解说的时候需要注意的是对运动员滑行速度的解说,以及和其他运动员的速度对比。当然,运动员的手臂摆动姿势、重心高低、弯道滑行情况等也是要重点解说的内容。速度滑冰是一个高速滑行的、充满刺激性的项目,在比赛过程中解说员可以适当使用澎湃、昂扬的语气,来充分调动观众的观赛热情。

本节我们以中央电视台解说员刘星宇和嘉宾叶乔波在2018年平昌冬奥会速度滑冰女子3,000米决赛第一轮比赛的解说为案例[①],供解说速度滑冰项目比赛的初学者参考与学习。

刘星宇: 我们今天将为您带来的是速度滑冰女子3,000米的决赛。今天我们很高兴、很荣幸地为您邀请到了我们速度滑冰项目的功勋运动员,也是我们大家非常熟悉的速滑的解说嘉宾——叶乔波老师,叶指导你好。

叶乔波: 星宇好,今天与你一起转播速滑女子决赛,希望我们合作愉快。

刘星宇: 时隔四年,我们终于有机会再次搭档解说这个速滑项目的比赛,那么从目前的这个格局上来看,其实中国队不像上一届在索契,在短距离上还具备一些优势,近几年因为伤病各方面的原因,所以我们的整体状态不是那么好。在3,000米的项目上,中国要派出刘静和郝佳晨……

刘星宇: 下一组有中国选手刘静,叶乔波老师,请帮我们多介绍一下。

叶乔波: 刘静是1988年出生,属龙。个头应该说跟我差不多,1米65,体重也不是很大。今年她已经是25岁的老将了。她来自黑龙江的齐齐哈尔,8岁开始滑冰……

---

① 速度滑冰女子3000米决赛[EB/OL].(2018-02-10)[2023-01-03]. http://2018.cctv.com/2018/02/10/VIDE5Z1IMQJkCwSRisKpTb5z180210.shtml.

虽然她的年龄相对比较大,但她在去年的赛季,成绩表现比较好。那么最好的名次是在集体滑两次第4名。

刘星宇: 这次她的主项也是集体滑。和她同组竞技的,刚才从外道出发、现在在交叉换道的是兹德拉哈洛娃,是来自捷克的一名选手。这位选手本身在最近的3个奥运周期都表现得比较出色,她的成绩也是比较稳定。但是相对来说,她的1,500米更加好。世界排名大概在20多位,当然也不是非常快。

叶乔波: 那么刘静在这两次的集体滑都是在世界杯上第4名。在最近一次的亚冬会上,在集体滑跟队友配合上得到一枚铜牌。

刘星宇: 我们刚才可以看到刘静刚才滑了一个内道,交叉完之后还是要落后兹德拉哈洛娃一些。兹德拉哈洛娃现在单圈能够滑31秒71,刘静掉到了32秒15……兹德拉哈洛娃和刘静再次来到换道区,这是刘静很好的一个机会!

叶乔波: 那么,你会看到,在前六大组的选手,个人最好成绩基本是在4分10秒左右。

刘星宇: 对。

叶乔波: 那么,刘静在这个项目上是4分17秒38,有一定的差距。

刘星宇: 嗯。

叶乔波: 我们国家的这个长距离,跟世界的整体水平还是差距比较大的。

刘星宇: 对。

叶乔波: 她是在哈尔滨大学就读。现在师从我当年的老队友王秀丽,在去年夏天加入了这个团队。她也是在2015年受到自己伤病的困扰。运动员一旦有了伤病,就很难发挥自己最佳的水平。

刘星宇: 没错,包括这一届我们比较关注的我们的许多运动员都有伤病,当年乔波老师也是坚持带伤去比赛。

叶乔波: 嗯,对。长距离其实最困难的时候就是后半程的三分之一段。

刘星宇: 差不多就是最后两圈的时候。

叶乔波: 对于运动员来说也是最大的考验,刘静在2014年达到了国际健将的水平,就是这个级别……

刘星宇: 我们看兹德拉哈洛娃已经到线,刘静这边也冲线了,最后刘静的成绩是4分20秒95,比她的最快成绩还是稍微慢了一点点。我们中国队的选手在长距离上一般都不太占优势……

在长达75分钟的比赛中,刘星宇和叶乔波两人一起为女子速滑3,000米决赛进行了解说。他们二人语言连贯,配合紧密,从比赛规则、运动员介绍、项目发展史、现场描述、报告成绩、赛事分析几个方面进行了解说,向电视机前的观众展示了速度滑冰的激情与魅力。

解说员可以将选手的技术作为重点讲解内容,例如,运动员的弯道滑行、直道滑行时的状态,其摆臂动作以及起跑的速度。总的来说,我们更多的要看速度滑冰选手的稳定性及其持久力和耐力。本场解说中,叶乔波不忘介绍运动员的国家、历史成绩等信息,语言精练概括,还讲解了运动员的动作、路线、排名变化,并且以某位选手为参照,由点及面将每位选手的比赛情况都做了介绍。两位讲解员在回放时抓住重点,讲解选手的成功原因,还穿插介绍了许多运动员都有伤病这种情况,当年叶乔波也是坚持带伤去比赛,向观众展示了运动员的顽强毅力和体育精神。两人讲解浅显易懂,语气轻松,张弛有度,内容详略得当。这次解说既让观众欣赏到了比赛过程,又普及了运动员的个人情况,是学习的范本。

下面是2022年北京冬奥会速度滑冰500米比赛决赛高亭宇夺冠的解说,由中央广播电视总台解说员于嘉和2014年索契冬奥会速滑女子1,000米金牌得主张虹进行现场解说。[1]

于嘉:出发!

张虹:非常稳,高亭宇。节奏非常好。

于嘉:看一看,他起跑明显比别人快。

张虹:对,太快了!

于嘉:今天准备非常充分!

张虹:9秒42,太快了,而且我觉得从内道出发特别利于他的滑行。

于嘉:嗯!

张虹:我们看看他外道的这个小弯道滑行。

于嘉:马上进到最后一个弯道。

张虹:注意节奏!注意节奏!

张虹:最后一个直线,冲刺冲刺,高亭宇冲!冲!冲!冲!

---

[1] 北京2022年冬奥会 速度滑冰男子500米 高亭宇破奥运纪录夺冠[EB/OL].(2022-02-13)[2023-01-03]. http://tv.cctv.com/2022/02/13/VIDEm6pbmfdyZf1KNrM2cBLS220213.shtml.

于嘉：马上就要到终点了！

张虹：34 秒 32！

于嘉：已经刷新了奥运纪录。

张虹：哇哦！

于嘉：冰丝带再次见证奇迹！

张虹：高亭宇是冠军！

于嘉：高亭宇夺冠了！中国速度滑冰队历史上第一块男子的金牌，又一次在冰丝带刷新了纪录，这个奥运纪录是属于中国人的！

张虹：哇哦，高亭宇太棒了，为你骄傲！

短短的一分多钟时间，解说员没有多余的时间去详细介绍运动员的背景、动作、状态等。在有限的时间内，尽可能全面地向观众传达比赛状况，是一名优秀解说员应该做到的。于嘉和张虹的解说正是我们需要学习的。他们一开始先通过高亭宇的用时向观众展示了他的起跑状态，之后提到弯道，吸引观众的视线，最后直接大声报出高亭宇的比赛成绩，这种解说非常简单、直观。在解说的过程中，两个人的情绪是比较激动的，他们二人的激动营造出了一种紧张的氛围，也带动着观众的情绪。

不论是刘星宇和叶乔波两人详细的解说，还是于嘉和张虹两人化繁为简的解说，都是适合他们的比赛情况的。解说员要根据现场的实际状况进行解说。

第四节　短道速滑解说

一、短道速滑比赛解说概述

短道速滑（Short Track Speed Skating），全称短跑道速度滑冰，是在长度较短的跑道上进行的冰上竞速运动，也是我国的传统优势项目。比赛场地的大小为 30 米×60 米，跑道每圈的长度为 111.12 米，是在长度较短的跑道上进行的冰上竞速运动。自 1998 年开始，我国的北京、长春、哈尔滨、杭州等城市先后承办了国际滑联世界锦标赛、世界杯等国际顶级赛事。2022 年北京冬奥会的短道速滑比赛在首都体育馆举行。首都体育馆是国内第一座人工室内冰场，也是北京冬奥会第一项完工的改扩建竞赛场馆工程：外观"修旧如旧"，延续经典；场馆内着力打造"最美的冰"，营造更好观赛体验。

短道速滑比赛现场瞬息万变，充满了紧张、刺激与意外。几乎每一场比赛都会出现令人震惊的结果，不是犯规，就是摔倒。加之身体状态和心理状态的不同，角逐十分激烈。短道速滑是韩国队和中国队的传统优势项目。在近几届冬奥会的短道速滑比赛中，中国队取得了举世瞩目的成绩，短道速滑也变成了最受国人关注的冬奥会项目。

解说员要注意解说出各队的配合和战术策略，随时观察运动员的位置线路，向观众进行解读。在解说短道速滑比赛的时候，解说员通常会介绍各个选手上一场比赛的成绩及本次比赛所处的赛道，在比赛过程中根据选手所处的位次及其所采用的战术进行实时解说，短道速滑具有比赛时间较短的特点，因此在解说的时候解说员通常饱含激情。比赛中意外多，身体接触多，判罚也比较多，解说员更要随时注意突发情况。短道速滑一般配备解说员两名，解说员要相互配合，减少抢话和打断对方的情况。

二、短道速滑运动简史

（一）世界短道速滑运动简史

19世纪80年代，冰球运动在加拿大迅速普及，为摆脱严寒，一些地区相继修建起室内冰场。于是，一些速度滑冰爱好者便经常集聚到室内冰球场进行练习或追逐比赛。19世纪90年代中期，自发的室内速度滑冰比赛在加拿大蒙特利尔、魁北克以及温尼伯等城市相继出现。当时参加室内比赛的选手中，有业余爱好者，也有运动员，如1893年、1895年、1896年世界冠军获得者荷兰的杰普·伊登，早期速度滑冰世界纪录创造者挪威的阿克塞尔·保尔森，以及加拿大速度滑冰运动员路易斯·鲁本斯坦等。

速度滑冰运动员进入室内训练或比赛，是在19世纪90年代的欧洲开始出现。当时冰球运动在欧洲刚刚开展，用于花样滑冰的室内冰场数量又很少，特别是人们将速滑运动员进入室内训练或比赛看作一种偶发的自我调整，而当时加拿大和美国则将这种活动视为竞技运动。1905年，加拿大首次举行室内速度滑冰公开赛，标志着短道速度滑冰的诞生。不久，美国也相继举行了室内速度滑冰比赛，由于速度滑冰比赛是在室内进行的，并且跑道较短，就命名为短道速度滑冰。

经国际滑冰联盟承认和支持的首次国际短跑道速度滑冰比赛，于1976年美国伊利诺伊州尚佩恩举行。奥地利、比利时、加拿大、法国、联邦德国、英国、意大利、挪威、瑞典和美国共10个国家派出了代表队。1981年起，国际滑冰联盟开始举办世界短道速滑锦标赛。1988年，短道速滑在卡尔加里冬奥会被首次列为冬季奥运会表演项目。1992年，在阿尔贝维尔冬奥会上,主办方将短道速滑列为正式比赛项目。如今,短道速滑比赛的项目较为繁杂,短道速滑决出9枚金牌,即男子500米、1,000米、1,500米、5,000米接力赛;女子500米、1,000米、1,500米、3,000米接力赛;男女混合2,000米接力赛。

在北京冬奥会短道速滑的比赛中,奖牌分布较为分散,共有6个国家摘得金牌,但不可否认的是,短道速滑是黄种人的优势项目,是韩国队的霸主项目,但近年来中国队的崛起也不容小觑。中国短道速滑和运动员们的出色表现也令人记忆犹新。截至北京冬奥会落幕,中国短道速滑队总共获得过12金16银9铜,在中国累计获得的77块冬奥会奖牌中,有37块来自短道速滑。

(二)我国短道速滑运动简史

短道速滑在1981年进入中国。国家体委于1982年2月在北京首都体育馆举行了第一次全国短道速滑集训比赛。1983年起短道速滑比赛被国家体委列为全国性比赛和全国冬季运动会正式比赛项目。同年2月,黑龙江省体委派金汉珠、杨万全教练带8名短道队员去日本学习、考察。他们在日本东京、名古屋、京都等城市与日本国家队进行共同训练,并参加了在京都举行的全日本第36届都道府短道速滑对抗赛,这是中国短道速滑运动员第一次参加国际性比赛。1987年,在第6届全国冬运会上,李金艳打破女子短道速滑3,000米的世界纪录,给长期在艰苦条件下努力奋斗的中国冰雪运动界带来了信心和希望。

经过20余年的努力,中国短道速滑队这一集体在冬季奥运会、世界锦标赛、世界杯总排名上,都取得了十分优异的成绩。2010年温哥华冬奥会,中国女子短道速滑队包揽了女子500米、1,000米、1,500米和3,000米接力女子短道速滑项目的4枚金牌,成为短道速滑史上唯一一个包揽奥运金牌的国家。中国队彻底改写历史,书写了新篇章,在3,000米接力项目夺冠并打破了世界纪录,结束了在这个项目上18年的等待,打破韩国人16年的垄断。男子500米的世界纪录和奥运纪录也一直由武大靖保持。我们相信,中国短道速滑队一定会为我们带来更多的惊喜。

三、短道速滑项目简介

(一)场地

短道速滑场地周长为111.12米,比赛场地的大小是30米×60米,直道宽不少于7米,弯道半径8米,直道长28.85米。弯道弧顶标志物到界墙的距离不少于4米。

(二)器材装备

短道速滑项目用品主要由冰刀、冰鞋、冰刀养护用品和防护用具组成。根据规定,短道速滑运动员在参加比赛时,必须穿着以下防护装备:短道速滑安全头盔、耐切割手套或皮革制成的连指手套、由防割防扎耐用材料制成的护踝、长袖长裤连身服、带有软垫的硬壳护膝、能够保护颈部动脉的护颈。

1. 冰刀

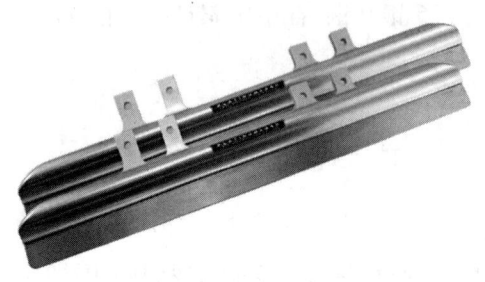

图7-9 冰刀

短道速滑的冰刀(图7-9)与速度滑冰的冰刀虽然从外观上看有较大的区别,但其结构却是基本相同的。短道速滑的赛道有许多弯道、倾斜角度大。一场比赛的选手人数较多,比赛时选手躲闪的次数多、滑跑的速度快,这就要求冰刀能够适应比赛的特点。和普通冰刀相比,短道速滑的冰刀更高更短,弧度更大,这种设计使得转弯更流畅;刀托是可移动的,滑跑时选手可自行调节刀刃的位置。冰刀管必须是封闭的,刀根必须是弧形的。最小半径为10毫米。刀管最少有两点固定在鞋上,没有可动的部分。

2. 冰鞋

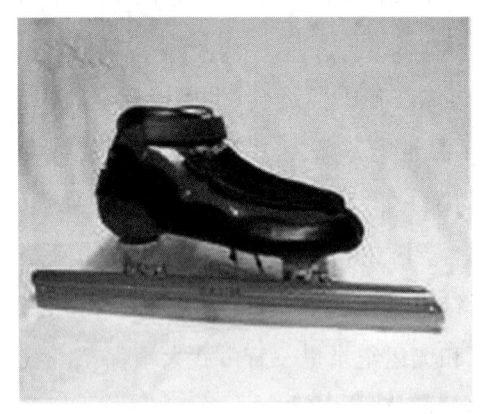

图7-10 冰鞋

短道速滑的冰鞋(图7-10)与速度滑冰的冰鞋比较相似,但也有不同之处。短道速滑的冰鞋鞋鞘更高,鞋底、前鞋帮、后跟两侧都是硬性材质,其他部位为皮质。这样冰鞋更具稳定性,滑跑时的力量更大。

3. 防切割训练比赛服

由于经常在比赛中发生运动员受伤的事件,因此在经过多年的观察后,国际滑冰联盟研究认为,短道速滑运动员高危险区域包括颈部、腹股部、腋部、臀部、下臂、手部、膝盖。因此,国际滑冰联盟从2003年7月1日起,要求所有运动员在参加比赛的时候,必须身穿结实的防切割服,防止被滑出赛道的对手的冰刃划破皮肤,以保护自己的安全。

4. 头盔

短道速滑选手使用硬塑料头盔(图7-11)来保护自己,以免遭撞击所致的伤害。短道速滑安全头盔应符合现行的美国材料实验协会(ASTM)标准。头盔必须有一个规则的形状,不能有凸起。

5. 防切割护颈和护踝

护颈(图7-12)和护踝(图7-13)的主要作用是保护运动员的颈部和踝关节部分,它们由防切割、防刺穿的材料制作而成。

图7-11 头盔

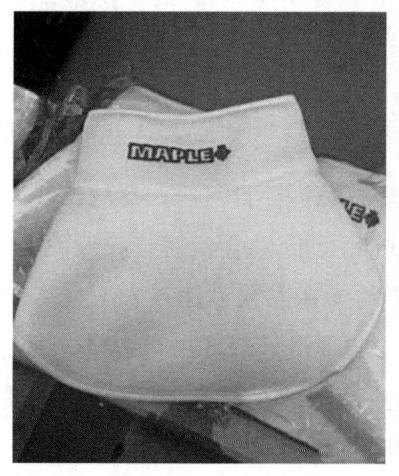

图7-12 护颈

图7-13 护踝

6. 护腿板

护腿板(图7-14)主要是放在防切割服膝关节下带有软垫部位,用来保护胫骨。目前大多数护腿板都是来自足球中的护腿板,广大短道速滑爱好者可以拿足球护腿板来使用。

7. 防切割手套

短道速滑运动员的手套(图7-15)

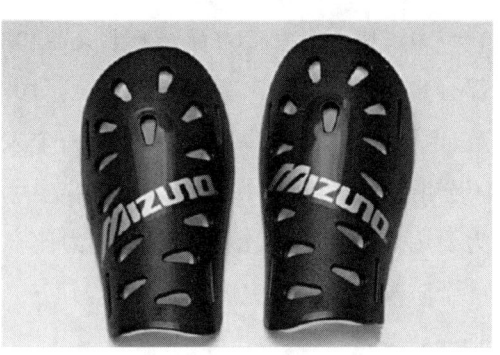

图7-14 护腿板

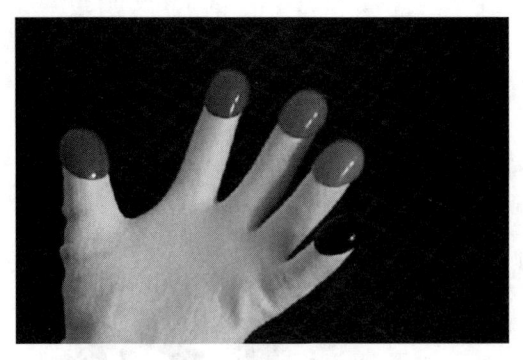

图 7-15 防切割手套

主要以防切割为主,兼顾防水性能。大多数手套都会使用防切割材质并在手掌内侧挂一层胶,这样可以帮助运动员在弯道扶冰过程中避免弄湿手套。短道速滑手套还有一个特点,就是运动员的左手 5 个手指部位都会粘有树脂或胶质的手指扣,目的是运动员在弯道扶冰的过程中减少扶冰摩擦力。

四、短道速滑赛制规则

冬奥会的短道速滑项目,男子设 500 米、1,000 米、1,500 米以及 5,000 米接力 4 个小项;女子设 500 米、1,000 米、1,500 米以及 3,000 米接力 4 个小项。

(一)个人赛赛制规则

短道速滑比赛采用淘汰制,分为预赛、复赛、半决赛、决赛等阶段进行,每轮比赛以名次论胜负。小组预赛的前 2 名或前 3 名进入下轮,以此类推,直至决赛。一般而言,500 米、1,000 米决赛有 4 名运动员参加,1,500 米决赛的参赛人数可达 6 人。在一个项目中,每个国家或地区最多可以有 3 名选手参加。短道速滑运动员在同一起跑线上起跑,首轮比赛站位通过抽签决定,其后各轮均按照上一轮比赛的成绩分配道次,成绩优者排在内侧。比赛中,只要不违反规则,运动员可以在任何时候超越对手。

(二)接力赛赛制规则

短道速滑男女接力赛分为半决赛和决赛,分别在两天进行。无论男女,各个项目都有 8 支队伍参加比赛,每队 4 名运动员,每支队伍可以自行规定每个运动员滑行圈数,但根据规定最后两圈必须由同一个人滑完。通常,一个运动员在接力比赛中一次不会滑超过 1.5 圈,所以在一场比赛中可能会上场参加七八次接力。与田径比赛中接力要用接力棒不同,短道速滑的接力比赛只要求运动员在到达接力地点的时候推送下一个队友出发就算完成了接力。

五、短道速滑基本技术分类

短道速滑的起跑、直道滑行技术与速度滑冰相同,弯道滑行中的收腿、下刀、惯性滑行和压步滑跑时摆臂等技术动作也与速度滑冰相同,因此,本节的技术动作介绍的主要是短道速滑所特有的内容。

(一)弯道滑行技术

1.弯道压步的滑跑姿势

短道速滑运动员在进入弯道以后,全身应该保持直道滑跑姿势,并在此基础上向左侧倾斜,使全身呈一条直线状。运动员的两腿都需要与身体的倾斜角度保持一致,让身体的躯干部位处于支持工作状态。运动员的上身应该同圆弧跑线的切线在相同的方向上,支撑腿部的冰刀与上身也应该处于同一个方向。短道速滑中弯道的弧度与运动员滑跑时的速度决定了运动员身体所需倾斜的度数。与此同时,运动员还应保持身体右侧肩膀向下压、左侧肩膀向上提的姿势,在此基础上努力调整好身体的倾斜角度。

2.弯道压步滑跑蹬冰时的动作技术

短道速滑运动员在弯道上完成右腿蹬冰动作时,其身体应向左侧倾斜。完成此动作后,运动员应把右侧腿部由自己胸前向左侧支撑的腿部外前方侧面踢出,让右侧脚去蹬冰刀后压在侧脚冰刀的外前侧方半步的位置。在后面的蹬冰动作中,运动员依次按顺序压步即可,在运动员左腿冰刀尖部收回到右支撑腿的冰刀跟部时,运动员的右侧腿部需要继续伸展髋关节、膝关节和踝关节,使其进到右侧腿部蹬冰时可最用力的阶段。运动员全部身体的重量应集中到其右侧蹬冰的腿上,右腿在蹬冰时使用其内侧刀刃,蹬冰时的方向应该与蹬冰的那侧腿在滑行时的切线方向相互垂直。运动员在整个蹬冰动作中,在远固定的情况下大腿肌肉应该做向心工作。

(二)冲刺技术

冲刺是短道速滑运动技术中的重要组成部分,当临近终点且运动员相距较近时,冲刺可以起到决定性作用。以送刀式冲刺为例,在接近终点的滑行中,将重心落在有利于克制对手一侧的腿上,将另一侧腿迅速前伸,保持平衡冲过终点。

(三)超越技术

影响短道速滑比赛成绩的因素是多方面的,包括运动员的身体素质、心理素质。在里道出弯道时超越的技术是提高前进方向的速度,特别是提高出弯道的步频来提高前进的速度。在整个超越过程中,尤其是出弯道区域超越者实施外侧超越时,超越者的重心速度[1]和滑行轨迹长度均大于被超越者,但是在内侧超越时,重心速度并非决定超越成功与否的唯一因素。当超越者滑行的轨迹长度和重心速度小于被超越者时,只要超越者在滑行的有效运动方向上移动的位移和速度大于被超越者,就有可能超越成功。

为避免犯规,加速点要提前,争取在弯道弧顶前完成超越。运动员在比赛中为避免犯规也为了提高比赛名次,入弯道时冰刀要压住对手的冰刀使对手不能用力蹬冰,跟滑方试图在出弯道时进行内道超越。各国运动员在超越技巧上大多有自己的风格和技巧。例如,韩国女运动员在内道出弯道超越最多,多在最后剩下一两圈时超越。在接力时内道滑和内道超越使用最多,我国运动员要想在接力赛取得好成绩,越在后边越要滑小圈,防止韩国的里道超越。韩国男运动员往往在长距离的最后3圈开始从外道超越。加拿大选手经常在入弯道时用自己的冰刀压住对手的冰刀,使对手不能用力蹬冰,实现弯道的超越。

六、短道速滑比赛解说案例

短道速滑是基于速度滑冰产生的项目,将速度、战术和团队配合完美融合。其运动的特点是:短道速滑场地小,滑行速度较快,比赛中弯道和直道会产生多次交替。因此,弯道技术和战术安排也就更为重要。我们不难看出,短道速滑实质上是一个考验人与人之间战术配合的体育比赛项目,其拥有非常丰富的战术体系。短道速滑战术是依据项目特点、竞赛规则以及赛场变化,为战胜对手、实现同一目标所采取的个人或集体行动手段的总称。不同的战术具有不同的作用和效果。短道速滑战术按性质可分为领先类战术、拖后类战术、破坏与犯规类战术、掩护与配合类战术以及心理战术等。解说员在解说比赛时应着重注意因多位选手争夺路线而产生的激烈竞技场面,选手的弯道技术和战术安排颇为重要。

具体来说,短道速滑解说员应该做到以下几点。

第一,开场前,介绍场地、运动员、参赛国家等基本信息。解说员向观众解说短道速滑比赛项目,不仅要了解比赛的规则、运动员的相关信息,而且要清楚地表达,不能混淆选手的参赛信息。

---

[1] 重心速度:运动员身体必须向弯道内侧倾斜一定的角度,即利用摩擦角来增大冰刀与冰面之间的最大静摩擦系数,以保证他能够安全快速地通过弯道。例如,假设运动员要以与冰面成30°倾角在弯道上滑行,他只有采用深蹲姿势来降低身体重心的位置高度,否则这个30°左右的倾斜角度是无法得以实现的。

第二,解说员要眼快,不但注意区分参赛选手的国籍、名字和样貌,而且要通过局势变化解读选手的战略意图,分析超越的技术要领。短道速滑比赛具有时间较短的特点,在比拼速度时比拼了智慧、体能、技术。这个技术包含滑行、超越、防超越等技术,还会涉及单人或团队作战的问题。在国际赛场,同一场比赛中有可能会出现少到两国对抗多到五六个国家争霸的复杂局面。正是由于滑行路线的变化性,才会产生所谓直道和弯道超越、内道或者外道超越。

第三,解说员要嘴快,保持解说时高昂的情绪,面对局势变化不能慌张嘴瓢。比赛过程中,解说员要以赛场上的局面变化为基础,着重对运动员的速度把控和封锁对手线路的方式进行简短点评,帮助观赛者了解运动员可以做出超越的原因。短道速滑比赛项目具有偶然性和危险性,在冬奥会的比赛现场,运动员常常会摔出赛道。面对此类突发情况,解说员要跟进局势变化,既照顾到摔倒选手,也不忘描述场上名次变化,具备冷静敏捷的应变能力,避免因注意力分散出现重大失误。

在本节中,我们以2022年2月7日在北京冬奥会举行的短道速滑男子1,000米决赛为例①,来分析中央广播电视总台解说员洪刚和个人风格浓烈的解说员王濛黄健翔不同之处,供解说短道速滑项目比赛的初学者参考与学习。

对于中国队来说,如何把提前设计的战术更好地执行出来(很重要)。

比赛开始!

起跑刘少林抢到了第一的位置,这时候任子威利用自己的速度超到第一,中国的战术非常的明确,就是要形成团队的优势,尽量结成首尾相接,在这种情况下由后面的队员对前面的队员形成一定的保护。

在线路上,中国队还是非常地注意,这个位置出弯道,一定要控制住刘少林。刘少昂从外道拉起来了,这时候他的速度非常快,在这个弯道处队员们还是有一定的接触,但任子威抢滑到了第一的位置。

刘少林!刘少林在这个弯道处完成了超越。还有四圈,任子威和李文龙分列第二第三,武大靖落了下去,可见刚才这次召回重赛的确是对武大靖的体能造成了比较大的影响。

还有两圈,所有选手在这个时候都要经受体能的考验。在最后阶段,还有一圈,任

---

① 冬奥会短道速滑男子1000米 任子威夺金李文龙获银牌[EB/OL]. (2022 - 02 - 07)[2023 - 01 - 03]. https://2022.cctv.com/2022/02/07/ARTIIxEvORYC539iD4DbiwEP220207.shtml.

子威咬牙顶住！咬牙坚持！最后一个弯道,出来往前冲啊!

拼尽全力地争夺,这场比赛是在滑完5圈之后重新召回进行比赛的,我们中国的运动员都拼尽全力去争取着胜利……

让我们等待最后这块金牌的认定。

在短短几分钟的比赛过程中,洪钢用激昂澎湃的解说为观众呈现了2022年北京冬奥会短道速滑男子1,000米比赛的赛况,赛前运动员介绍简短却条理清晰,之后洪钢就迅速开展了对于战术的站位解读,个人特色浓郁。他的风格是针对场面局势的变化进行着重解说,条理清晰地讲出了场上选手间的交锋局势。简单易懂,明了大方。

王濛:武大靖。

黄健翔:武大靖,上届的男子500米的冠军得主。

王濛:所以我们不用担心,不用去过多地去做这样的担心。这届我们北京冬奥会我们是东道主,我们要看各国优秀运动员的表现,我们有最新的口号"更快、更高、更强——更团结"。

黄健翔:任子威,1997年出生,去年世界杯三获冠军,平昌冬奥会男子5,000米接力亚军,他在获得混合接力的冠军之后,还想着要交研究生的论文作业,结果被老师踢出了群聊,说你先好好比赛。

王濛:我们现在看到马上出场的是李文龙,我们的李文龙现在大家应该给一个最新称号,是我们中国自己家的"小儿子",多么地听话!

黄健翔:嗯,李文龙是2001年出生的选手,1,500米是他的强项。

王濛:是,第一次参加奥运会能进到这个决赛。

李文龙以后大家就可以叫他"全民小儿子"。其实我们还是要回到我们比赛本身,这一场的布置,我觉得从他们的整个状态来说,我不知道这个现在教练该怎么布置他们的战术,是让他们个人为战,还是团体为战。从个人的能力来讲,那大靖和任子威都是非常地不错,那么教练到底是会选择谁,以谁为核心去打这整场比赛,是以大靖为主还是以任子威为主,当然了,李文龙一定是坚决执行的。就是说以谁来打这个核心,一定要做出这个决定,我们现在马上看比赛。

(比赛开始)

好,不错哦!哇哇哇真是,哎呀,哎呀,李文龙很坚决啊,可以,可以。任子威打乱了所有的这个大家现在想的战术啊。大靖不要着急啊,对,李文龙这个决定性很强的人物。

黄健翔: 这个项目上任子威的……

王濛: 对,你看看这李文龙这执行的啊,把任子威放到了自己的位置,大靖马上就到上边的位置,对。任子威啊,我觉得你……哎,李文龙,我没有看金牌争夺战,我反而看的是李文龙的比赛,到少昂都不去比了。哎哟,冰刀有问题,场上出现了危险。重新开始滑!我觉得这也不是什么坏事儿,马上可以进行战术调整。李文龙本身他长距离很强嘛,在耐力上是很有优势的,所以短时间的调整对他来说很好,这小子,这真是,哎呀,这个执行力呀,也不怕拉仇恨。

黄健翔: 这个项目的个人世界排名,任子威第八,刘氏兄弟俩排名是世界第六和第七,这三个人的个人世界排名在这个项目上很接近。

王濛: 但是在世界杯当中,只有刘少林、刘少昂和任子威在分站赛拿过1,000米的冠军。哎呀,李文龙的冰刀折了。你看吧,我们一定要记住这个"大家的小儿子"呀,为了坚决地执行任务,你看他,冰刀都折了,你看见没。所以现在任子威和大靖啊,就你们两个一定要坚决地扛下来。

……

黄健翔: 好的,再次出发!

王濛: 这时候,任子威的体力是消耗得最少的。

黄健翔: 哎,打了个配合!

王濛: 李文龙……有点慢啊,滑起来点啊,哇,这很难呐,这刚才这好乱好乱好乱。给他位置,给他位置,李文龙!李文龙!你看见了吗?

黄健翔: 他在第三。

王濛: 这个时候所有人都滑不动了,没有体力了,这个时候谁咬下牙呀,就上去呀知道吧,都已经体力消耗好大了,任子威我建议你现在拉开点儿,拉开点儿准备连续加速,机会太多了,任子威!对,任子威!

黄健翔: 最后一圈,紧紧咬住,紧紧咬住!

王濛: 冲线了,哎哟——这个最后,我要看。

黄健翔: 你这个尺怎么样?

王濛: 你看(最先)冲过终点线(的)肯定是少林,但少林冲过终点线的时候他们是有拉扯动作的,他是有刀尖抬起的,所以结果还是得由裁判来掌控,但肯定是刘少林先冲过的,冲在终点线之前他们两个是有胶着的,要看一下胶着在谁的身上。

王濛在冬奥会人气高涨的开端是"我的眼睛就是尺"。她在裁判判罚出台前，敏锐地发现了美国队的问题所在，并说出了名言"在这个地方给我看十遍"。

首先，王濛身为奥运冠军，她的个人特点就是专业。她对国际滑联给出的短道速滑的规则能抠字眼式地背出来。因此，在5,000米接力赛时，她能第一时间发现美国队的右脚踢刀，指出比赛判罚的关键点，同时分析出中国队不会出局，而是会被判进A组决赛，这是我们在同期的央视解说里所看不到的。

其次，她对场上的名将十分熟悉，知道夺冠热门运动员的过往和技术特长，能够抽丝剥茧地帮助观众了解运动员实力。她在分析的同时，也和观众一样，甚至比观众更加有激情，完美地契合了短道速滑这项运动特有的紧张氛围。

最后，王濛的解说兼具幽默感和专业性，一口流利的东北话既通俗又接地气，一针见血的点评和妙语连珠的调侃，既能很好地呈现出比赛场上的激烈形势，也能够被广大群众所认可和接受。而黄健翔则是起了一个辅助解说的作用，主要分析战术。对于短道速滑这个看重速度的项目来说，解说员应该结合画面重点解说该项运动的名次变化、选手的走位变化和线路封锁的战略，避免观众观赛时感到枯燥乏味。

王濛的解说也有其不足之处，一是语言太口语化，完整的句子较少，不规范表达较多，也掺杂了明显的方言词汇，不够关照大众；二是情绪太激动，介绍运动员时比较随意，不适合严肃的平台，更适合网络直播平台。

第五节　花样滑冰解说

一、花样滑冰项目解说概述

花样滑冰（Figure Skating）是运动员穿着脚底装有冰刀的冰鞋、靠自身力量在冰上滑行，表演预先以技术动作为基础编排的节目，由裁判组评估打分、排出名次的运动项目。它分为男子单人滑、女子单人滑、双人滑和冰舞。花样滑冰的重要比赛包括四年一届的冬奥会和每年一届的世界锦标赛、欧洲锦标赛、四大洲锦标赛。

冬奥会参赛名额基于上一年度世界锦标赛的成绩、根据国际滑联的相关规定进行计算确定，每个国家和地区每项最多可参加3人（对），所有项目必须分别进行。花样滑冰男子单人滑、女子单人滑和双人滑都包括短节目、自由滑和表演自由滑3项内容。但冬奥会和世界锦标赛的比赛计分项目只有短节目和自由滑，表演自由滑为赛后展示,并不计入成绩。每项内容各进行1天,短节目在先,自由滑在后。花样滑冰冰上舞蹈则包括短舞蹈和自由舞,每项内容各进行一天,短舞蹈在前,自由舞在后。2022年北京冬奥会,花样滑冰比赛在首都体育馆进行,一共产生5枚金牌,分别是男子单人滑、女子单人滑、双人滑、冰舞和团体赛。

花样滑冰是一项将运动技巧与舞蹈音乐有机融合在一起,能给观赏者带来高度艺术享受的滑冰运动。德国著名诗人歌德赞美花样滑冰为"运动的诗"。花样滑冰比赛的可观赏性较高,技术动作分类较细且专业性更强,同时比赛结果不同于短道速滑等竞速类项目那么直观,而是主要依据选手的动作技术和整体表现来进行评分。这就要求解说员将专业术语了然于胸,在选手表演开始前简单介绍个人信息及本场比赛所用音乐的名称和出处。在选手表演结束后,解说员要根据比赛动作的编排、曲目的选择、艺术表现力等方面进行解说。解说员应了解运动员的个人资料、历史比赛经历等信息,做出兼顾基础知识介绍和专业水平的深入分析。

二、花样滑冰的起源与发展

(一)世界花样滑冰发展史

花样滑冰运动起源于18世纪的英国,后相继在德国、美国、加拿大等欧美国家迅速发展。1772年,英国皇家炮兵中尉罗伯特·琼斯(Robert Jones)撰写的《论滑冰》在伦敦出版,这是世界上第一部有关花样滑冰的著作。当时举行的花样滑冰比赛是所谓的"英式风格",古板又正式,和现代花样滑冰相去甚远。1863年,被誉为"现代花滑之父"的美国人杰克逊·海因斯将滑冰运动与舞蹈艺术融为一体,在欧洲巡回表演,花样滑冰的内容和形式得以丰富。1868年,美国的丹尼尔·梅伊和乔治·梅伊首次表演了双人滑。

1872年,奥地利首次举办了花样滑冰比赛。1896年,首次世界男子单人花样滑冰锦标赛在俄国彼得堡举行。1906年,首次世界女子单人花样滑冰锦标赛在瑞士达沃斯举行。1924年该项目被列为首届冬奥会的比赛项目,包括男女单人滑和双人滑。花样滑冰中的冰上舞蹈项目始于20世纪30年代的英国,当时偏重舞步,强调用动作表达音乐。1937年,英国举办首届冰上舞蹈锦标赛。1949年起,冰上舞蹈被列为单独比赛项目。1952年,首次世界冰上舞蹈锦标赛在法国巴黎举行,而冰上舞蹈在1976年被列入冬奥会比赛项目。

目前,世界花样滑冰许多名将技术接近,在比赛中主要是在同一难度水平上比质量,可以说"优质、高难度"是当前世界花样滑冰技术发展的趋势。在2022年北京冬奥会上,日本花滑名将羽生结弦在男子单人滑比赛中,挑战花滑比赛史上第一次阿克塞尔四周跳(图7-16)。遗憾的是,根据裁判的评分,该跳的旋转度不足,因此未获认定成功。

图7-16 北京冬奥会羽生结弦的比赛现场
(图片来自中国—东盟传媒网)

(二)我国花样滑冰发展史

1930年前后,西方花样滑冰传到中国,北京、天津、哈尔滨、长春、沈阳等城市,逐渐有人开始进行花样滑冰运动。1953年2月第1届全国冰上运动大会在哈尔滨举行,花样滑冰被列为比赛项目。1953—1980年,共举行过25次全国性花样滑冰比赛。中国花样滑冰运动员在1979年10月参加了在日本举行的NHK杯国际邀请赛,1980年2月又参加了第13届冬奥会的花样滑冰比赛,1980年3月参加了第70届世界花样滑冰锦标赛。

1984年至1985年,中国花滑男单选手先后两次奏出强音,先是许兆晓在1984年匈牙利国际花样滑冰邀请赛中力挫群雄,斩获男子单人滑冠军,后是张述滨在1985年冬季大运会男子单人滑中摘得金牌。1990年11月20日,陈露在世界青少年花样滑冰锦标赛女子单人滑项目中,获得第三名。1992年,陈露先后夺得冬奥会第6名、世锦赛第3名,在世界舞台全面展示了中国花滑运动的新形象。此后几年,陈露在世锦赛上大放异彩,1994年、1998年两届冬奥会连续夺得第3名,为中国花滑运动在世界赛场争得一席之地。从此,中国选手成为世界花滑界的一支主要力量。1999年至2002年,申雪/赵宏博先后取得世锦赛亚军、日本NHK大奖赛冠军、国际滑联花样滑冰大奖赛总决赛冠军和盐湖城冬奥会第3名等佳绩,成为国际冰坛公认的超级明星。

近几年,隋文静/韩聪是我国花滑双人组最闪耀的明星。2012年,首次参加成年组世界大赛的隋文静/韩聪便获得了2012年四大洲花样滑冰锦标赛双人滑冠军。2014年,隋文静/韩聪再度获得四大洲花样滑冰锦标赛双人滑冠军。2015年他们夺得世界花样滑冰大奖赛双人滑冠军。2017年2月18日,隋文静/韩聪以历史最高分225.03分再夺四大洲花样滑冰锦标赛双人滑冠军。2017年3月30日,在芬兰赫尔辛基举行的2017花样滑冰世锦赛上,他们获得双人滑自由滑第一,并首次加冕世界冠军,同时成为继申雪和赵宏博、庞清和佟健之后,中国的第三对双人滑世界冠军。2017年国际滑联上海大奖赛上,他们以140.37分夺得双人滑冠军。2018年平昌冬奥会上,隋文静/韩聪夺得花样滑冰双人滑亚军。2022年2月19日,隋文静/韩聪获得北京冬奥会花样滑冰双人滑金牌,并实现个人职业生涯大满贯(图7-17)。

我国的冰上舞蹈运动员在北京冬奥会也同样取得突破。王诗玥和柳鑫宇以短舞蹈73.41分、自由舞111.01分,总分184.42分获得第12名,刷新了中国运动员在冬奥会冰上舞蹈项目上的最好成绩。而中国冰舞此前的最好成绩为韩冰和杨晖于1992年阿尔贝维尔冬奥会获得的第18名。

图7-17 北京冬奥会隋文静、韩聪的双人滑比赛现场(图片来自新华社)

三、花样滑冰场地与装备

(一)比赛场地

花样滑冰比赛在长60米、宽30米的长方形冰场上进行,非国际滑联举办的比赛其场地最小不得小于56米×26米,冰的厚度不少于3厘米。冰面要平滑并保持无线痕。大型竞赛应准备两个同样大小的场地,以便安排训练,其中一个可安排图形比赛,其他项目可在另一场地进行。规定图形竞赛,应有适当图形。2022年北京冬奥会花样滑冰比赛在首都体育馆进行(图7-18)。花滑比赛场地采用最先进的环保技术制冰,冰面温度为零下4至零下3.5摄氏度,厚度为4.5至6厘米。首都体育馆1968年建成,是国内第一座人工室内冰场,2022年北京冬奥会期间承担着花样滑冰全部比赛任务,产生了5枚金牌。

(二)装备

花样滑冰的装备主要包括滑冰服和滑冰鞋,以方便运动和美观为目的。花样滑冰比赛不允许使用布景和灯光效果,服装成为艺术表演的唯一辅助因素。花滑比赛需要与背景音乐相配合,反映编排的主题与意境。花滑冰刀刀身下面有半圆弧形的浅槽。前端有刀齿,便于完成跳跃和旋转动作。

花样滑冰的男女鞋造型一致,外形简洁优美。造型特点为高跟、高勒、硬底,鞋身的原材料为优质牛皮。花样滑冰鞋对色彩有着明确要求,通常男用鞋为黑色,女用鞋

图 7-18　北京冬奥会花滑场地(图片来自新浪网)

为白色。滑冰鞋冰刀的刀刃、刀托为一体式,刀身有一定弧度,冰刀高度比较矮,刀刃比较宽,便于运动员滑行,也利于冰刀滑行时在冰面上留下清晰的滑行轨迹。不同比赛项目所用的冰刀也不同,冰上舞蹈因为双人需要近距离合作,因此,冰刀长度比其他项目短。花样滑冰的冰刀刀刃前部有 5—6 个三角形锯齿,可避免刮冰。自由滑冰刀的锯齿较大,有利于运动员快速变换完成跳跃和旋转动作。

花样滑冰服装要求庄重典雅,禁止使用过分鲜艳的和戏剧性的装饰,服装上的装饰必须是不可拆卸的,服装设计应反映参赛曲目的风格特点。男选手须穿上衣和长裤。上衣须为长袖不得过短;不得露胸,裤子不能过于紧身。女选手要求穿不透明的肉色紧身裤或长袜,不得穿上下分开的服装。冰上舞蹈比赛项目中,女选手必须穿裙子,裙子要能盖住臀部。

四、花样滑冰项目简介

花样滑冰项目分为男子单人滑、女子单人滑、双人滑冰上舞蹈、团体赛,共计 5 个小项。其中团体赛首次出现是在 2014 年索契冬奥会上。每个小项中,一个国家或地区限报 3 人(对)。

花样滑冰运动将技术性与艺术性合二为一。比赛中,裁判员根据运动员的动作质量和艺术表现分别评分,满分 6 分。

花样滑冰项目要求运动员具备3个方面的基本功:一是滑行基本功,包括各种步法、跳跃、旋转以及用刃技术等;二是舞蹈基本功,包括滑行中的基本姿态、动作姿态、单人舞步、双人舞步配合、双人滑中的托举等;三是音乐艺术鉴赏表达的基本功,包括对音乐节奏感与内容的理解能力,通过技巧与音乐配合的艺术表现和抒发能力等。

(一)单人滑

花样滑冰单人滑包括男子单人滑和女子单人滑,男女项目均由短节目比赛和自由滑比赛两部分组成。

男、女短节目时间长度为2分30秒(±10秒),运动员必须完成一套由跳跃、旋转、联合跳跃、联合旋转共8个动作和连接步编排而成的节目。评分包括规定动作分和表演分。裁判员依据动作质量、难度和完成情况先评出规定动作分,然后根据内容编排的均衡性和音乐的一致性、速度、姿势以及音乐特点表达等再出示表演分。动作分和表演分相加之和为运动员得分,得分多者名次领先。

男子自由滑时间长度为4分30秒(±10秒),女子自由滑时间为4分(±10秒),除了个别动作男女运动员稍有不同外,绝大多数技术动作的名称和要领是完全相同的。其技术动作包括基本滑行、跳跃、旋转、联合旋转、联合跳跃、接续步和其他自由滑动作等。运动员自选音乐,根据规则编排一套内容均衡的节目。自由滑评分包括技术水平分和表演分。名次确定同短节目。

(二)双人滑

双人滑同样包括短节目和自由滑。双人滑表演由一男一女组成,强调相互间动作配合协调。双人滑组合除具备所有的单人滑动作外,还包括一些典型的双人动作,如托举、捻转托举、双人旋转、螺旋线、抛跳等。

短节目时间长度为2分30秒(±10秒),每个动作只允许做一次,重复动作要扣分。

自由滑时间长度为4分30秒(±10秒),包括单人动作和双人动作(典型的双人动作)。双人滑与单人滑的评分方法相同,但要顾及两人动作的一致性。

(三)冰上舞蹈

冰上舞蹈,简称冰舞,是男女组队伴随着音乐的节奏在冰上进行一些舞蹈步法和舞姿滑行的表演。起初冰舞比赛共分3场,分别为规定舞、创编舞和自由舞,而在

2010年国际滑联作出重大调整:将冰舞比赛的规定舞和创编舞部分结合,变为短舞蹈和自由舞两部分。

短舞蹈由规定舞和创编舞整合而成。时间长度是2分50秒(±10秒)。

自由舞:运动员可自选音乐,在规定的4分钟(±10秒)完成由步法、托举、小跳、姿势、握法等动作组成的自编舞蹈,裁判员根据运动员完成动作的质量、风格和创新等评定技术分和艺术印象分。

冰上舞蹈与双人滑最明显的区别是动作的差别,例如冰上舞蹈不允许使用在双人滑中常见的托举动作,一些跳跃和步法与双人滑也不相同。冰上舞蹈的编排不是随意的,必须完成规定的各种舞蹈动作,且男女搭档身体分离不得超过5秒。区别双人滑和冰舞相对简单的方法有两种:一是动作中是否有跳跃,二是运动员着装。跳跃是花样滑冰双人滑中重要的技术之一,但冰舞中没有跳跃动作。正因如此,一般冰舞女选手的裙摆可能长过膝盖,而双人滑女选手为方便跳跃,裙摆相对会短很多。

(四)团体赛

团体赛共有10支队伍参加。参赛队伍须参加4个项目(男子单人滑、女子单人滑、双人滑和冰上舞蹈)中的至少3个。资格赛包括短节目和韵律舞。获得参赛资格后,各队伍至多可替换2名运动员或2对组合。在团体赛第一阶段中,参赛队伍得分区间为1到10分(第一名得10分;第十名得1分)。资格赛排名根据每个项目的得分总和确定。前五名(包括并列第五名的参赛队伍)可以晋级决赛。决赛包括自由滑和自由舞。在决赛阶段,各个项目中参赛队伍获得6-X(X=得分大于5的参赛队伍的数量)到10的团体积分(第一名得10分,第五名得6分,若5个以上的团体获得资格,则第六名得5分,以此类推)。团体赛根据资格赛和决赛中团体积分总和确定最终排名。女子单人滑、男子单人滑和双人滑的短节目比赛时长为2分40秒(±10秒)。韵律舞比赛时长为2分50秒(±10秒)。自由滑和自由舞的比赛时长均为4分(±10秒)。

五、花样滑冰具体评分细则(2022新版)

(一)计算的基本原则

每个动作都有一个基础分值,该分值在分值表中标注。

每个裁判员给每个动作按7个等级定值执行分,每个等级有相应的加或减分值,这也在分值表中标注。

裁判组的执行分通过计算9个计分裁判的执行分的修正平均值来确定。修正平均值的计算方法：去掉最高分和最低分并计算出剩余7个裁判的平均分数。

这个平均分数即一个单个动作的最后执行分。裁判组的执行分精确到小数点后两位数。把这个动作的平均执行分与其基础分相加即这个动作的总得分（技术分）。

联合跳跃应作为一个动作单位来评分。两个跳跃基础分加上其中最难的跳跃的执行分为该动作单位的最后得分。

连续跳跃应作为一个动作单位来评分。两个最难跳跃的基础分相加，乘以0.8的系数，之后加上最难的跳跃的执行分。

把裁判组给所有动作的分数加在一起。

规定数量之外的任何额外动作将不计入运动员成绩中。一个动作只有在进行第一次试做时（或在规定数量之内的试做）才可被计入成绩之内。

创新性动作或衔接可给予2分特别奖励。一套节目中只可有一次这样的奖励。

奖励分数（如有）将与所有动作的裁判组评分之和相加而得出总的技术分。

单人滑自由滑中节目后半段时间内完成的所有跳跃的基础分将乘以1.1的系数以便反映出节目中难度动作的均衡分配。

每位裁判还为节目内容进行评分，分值在0.25至10分之间，每次增加值为0.25分。

裁判组给每项节目内容的分数通过计算9个计分裁判的修正平均分得出。修正平均分按以上规定的方法计算。

之后每一项节目内容的裁判组分数乘以以下系数（青少年和成年相同）：

男单（短节目：1.0,自由滑：2.0）

女单（短节目：0.8,自由滑：1.6）

双人（短节目：0.8,自由滑：1.6）

乘以系数后的成绩精确到小数点后两位数，相加之和为节目内容分。

每一次对下列规定的违反都要按以下方式扣分。

时间违规——每短于或超过5秒要扣1.0分；音乐违规——使用声乐要扣1.0分；禁止动作违规——每一违规动作扣2.0分；服装和道具违规——扣1.0分；跌倒——每一次跌倒扣1.0分。如果跌倒导致节目中断超过10秒，应额外再扣分：11—20秒扣1.0分,21—30秒扣2.0分，以此类推。

跌倒的定义：运动员失去控制导致两脚冰刀离开冰面，运动员身体着冰（即使是短暂的）。

（二）比赛每一部分的结果确定

每一名参赛者的节目总分是通过把总技术分和节目内容分相加并减去任何节目扣分计算出来的。

节目总分最高的运动员排在第一名，分数仅次于他的运动员排在第二名，以此类推。

如果两名或更多的选手成绩相同，那么在短节目中总技术分高的排名在前；在自由滑中节目内容分高的排名在前；如果总技术分、节目内容分也相同，那么参赛选手成绩并列。

（三）综合成绩和总成绩的确定

短节目总分和自由滑总分相加即一名运动员比赛中的最后得分，最后得分最高的运动员获得第一名。

在有资格赛自由滑的国际滑冰联盟锦标赛中，该自由滑的节目总分将乘上一个相应的系数0.25，再加入总成绩之内（在短节目和决赛自由滑比完之后）。

如果在任何阶段出现并列，那么在最后结束的节目中分数最高的位居前列。

如果在这段（最后结束的）节目仍出现并列，上一个滑完的节目中的名次将用来确定最后名次。如果没有上一个节目，那么相关运动员成绩并列。

六、花样滑冰基本技术动作分类

（一）跳跃技术

跳跃是花样滑冰最重要的动作要素之一。它要求选手跳到空中、迅速转体，在完成至少一次的旋转后落冰。跳跃按照选手起跳与落冰的方式与空中旋转的周数分为多种。选手的空中转体方向可以是顺时针，也可以是逆时针，多数选手都是逆时针。

点冰跳：以逆时针选手为例，后外点冰跳是左足刀齿点冰，右后外刃起跳。后内点冰跳（飞利浦跳）是右足刀齿点冰，左后内刃起跳。

勾手跳：以逆时针选手为例，勾手跳（鲁兹跳）是右足刀齿点冰，左后外刃起跳。

结环跳：以逆时针选手为例，后内结环跳（后内跳）是左后内刃起跳，后外结环跳是右后外刃起跳。

阿克塞尔跳：又称前外跳。以逆时针选手为例，阿克塞尔跳是左前外刃起跳。它是唯一以前刃起跳的跳跃动作，且由于起跳方向与落冰方向相反，空中旋转比其他种类的跳跃要多出半周。

鲁卜跳：鲁卜跳通常用右前刃滑行，换左后内刃，接着用右后外刃起跳。起跳时右肩向前、左肩向后带动身体向滑行方向摆动。与此同时，左浮腿以大腿带动小腿向外侧上方摆动；身体腾空后，两手臂呈抱姿贴于胸前，身体保持直立，旋转360度后，双臂迅速打开，左浮腿向后伸，用右后外刃落冰。

其他跳跃：一些跳跃动作通常只作为单跳完成，用作顶级比赛中接续步的衔接或亮相动作。这些跳跃动作包括：后外点冰半周跳、后外结环半周跳、后内点冰半周跳、后内不点冰一周跳、分腿跳、华尔兹跳、内侧阿克塞尔跳、单足阿克塞尔跳等。

（二）旋转技术

旋转是绝大多数花样滑冰比赛的必选动作要素，4个奥运会项目都对旋转有着要求。花样滑冰包括3种基本旋转姿态：蹲踞式旋转、燕式旋转和直立旋转。由这3种姿态，又可以变化出许多姿态。

1. 燕式旋转

燕式旋转分为前燕旋转、仰燕旋转、侧燕旋转。

前燕旋转时，选手一般浮腿向后抬起并且提刀，也可以选择把手放于胸前。

仰燕旋转需要选手面部朝上，选手需要身体完全后仰，很考验腰腹力量。

侧燕旋转需要选手将浮腿尽可能地抬起或与冰面平行。侧燕旋转里的面包圈旋转也有不同的变换。

2. 蹲踞旋转

前蹲：前蹲转需要选手重心略向前，浮腿至少与冰面平行。

后蹲：后蹲转和前蹲转最主要的区别，要看浮腿的位置。后蹲转时选手一般是浮腿放在另一条腿的膝盖之上或两腿交叉，胸部和脸部紧贴身体。这个动作需要选手有较好的柔韧性和力量。

侧蹲：侧蹲动作非常好区分，选手蹲下并且浮腿在身体外侧。

3. 直立旋转

向前：向前的直立旋转需要选手以一条腿为轴转动，身体弯曲并手扶浮腿。

站立：顾名思义，选手头部、脊椎成一条线，身体与地垂直来进行高速转动。

侧身：直立侧身旋转时，选手浮腿置于身体外侧，一只腿尽量竖直站立。其中最著名的是 I 字旋转和 Y 字旋转，柔韧性好的选手可以把腿部紧贴身体，身体和腿部成一条直线。如果要区分 I 字和 Y 字旋转需要注意浮腿的位置，I 字旋转需要选手向正前方抬腿，Y 字旋转需要向侧方抬腿。

躬身转：躬身转需要选手一只腿竖直，并且重心向后腰部弯曲，可以选择提刀或者不提刀。

贝尔曼旋转：贝尔曼需要选手一只腿竖直，浮腿向后并且尽量拉直。贝尔曼旋转非常考验选手的腰部力量和柔韧性，大多数男选手（羽生结弦、普鲁申科等除外）和腰部有伤的女选手（金妍儿、梅娃等）无法完成贝尔曼旋转。

4. 非基本姿态旋转

还有一些旋转不属于上面三大类，被列入非基本姿态旋转。

（三）托举技术

托举技术指两人在滑行中，以某一种连接方式，男伴将女伴托起至空中并完成转体动作，再落到冰上的一系列连续动作。托举动作的完成要由两人的连接方式、女伴起跳时机和转体周数等决定，如两周单臂扶髋勾手托举等。托举分组是以女伴通过男伴肩部瞬间，男伴握女伴身体的位置来决定的，分为一到五组，难度顺序是依次排列的，从易到难，但三组和四组托举是同一难度。

1. 一组——手握腋下托举

腋下托举是目前双人滑中最容易的，女伴以双手支撑男伴肩部，男伴以双手托在女伴腋下（或单手托付在女伴左腋下），将其举起，并转体至少 1 周，有点冰和步法两种进入方式。

2. 二组——手握扶腰托举

扶腰托举是男伴双手扶女伴腰部，在转体时女伴双手支撑男伴腕部或肩部。由于男伴两臂必须充分伸直，故难度较大，还要在托举中自始至终注意女伴的姿势，头部抬高，背挺直，腿伸展。当女伴下落时，男伴将女伴轻轻地放在冰面上。

此组托举包括以下起法：

(1)组①鲁卜托举

两人前后位单足向后滑行,男伴双手扶女伴侧腰,女伴以后外刃起跳到后外刃落冰,完成一个完整的鲁卜跳,男伴随女伴转体。女伴腿部可表现不同的姿势,如伸直、交叉、分腿或呈鹿跳式、屈腿等。在完成转体动作后,两人单足后外刃滑出。

(2)组阿科谢尔托举

男伴向后、女伴单足向前滑行,男伴双手扶女伴腰;女伴的双手可以握男伴的腕部或肩部,像做阿科谢尔跳那样用前外刃起跳,并由男伴举起。男伴与女伴同步转体,在被举起的期间,女伴要尽可能地呈有力的反弓形姿势,并且保持这种姿势于托举的始终。在达到托举的顶点后,女伴两手可从男伴腕部或肩上移开,落冰时再握住,落冰后两人单足滑出。

3. 三组——手握扶髋托举

手握扶髋托举技术要点是男伴右手扶女伴左髋,左手握女伴右手,女伴左手扶男伴右肩。两人向后滑行,女伴用点冰鲁卜方式起跳,向后被举起并呈分腿、单臂或鹿跳姿势。男伴与女伴同步转体,并协助女伴用右后外刃落冰滑出。

4. 四组——手握手托举(压腕类)

四组托举的要点是男、女伴双手相握,在镜式情况下同侧手相握,影式时男伴在女伴身后用同侧手握法。

此组托举包括以下起法:

(1)组面对面托举

男伴向后、女伴向前滑行。女伴像做阿科谢尔跳那样用前外刃起跳,男伴两臂充分伸直将女伴举起。男伴臂伸直后立即转体,转体后将女伴放在冰面上单足滑出。

(2)组②鲁卜托举

两人前后位手握手向后滑行。女伴以鲁卜起跳被举起,男伴与女伴同步转体。在举到最高点后女伴可采用不同姿势,如分腿、鹿式、交叉或屈膝。完成转体后两人用单足滑出。

5. 五组——手握手托举(拉索)

五组拉索托举与四组手握手托举的不同处在于后者女伴达到最高点时无转体,前

---

① "组"是指手握扶腰组中的鲁卜托举。
② "组"是指手握扶腰组中的鲁卜托举。

者则要在托举上升阶段进行转体,并且在托举下落时女伴同样要转体。此托举的重要部分是男伴用单臂将女伴举至最高点大约3/4周进入顶点时,另一只手再参与托举,并进入充分伸展状态。

(四)步法及转体技术

花样滑冰全部4个奥运会项目都把接续步列入必选技术动作要素。接续步的种类分为3种:直线接续步、圆形接续步和蛇形接续步。选手在接续步中可以选用转体动作。接续步包含转体、步法、小跳和变刃。

1. 直线接续步

从冰场短边向短边或冰场对角线直线滑行。最有名的节目是普鲁申科的《献给尼金斯基》。

2. 圆形接续步

冰场的短边为直径画弧形前进,起点和终点在一个位置。

3. 蛇形接续步

从冰场的一端到另一端,镶嵌滑行至少不小于冰面宽度一半的两个弧线。

(五)燕式步技术

燕式步是指选手使用一侧刀刃在冰上滑行,浮腿抬高过髋。燕式步按照用刃和滑行足分类,既可以向前滑行,也可以向后滑行。燕式接续步是指顺序完成的一套包含一种或多种燕式姿态及用刃的动作。

燕式姿态有许多种,浮腿可以抬高在身前、身侧或背后。如果选手用手拉住浮腿,就是支撑燕式步;如果选手没有拉住浮腿,那么就是非支撑燕式步。如果拉住的是冰刀,就是提刀燕式步。最著名的提刀燕式姿态是贝尔曼姿态。燕式接续步是女子单人滑和双人滑的必选动作。

(六)其他可使用技术

转三:冰刀在冰上划出的轨迹是数字"3"的形状。

括弧步:冰刀在冰上划出的轨迹是括弧状。

内勾和外勾:单足转体,既转换方向,又变化弧线。

莫霍克步:转三和括弧步的双足版本。

乔克肖步:内勾和外勾步的双足版本。

捻转步:单足在滑行的同时完成多周旋转。

其他可以加入接续步或用作衔接的动作包括大一字步和拖刀。鲍步与大一字步类似,区别在于鲍步单膝弯曲,并通常有下腰动作。

七、花样滑冰解说示例

花样滑冰与其他竞速类冰上项目不同,更注重艺术性和技巧性,是一项将音乐、舞蹈和力量融为一体的体育项目,而这个项目的解说更是冰雪运动知识和艺术知识的集大成者。

在选手比赛展示的过程中,解说员并不会有过多的语言讲解,而是会在每位选手表演结束之后等待分数的间隙进行现场的回放以及细致的解说。花滑解说员不仅要对运动员的技术动作进行分析,也要传播体育精神,分享内心感受。这就要求花滑解说员具备一定的艺术造诣,拥有丰厚的世界文化知识储备,包括各国的历史、传说故事、音乐、文学等,以理解花滑运动员在表演中所做的艺术化处理。与此同时,解说员要注意体育运动的严谨性,熟悉花滑运动中的技术动作和所对应的分值,能准确地描述现场情况,例如选手跳跃的周数与空中转体方向(多数选手为逆时针方向),落冰情况及跳跃成功与否等。而在双人滑中,解说员不仅要关注到运动员的跳跃和旋转,还要关注二人的配合,如托举不可过肩、动作的一致性等问题。严谨性与艺术性相结合,才能使解说更完善。

接下来我们来欣赏两篇冬奥会花滑史上的经典解说。

2018年平昌冬奥会花样滑冰男单自由滑(羽生结弦)①解说

陈滢: 接下来上场的是索契奥运会冠军羽生结弦。他将在这一套的自由滑中用日本传统的古典戏剧形式"狂言"来演绎。自由滑曲目选择于日本电影《阴阳师晴明》。它描述的是日本平安时代,阴阳师晴明与试图瓦解城邦的宿敌斗争的历史玄幻的故事,扮演者是日本国宝级狂言师野村万斋。

容颜如玉,身姿如松,翩若惊鸿,宛若游龙。索契奥运会冠军,在平昌周期面对着

---

① 那些年 央视陈滢解说的羽生结弦比赛[EB/OL]. (2019-01-18)[2023-01-03]. https://www.bilibili.com/video/BV1At411a7NJ/? p=28&vd_source=934d3346f7dd26519144d3aac17f4845.

四周跳小将们的挑战。他让我想起一句话:"命运对勇士低语,你无法抵御风暴,勇士低声回应,我就是风暴。"羽生结弦,一位不待扬鞭自奋蹄的选手。他取得今天的成就,值得现场观众对他给予的全体起立鼓掌这样的一种回馈。

佟健: 可以说,大家不敢想象在此时上场之前,(他)顶着如何的压力。像羽生结弦在这个赛季,可以说之前所有的比赛都没有参加,直接到了奥运会。又有这么多的冰迷,还有喜爱他的这些运动员、教练员。顶着这样的压力,(他)在场上今天完成这样的动作,简直是有强大的内心的自信。

陈滢: 他今天的目标,是要成为自1952年以来第一位蝉联奥运会男单项目金牌的选手。他曾经在索契奥运会上成为近半个世纪以来,最年轻的奥运会男单冠军,当时他只有19岁。

佟健: 我觉得做得真的太出色了。有这样的抗压能力,在场上动作完成到这种情况,真的是太值得敬佩了。

陈滢: 对,因为之前也看到了,陈巍六个四周,周志方五个四周,刚才金博洋,也是高水平地发挥出了他这种跳跃能力,所以对羽生来说,这个赛季他基本上就没有参加比赛,大家一度认为日本队会不会把比赛名额给其他人?短节目他证明了自己,参加奥运会,他依然是王。

佟健: 在比赛当中,虽然(他)出现了两个小失误……

陈滢: 这两个失误可能会损失掉,可能有3分。

佟健: 但是依然证明了他自己跟自己比,最后还战胜了自己。

陈滢: 他是现在自由滑的国际滑联的最高分的保持者。

佟健: 像我们经常讲的,去争取冠军的心态,和要保住领先者的这种心态,完全不一样,尤其他在奥运会这么大的比赛之前,没有任何的热身,没有任何适应性的比赛,直接到了奥运会,能滑成这样,真的很不容易。

2022年北京冬奥会花样滑冰双人自由滑(隋文静/韩聪)[1]解说

陈滢: 隋文静/韩聪,两届双人滑世锦赛冠军,平昌冬奥会双人滑银牌获得者,并肩作战15年,短节目排名第一。自由滑曲目来自民谣《忧愁河上的金桥》,这是一首主题为朋友之间相互支持的民谣。2016年,隋文静因为脚伤大手术,职业生涯一度面临

---

[1] 北京2022年冬奥会 花样滑冰混合双人滑自由滑[EB/OL].(2022-02-17)[2023-01-03]. https://v.qq.com/x/cover/mzc002004sa28h0/r00421w33uv.html.

着终结的可能,韩聪不离不弃鼓励、支持,助她重返赛场,之后两人在芬兰世锦赛上登顶世界冠军。

陈滢:中国选手隋文静/韩聪!

陈丹:太棒了,他们用他们自己的方式,展现了他们自己的力量和实力。

陈滢:隋文静/韩聪一路走来,正如歌中所唱到的,在你遭遇险阻孤单无助的时候,我愿俯身做你迈向荣耀的那座桥。正是有他们15年的相互扶持、同舟共济,成就了今天的隋文静/韩聪。

陈丹:短短的4分钟的节目,犹如他们4年的备战,有低谷、有伤病、有失败、有成功,他们用自己的经历融入其中,展示了温暖与力量。

陈滢:这就是一对中国双人滑选手,在世界舞台向我们展示出来的。这对选手,隋文静今年26岁了,韩聪29岁了,他们在十二三岁的时候就开始牵手,再也没有分开过,共同并肩作战,走过了15年。两位选手都经历过很多对职业生涯有灾难性的伤病。

陈丹:虽然这套节目当中,在两个人的沙霍夫单跳时小隋出现了一点失误,可能这并不是他们心中最想要的一套节目,但是我相信他们已经尽了自己全部的力量。

陈滢:他们的实时技术分打到了78.50分,所以说他们刚才上这个捻转四周托举,得到了相应的回报,值得为之付出。现在画面上可以看到的是全场最难的、世界上最难的捻转四周。

陈丹:第一跳开场的这个三连二连二,做得还是很好的。

陈滢:现在画面上看到的就是这个节目的唯一的扣分点、唯一的瑕疵,他们的动作看上去信手拈来,其实那都是(经过)训练场上无数次的千锤百炼,才能够在奥运会的赛场上诠释得如此驾轻就熟。

陈丹:回放中的抛跳,沙霍夫三周高质量地完成。

陈滢:百炼成钢化为绕指柔,隋文静/韩聪。

陈丹:我们再等一下最后的分数。

陈滢:我们看一下,这就是隋文静/韩聪的劲敌,三对来自俄罗斯奥运队的选手,目前是排在了前三。隋文静/韩聪短节目排名第一,世界纪录保持者。隋文静/韩聪,中国选手获得了冠军!他们为中国冬奥代表团获得了第9枚金牌。

这两段经典的解说,来自花样滑冰解说的标志性人物陈滢。陈滢在解说中充分展现了花样滑冰解说的魅力,客观地评价了选手本身的表现和选手所选择的音乐等背景知识，同时还介绍了选手的个人经历，有理有据，内容丰富，是花滑解说中的代表之作。

我们可以看到，陈滢对选手的动作细节和所对应的分值了如指掌，出彩点和扣分点都被她解析得清清楚楚。例如，在示例中，她对羽生结弦和隋文静/韩聪在比赛中细小的失误以及因为失误所丢失的分值都进行了复盘。陈滢大学所学专业是英语，并不是专业的花滑解说员出身，她曾经为了可以更好地解说一场比赛，准备了多达3盒A4纸的资料，裁判守则更是从不离手，她才做到今天的烂熟于心。我们在日常的解说训练中，更是要勤于律己，熟知各种比赛动作，才能为之后的语言润色打下良好的基础。

而对于选手的背景、比赛中所使用音乐的故事和文化，陈滢在解说中也都有涉及，这使得观众可以更直观地理解选手的表演理念。对于不同国家选手的优秀表现，陈滢毫不吝啬地赞美，她曾因为昂扬的激情和积极的解说态度多次被外媒采访，展现了和谐共赢的信念和大国风范。她也拥有深厚的文字功底，在解说中运用优美的语言来为解说添彩，例如在第一个案例中的"容颜如玉，身姿如松，翩若惊鸿，婉若游龙"，语气激昂但恰到好处，十分富有感染力，展示了中国语言的魅力。我们要有充分的文化自豪感和文化包容性，积累文化素材和选手的比赛经历，公正、全面、客观地进行解说训练。

花样滑冰不仅是一项体育运动，更是一种艺术。在解说过程中，解说员仍然有时会存在现场情况描述和具体解说分析比例失调的情况，这也需要花滑解说员在之后的比赛中不断改进，避免因描述过多人物经历而忽略了比赛状况，要更好地去控制描述与解说的比例。我们要将花滑解说与大国风范结合起来，成为个性更为鲜明、语言更为严谨的花样滑冰解说员。

参考文献

安林彬.京奥冰雪 滑雪模块 一 高山滑雪[M].北京:北京出版社,2018.

陈小平.竞技运动训练实践发展的理论思考[M].北京:北京体育大学出版社,2008.

陈彦,关维涛.话说奥运:奥运之光(公元前776年—公元1896年)[M].沈阳:东北大学出版社,2011.

董勤广,丛光,任彦军.大学生体育理论与实践教程[M].哈尔滨:哈尔滨工业大学出版社,2013.

高贵武.主持传播学概论(第二版)[M].北京:北京大学出版社,2019.

季成.冬奥简史:冬季奥林匹克运动的人文解读[M].北京:北京联合出版公司,2021.

李树旺,张磊.冬奥会项目及观赛指南[M].北京:中国人民大学出版社,2018.

刘永焕,苏和,许水生.冰壶运动教程[M].哈尔滨:哈尔滨地图出版社,2003.

刘悦滨.滑冰、滑雪及旱冰赏析教程[M].长春:吉林出版集团有限责任公司,2015.

逯明智.高山滑雪[M].沈阳:东北大学出版社,2011.

马国泉,张品兴,高聚成.新时期新名词大辞典[M].北京:中国广播电视出版社,1992.

全国体育院校教材委员会.冰雪运动[M].北京:人民体育出版社,2001.

孙晶岩.中国冬奥[M].北京:人民文学出版社,2022.

王喆.论电视体育解说[M].天津:天津社会科学院出版社,2018.

王子也.媒介融合背景下的体育赛事解说[M].武汉:华中科技大学出版社,2022.

韦迪.冰球[M].沈阳:辽宁教育出版社,1995.

魏伟.体育解说教程[M].北京:人民体育出版社,2012.

沃特菲尔德.奥林匹亚:古代奥运会与体育精神的起源[M].李辰优,译.北京:北京燕山出版社,2020.

吴兆祥.速度滑冰[M].合肥:安徽人民出版社,2010.

萧枫,姜忠哲,庄文中.冰雪运动竞赛[M].长春:吉林出版集团有限责任公司,2012.

徐文东,朱志强.中国冬季运动史[M].北京:人民体育出版社,2006.

叶鸣.冬季奥运会体育欣赏[M].上海:立信会计出版社,2018.

张德胜,武学军.体育解说评论[M].武汉:华中科技大学出版社,2017.

蔡莉,王晓东.体育解说评论员角色功能与素质结构[J].新闻知识,2014(6).

陈登云.我国冰球守门员蝶式与蹲式守门技术动作优劣的研究[J].冰雪运动,2008(3).

陈岐岳.我国体育解说未来发展趋势分析[J].新西部(理论版),2015(23).

陈宇.欧美越野滑雪文化发展历程、经验及启示[J].安徽体育科技,2021(2).

彳亍.冬奥之魅 越野滑雪[J].体育博览,2021(2).

段蓉蓉,岳淼.央视2010冬奥会报道特色浅析[J].新闻世界,2010(7).

郝鹏,梁燕.GB/T 40926.1－2021《冰球运动护具第1部分:通用要求》等16项冰雪运动器材标准解读[J].标准生活,2022(1).

黎涌明,于洪军,资薇,等.论核心力量及其在竞技体育中的训练:起源·问题·发展[J].体育科学.2008(4).

李金宝.试论中央电视台索契冬奥会赛事解说特点[J].现代视听,2014(11).

刘阳.论体育赛事解说的基本原则[J].北方传媒研究,2018(3).

刘志恒.人工智能视域下体育解说员的职能升级与重构[J].视听,2020(12).

马永俊,张志鹏,杨帆.世界女子冰壶强队的技术实力分析[J].冰雪运动,2010(4).

米中伟.我国参加冬奥会的历程与发展趋势[J].体育科学进展,2019(3).

曲家谊.新媒体时代体育解说语言特征变化分析[J].西部广播电视,2022,43(11).

寿文华.体育解说员的专业素质及其培养[J].现代传播,2004(5).

宋常云.全媒体语境下电视体育解说的定位与创新[J].传媒,2022(5).

谭睿,刘春华,刘冬,等.陆地冰球运动员杆上技术的探讨[J].哈尔滨体育学院学报,2014(5).

王晓东,王雪宜.体育解说评论员:新闻人？娱乐人？[J].传媒观察,2013(12).

王沂,夏荣.试论我国电视体育解说员素质的欠缺与培养对策[J].吉林体育学院学报,2005(4).

魏伟,柳亚鹏.5G时代体育解说的国际传播新态势[J].对外传播,2022(2).

吴汉平.解说专业化和专业化解说:浅析体育解说员、主持人的专业化[J].中国广播,2013(8).

吴忠义,高彩云.现代奥林匹克运动及其在中国的发展[J].肇庆学院学报,2008(2).

徐宇浩.我国冬奥会电视报道的发展趋势:以央视温哥华冬奥会报道为例[J].新闻爱好者,2011(6).

徐占品.电视体育解说传播功能新探:以温哥华冬奥会为例[J].新闻界,2010(4).

杨毛元.论电视体育节目的解说特征[J].新闻战线,2016(8).

杨树人,朱志强.纵论中国冬季运动与冬季奥林匹克运动的历史渊源、融合和演化(二)[J].哈尔滨体育学院学报,2019(2).

杨树人,朱志强.纵论中国冬季运动与冬季奥林匹克运动的历史渊源、融合和演化(一)[J].哈尔滨体育学院学报,2019(1).

尹一全,邱森,孟庆军,等.钢架雪车运动员竞赛成绩的影响因素研究[J].北京体育大学学报,2020(12).

于亮,王珂,冯伟,等.我国女子冰壶队与欧洲强队投壶技术特点对比研究[J].体育文化导刊,2010(11).

于再清.现代奥林匹克运动与中国[J].时事报告,2008(9).

郁青.女性解说员在体育解说中的优势[J].新闻世界,2015(12).

袁晓毅,武文雪,王铭演,等.中国国家雪车队赛季训练安排研究[J].北京体育大学学报.2017(12).

张成烨,勾晓秋,秦江旭.浅谈冬季两项射击训练的规律与体会[J]冰雪运动,2004(7).

张德胜.体育解说员的赛后修养[J].青年记者,2016(36).

戴雍伦.体育解说评论中的倾向性研究[D].武汉:武汉体育学院,2017.

付亚辉.我国电视体育解说员解说特征的研究[D].太原:山西大学,2013.

黄启兵.论电视体育解说的传播艺术[D].厦门:厦门大学,2002.

李超.我国电视体育解说演变及阶段特征研究(1978-2020)[D].北京:首都体育学院,2021.

龙佳雯.体育解说评论员的口误及其规避[D].武汉:武汉体育学院,2019.

谭煜璇.基于PEST-SWOT分析法的我国冰球职业联赛发展困境与突破路径研究[D].哈尔滨:哈尔滨体育学院,2022.

王建强.中国电视体育解说的现状研究[D].北京:北京体育大学,2010.

王智妍.我国花样滑冰解说员现状分析及发展对策研究[D].广州:广州体育学院,2021.

邢建宇.冬奥会发展历史及未来展望研究[D].北京:首都体育学院,2017.

姚亮.2022年北京冬奥会背景下黑龙江省冰球运动发展对策研究[D].哈尔滨:哈尔滨体育学院,2020.

赵力维.对大型赛事电视体育解说失衡现象的探析[D].武汉:武汉体育学院,2015.

赵鹏.我国体育电视评论员的主持传播学研究[D].扬州:扬州大学,2010.

朱俊河.体育解说的叙事学研究[D].上海:上海体育学院,2012.

后　记

2015年7月31日，国际奥委会主席巴赫在国际奥委会第128次会议上庄严宣告，2022年冬季奥林匹克运动会举办权花落北京。第24届冬奥会2022年2月4日至20日在北京和张家口举行。7个大项15个分项共计109个小项在这两个城市进行了比赛。在北京冬奥会上，中国体育代表团获得9金4银2铜，奖牌总数为15枚，无论是金牌数还是奖牌总数，都创造了历史最佳战绩。本届盛会也成为国际奥委会主席巴赫口中的"奇迹"。

国家体育总局于2018年9月5日公布《"带动三亿人参与冰雪运动"实施纲要（2018—2022年）》，以文件的形式正式把"带动三亿人参与冰雪运动"明确为政府的工作目标，为我国冰雪运动的发展带来了明显的催化作用。冰雪场馆的建设、冰雪赛事的增多、冰雪产业的快速发展，不会因冬奥会的结束而停下脚步。后冬奥时代，必然会有大量冰雪赛事举行。这些赛事的转播，同样需要冰雪体育解说人才。由此可见，在未来很长一段时间里，国家对于冬奥冰雪体育解说人才都将存在巨大的需求。

然而，目前我国冬奥解说员的跨项、"兼职"，在一定程度上影响了冰雪项目解说的专业性和深度，现有的解说员也难以覆盖所有专项。一个合格的体育解说员不仅需要具备体育学专业技能，还需要掌握语言学和新闻学方面的专业知识，更需要学习和了解文学、史学、哲学、艺术学等方面的内容。因此，打造一支对不同专项有深入研究和独到见解的冬奥解说队伍迫在眉睫，任重道远。

基于距离北京和张家口较近的地理位置优势和对未来人才需求的审时度势，河北大学于2019年开办了全国首个"冬奥体育解说通道班"，将冬奥体育解说这一专业方向作为本科生三年级之后的专业分流方向之一进行了重点建设。2019年9月18日，河北大学选派2017级播音与主持艺术专业10名学生作为首批"冬奥体育解说通道班"成员，赴芬兰知名的凯撒卡里奥体育学院进行为期3个月的冬季体育运动相关知识交流学习。这一举措得到了包括《人民日报》、新华社、《中国日报》、学习强国在内

后　记

的十余家国家级主流媒体报道，反响强烈。此后，先后有多名学生考取体育解说方向的研究生，并参与北京冬奥志愿服务。河北大学还建设了冬奥体育解说之高山滑雪大回转虚拟仿真实验项目。通道班的曹智同学考取北京体育大学研究生后，在2022年北京冬奥会期间，在中央广播电视总台中国之声担任《决胜时刻》主持人、《一起向未来 冬奥之夜》嘉宾，以及自由式滑雪空中技巧混合团体、自由式滑雪女子U型场地技巧等项目的解说员。

冬奥体育解说的方向开起来了，却缺乏针对性的指导书籍与教材，因此，我们于2020年年底开始着手本书的撰写。在撰写的过程中，我们遇到了诸多困难，一方面是资料的收集工作。目前，不仅有关冬奥体育解说的研究成果屈指可数，连相关视频资料也数量有限，这给本书的写作带来不小难度。为了丰富本书的案例，我们尽全力地收集资料，从论文到专著，从赛事影像到人物专访，甚至是微信公众号推文、短视频平台的相关视频，都纳入视野。另一方面，我们对冬奥项目经历了一个由陌生到熟悉、由外行到内行的过程。大家不厌其烦地观看解说视频、记录解说词、收集解说案例、提炼解说要点，一次又一次地修改，一遍又一遍地打磨，直至满意。本书凝聚了我们的心血，也承载着我们对冬奥体育解说规律的总结与思考。

在本书写作中，李亚虹负责全书的组织写作工作，并阅读、修改全书稿件。第一章到第五章由吴志超撰写，第六章和第七章由李亚虹统筹撰写。

感谢以下同学为本书的完成付出的努力！

河北大学新闻传播学院（未标明者均为本科生）：

2021级　　焦亚肖（研究生）

2018级　　陈新雨

2019级　　李若晴、杨蕾、刘梦瑶、周子涵、高文佳、安思瑾、王昊雯、周羽婵、常琳琳、林莹、夏丽雯、西茜、董安其、高雨滋、陈泽溪、杜欣雨、董占龙、朝博、张凯桓、张晗旭、王文雅、张瑜、王菁菁

2020级　　王茹星、王鹤湘、肖翌卓、何晗笑、刘洋、王晶、闫蕊、刘东华、姚玉同、张佳一、李亦辰、张善源、胡思达、任一豪、崔家伟、雷甘霖、朱怡诺、葛芮含、何幸煊、孟雨霏、张娣、樊星圻、潘雯婷、单启航、王奕凝、姚圆圆、王爽爽、张晟璇、徐紫怡、郎冰、赵梓欣、李梓畅、孙敬怡、张嘉雯、刘嘉庆、申丽雪、杨子涵、王欣雨、谢萌、唐煊

南昌师范学院文学院本科生：

2018级　　赵佳欣、董茜、刘少锋、蓝婷婷

2021级　蒋伟礽

感谢河北大学燕赵文化高等研究院的支持，使此书能够顺利出版。感谢河北大学新闻传播学院领导的支持！感谢中国传媒大学出版社编辑李水仙老师的辛勤工作！

由于写作者学识水平和实践经验有限，加上时间仓促，错漏之处在所难免，恳请专家、学者和广大读者不吝赐教！

书中所用图片很多来自网络，由于无法联系到图片作者，未能注明来源，请予谅解。请图片作者看到本书时与作者联系，以便奉上稿酬。

李亚虹　吴志超

2022年10月21日

图书在版编目(CIP)数据

冬奥体育解说 / 李亚虹，吴志超著. -- 北京：中国传媒大学出版社，2023.11
ISBN 978-7-5657-3452-6

Ⅰ.①冬… Ⅱ.①李… ②吴… Ⅲ.①冬季奥运会—体育—电视节目—播音—教材 Ⅳ.①G222.2

中国国家版本馆 CIP 数据核字(2023)第 138331 号

冬奥体育解说
DONG'AO TIYU JIESHUO

著　　　者	李亚虹　吴志超
策划编辑	李水仙
责任编辑	李水仙
特约编辑	李明远
封面设计	拓美设计
责任印制	李志鹏
出版发行	中国传媒大学出版社
社　　　址	北京市朝阳区定福庄东街 1 号　　邮　编　100024
电　　　话	86-10-65450528　65450532　　传　真　65779405
网　　　址	http：//cucp.cuc.edu.cn
经　　　销	全国新华书店
印　　　刷	唐山玺诚印务有限公司
开　　　本	787mm×1092mm　1/16
印　　　张	15.5
字　　　数	293 千字
版　　　次	2023 年 11 月第 1 版
印　　　次	2023 年 11 月第 1 次印刷
书　　　号	ISBN 978-7-5657-3452-6/G·3452　　定　价　78.00 元

本社法律顾问：北京嘉润律师事务所　郭建平